国家社科基金哲学社会科学领军人才项目“在法治轨道上推进市域社会治理现代化研究”（项目编号:22VRC008）的阶段性成果
陆军军事交通学院教育教学课题“为战元素体系化融入‘军人思想道德与法治’课研究”（项目编号:JYKYYB2022003）的阶段性成果
陆军军事交通学院教育教学课题“为战育人视域中xx毕业综合演练改革与实践”（项目编号:JYKYYB2023005）的阶段性成果

立德树人　为战育人

>>>>>>>>>>>>>>>>>>>>>>>>>>>>>>>>>>>>>>

思想道德与法治课程
线上线下混合式教学案例集

编　著
张　蓉

编　委
陈东伟　王佳圆　余家能

江苏大学出版社
JIANGSU UNIVERSITY PRESS
镇　江

图书在版编目(CIP)数据

思想道德与法治课程线上线下混合式教学案例集 / 张蓉编著. -- 镇江：江苏大学出版社，2023.11
ISBN 978-7-5684-2010-5

Ⅰ. ①思… Ⅱ. ①张… Ⅲ. ①思想修养—教案(教育)—高等学校②法律—中国—教案(教育)—高等学校 Ⅳ. ①G641.6②D920.4

中国国家版本馆 CIP 数据核字(2023)第 143765 号

思想道德与法治课程线上线下混合式教学案例集
Sixiang Daode yu Fazhi Kecheng Xianshang Xianxia Hunheshi Jiaoxue Anliji

编　　著/张　蓉
责任编辑/常　钰
出版发行/江苏大学出版社
地　　址/江苏省镇江市京口区学府路 301 号(邮编：212013)
电　　话/0511-84446464(传真)
网　　址/http://press.ujs.edu.cn
排　　版/镇江文苑制版印刷有限责任公司
印　　刷/镇江文苑制版印刷有限责任公司
开　　本/710 mm×1 000 mm　1/16
印　　张/10.75　插页 14 面
字　　数/224 千字
版　　次/2023 年 11 月第 1 版
印　　次/2023 年 11 月第 1 次印刷
书　　号/ISBN 978-7-5684-2010-5
定　　价/58.00 元

序　言

本书以马克思列宁主义、毛泽东思想、邓小平理论、“三个代表”重要思想、科学发展观、习近平新时代中国特色社会主义思想为指导，融入党的二十大精神，旨在为“军人思想道德与法治”“思想道德与法治”课程的教与学提供参考。

引人以大道，启人以大智，育人以大德，为“四有”新时代革命军人一生发展奠定思想基础和精神底色，是“军人思想道德与法治”这门课程的使命和职责。

本书编写以《军人思想道德与法治》为基本遵循，紧扣大纲要求，在“立德树人、为战育人”目标指引下，以专题为体例框架，以“视频点睛”为教学导入，以“教学靶向”为目标牵引，以案例呈现为主体内容，以案例解读为教学参考，以“难点解惑”为精准突破，以“拓展阅读”为教学延伸。全书包括七大专题，分别是人生选择、理想信念、绝对忠诚、中国精神、价值追求、道德品格、良法善治，力图通过教学案例的呈现和剖析，全面提升学员的思想水平、政治觉悟、道德修养、法治素养，并增强他们的思维能力。

本书提供相关拓展资源，读者可以通过扫描书中二维码获取，同时，编者会定期更新教学资料，多维度满足线上线下混合式教学的需求。

本书参考了相关专家学者的专著、文章和网络上相关的报道、宣传资料，在此对他们表示衷心的感谢。本书编写难免存在不足之处，敬请同行专家和读者提出意见和建议，以便进一步完善。

有建议，码上提

编　者

2023 年 2 月

目 录

第一专题

崇真尚美：书写出彩军旅人生

视频点睛

建团百年短片《奋斗者！正青春》
（共青团中央宣传部，中青在线）

《追光》第1集：强国必须强军
（中央广播电视总台，央视网）

教学靶向

引导青年学员正确认识人生观，特别是人生目的对人生实践的指引；了解人生态度与人生观的关系，端正人生态度；正确评价人生价值的标准与把握实现人生价值的条件，规划好人生道路；正确对待人生环境，努力追求自我身心关系、个人与他人关系、个人与社会关系、人与自然关系的和谐统一，最大限度地把自己的人生追求同强国强军事业紧密结合起来。

核心问题

1. 马克思主义认为，个人与社会是辩证统一的关系，据此思考人生的自我价值与社会价值的关系。

2. 人的一生中总会遭遇各种各样的困难和挑战，如何正确认识和处理这些困难和挑战所形成的人生矛盾？

3. 新时代是奋斗者的时代，只有奋斗的人生才称得上幸福的人生。新时代青年如何在强国强军实践中创造和实现军人价值，书写出彩军旅人生？

案例一

青春，为新时代澎湃

“新时代的中国青年要以实现中华民族伟大复兴为己任，增强做中国人的志气、骨气、底气，不负时代，不负韶华，不负党和人民的殷切期望!”习近平总书记在庆祝中国共产党成立100周年大会上的重要讲话中对广大青年提出殷殷期盼。

这份期盼，在神州大地化为一股磅礴的力量，激励无数青年为中华民族伟大复兴而接续奋斗。

“青春有很多种色彩，而我选择了绿色。”2019年，汪龙欣以超过一本线60分的优异成绩从湖南某重点高中脱颖而出，她毅然决然报考了向往已久的军校，成为激励潇湘大地万千学子投身火热军营的优秀代表之一。入伍不久，汪龙欣便向全国大学生英语四级考试发起挑战，以643分创下陆军军事交通学院历史最好成绩。2020年，全国大学生英语竞赛上，汪龙欣一路过关斩将勇夺特等奖。各项优异的成绩，不仅仅带来了显赫而耀眼的奖状、奖牌，更展示了她作为一名军校生的责任和担当。

第八届陆军国际学员周上，不见硝烟的较量使人心潮澎湃。随着5分钟倒计时开始，一个自信的声音划破比赛现场凝滞紧张的空气，最终声音的主人斩获最佳表现奖，她就是陆军军事交通学院学员汪龙欣。“绽放赛场小舞台，融入世界大舞台，与中外军校学员同台竞技，凭借硬核实力斩获桂冠，展现中国军校学员实力和风采，是责任所在，更是使命所系。”作为全军首批军事物流专业女学员，汪龙欣始终牢记军人使命，矢志奋斗强军，时刻严于律己，先锋作用明显，凭借过硬素质先后荣立二等功、三等功各1次。

从根正苗红好青年到政治过硬好学员，汪龙欣始终把党的创新理论当作立身之根、导航之灯，不光自己努力学，还带着身边人一起学。她创建了“理论之光”学员巡讲小分队，带领团队成员深入各班排诵读理论著作达10多部，在浇灌他人理论知识园地的同时，自己也在踏实悟学中汲取精神养分，写下了10余万字读书笔记和心得体会，成为学员公认的“理论辅导员”。

“中国式现代化的英语是Chinese modernization……”汪龙欣走到台前为大家进行党的二十大精神的宣讲。分享二十大报告学习心得、打造“钢铁运输线”品牌特色沙龙、开展二十大双语热词讲解活动、制作二十大双语金句微短片，一个个富有军事交通特色的双语理论宣讲小活动，构成了军校里的一道亮丽风景线。

◆ 资料来源：于正兴，王军，夏瑜．立起新时代军校学员好样子．“军交e号”微信公众号，有改动 ◆

案例解读：

青春经磨砺而出彩，人生因奋斗而升华。温室里的苗木难以成长为参天大树。青年只有在最好的年华选择吃苦，在最需要的地方经受锤炼，才能补充营养、夯实根基，成为栋梁之材。如果不愿加钢淬火，害怕困难、向往安逸，就难以练就一副铁肩膀，更无法书写出彩人生。

不管是“90后”还是“00后”，关键要当“磨砺后”“奋斗后”。只有多经历风吹雨打，不怕挫折、奋勇拼搏，勇于挑起时代重担，始终保持艰苦奋斗的冲锋姿态，才能创造无愧于时代的青春业绩，谱写出辉煌壮美的青春篇章。

对祖国充满感情，对人民充满热爱，对生活充满热情，面对艰难困苦永不退却——这就是“青春中国”的奋斗精神，这就是青春热血在新时代的澎湃激扬！作为同新时代共同前进的一代，广大青年既拥有广阔的发展空间，也承载着伟大时代使命，既是追梦者，也是圆梦人。圆梦新时代，广大青年要树立正确的人生观、价值观，做忠诚的社会主义事业接班人，做知行合一的实干家，担当起时代赋予的历史责任，汇聚青春力量，与历史同向、与祖国同行、与人民同在，在服务人民、奉献社会的实践中书写出彩人生。

案例二

担当，成就人生价值

电闪雷鸣、暴雨如注，滚滚洪流扑面而来——这是广西壮族自治区百色市委宣传部干部、乐业县新化镇百坭村第一书记黄文秀生前传回的最后画面。

2019年6月16日深夜，一心牵挂着村里灾情的黄文秀，在开车赶回村里的途中遭遇山洪，不幸牺牲。这个30岁的年轻姑娘，将生命永远定格在扶贫路上。

1989年，黄文秀出生于百色市田阳县一个农民家庭，2008年考入山西长治学院思政专业，2011年加入中国共产党。2016年，黄文秀从北京师范大学硕士毕业后毅然返乡，作为选调生进入百色市委宣传部工作，2018年3月，她来到百坭村担任第一书记。

百坭村是个深度贫困村，全村472户中有贫困户195户，且全村11个自然屯散落在大山深处，有好几个屯离村委会10千米以上。“穷了那么多年，能脱贫吗？”“一个女娃娃，能行吗？”……面对村民的质疑，黄文秀没有退缩：贫困户一次不让她进家门，她就去两次、三次；到了贫困户家里，她不再问东问西，而是脱下外套帮忙扫院子；贫困户不在家，她就去田里，边帮他们干农活边聊天。

为了解决村里的道路问题，她实地勘察，带着村干部做方案、拿对策，积极推进；为了解决山里的产业发展问题，她和群众一起学经验、找路子，发展杉木、砂糖橘、八角、枇杷等特色产业；为了打开销售渠道，她带着全村发展电商，2018 年仅砂糖橘在电商平台就销售了 2 万多公斤，销售额 22 万余元……黄文秀到任时，百坭村的贫困发生率为 22.88%；2018 年，百坭村 103 户贫困户顺利脱贫 88 户，贫困发生率降至 2.71%。

黄文秀，一个熠熠闪光的名字，生命短暂却如夏花般绚烂。“一个人要活得有意义，生存得有价值，就不能光为自己而活，要为他人、为国家、为民族、为社会，用自己的力量，努力做出贡献。”她在入党申请书中这么写，也在脱贫攻坚一线这么干。肩上担着责任、心里装着乡亲，她把根扎进泥土，把芳香带给千家万户。

◆ 资料来源：丁雅诵．“用自己的力量，努力做出贡献”．人民日报，2019-11-14（6），有改动 ◆

案例解读：

年轻的黄文秀，用扶贫工作的成效诠释了自己的赤子之心，她的青春像鲜艳的花朵，永远绽放在百色革命老区。新时代青年要发扬担当精神，践行初心、担当使命，重实干、重实效，才能用青春之歌奏响时代的乐章，以实际行动助力伟大中国梦的实现，这是实现伟大理想和人生价值的必然选择。

评价人生价值的根本尺度，是看一个人的实践活动是否符合社会发展的客观规律，是否促进了历史的进步。在今天，衡量人生价值的标准，最重要的是看一个人是否用自己的付出和聪明才智为国家和社会真诚奉献，为人民群众尽心尽力服务。客观、公正、准确地评价社会成员人生价值的高低，除了要掌握科学的评价标准外，还需要掌握恰当的评价方法：坚持能力与贡献须尽力相统一，不能简单地认为能力强的人人生价值就高，能力弱的人人生价值就低；坚持物质贡献与精神贡献相统一，人的生产劳动是物质生产劳动和精神生产劳动的统一，社会的发展与进步是物质文明和精神文明的共同发展与进步；坚持完善自身与贡献社会相统一，人生自我完善的过程，既是自我价值实现的过程，也是为社会创造价值的过程。

实现人生价值要从社会客观条件出发，随着社会的进步，实现人生价值的社会客观条件也在不断改善。改革开放以来，我国经济社会发展取得的巨大成就，中国特色社会主义制度的自我完善和发展，为人们实现人生价值提供了有利条件和机遇。实现人生价值要从个体自身条件出发，个体的自身条件会有一定的差异，某一个具体的价值目标，对这个人来说是恰当的、比较容易实现的，但对另一个人来说却未必如此。要客观认识自己，准确把握影响人生价值实现的自身条件。要通过各种方式和途径，增长才干、增强本领，全面增强自身各方面的能力，奠定扎实的基础，为实现人生价值做好充分准备。

案例三

奋斗，书写青春华章

“时代总是把历史责任赋予青年。新时代的中国青年，生逢其时、重任在肩，施展才干的舞台无比广阔，实现梦想的前景无比光明。”2022 年 5 月 10 日，习近平总书记在庆祝中国共产主义青年团成立 100 周年大会上发表重要讲话，对当代青年寄予殷切期望。

青年是国家的未来，也是世界的未来。从中华大地到世界舞台，新时代中国青年与世界各国青年携手，用行动向世界展现：只要各国人民同心同向、携手共进，构建人类命运共同体前景可期。

在国际维和战场，他们直面生死考验，履行使命和担当——

“不知道下一秒会有什么意外发生，我把每一次排雷都当作第一次。”中国第二十批赴黎巴嫩维和部队中有 4 名年轻的扫雷女兵，“00 后”许晓露是其中最年轻的一位。

黎以边境的雷场地形复杂，植被茂密，开展扫雷作业颇为不易，但是中国姑娘们以自己的专业和勇气一次次成功地完成任务，受到联合国驻黎巴嫩临时部队司令部的高度肯定，当地民众看到中国维和军人总会竖起大拇指。“这让我感到光荣，也感到我们做的事情很有意义，和平的阳光需要大家共同守护。”许晓露说。

在大国外交舞台，他们为国家担当，为人民负重，对世界尽责——

“在苏丹的日子给我的外交生涯扣好‘第一粒扣子’。”27 岁的青年外交官甘俊晨已经常驻苏丹 4 个年头。在他的手机里，保存着 2021 年 3 月中国援助苏丹新冠疫苗交接仪式的珍贵照片。

为了让在苏丹的中国公民和苏丹民众尽快打上中国疫苗，甘俊晨面对疫情风险、高温酷暑和社会动荡等挑战，积极协调各项工作，以促成中国疫苗顺利落地。“在苏丹的中国同胞和苏丹民众接种上疫苗后，纷纷给使馆发来感谢信，这让我和同事更加深刻感受到外交工作的价值。”甘俊晨说。

在援外医疗一线，他们捍卫生命之重，诠释大爱无疆——

在东加勒比海岛国巴巴多斯，来自重庆医科大学附属儿童医院的护士代金丽每天踏着晨光出门，总是第一个到达病房，在接收药品、巡查患儿的工作中，开始平常而又忙碌的一天。

2020年12月，第五批援巴巴多斯中国医疗队开始在当地最大、历史最悠久的伊丽莎白女王医院开展医疗援助，31岁的代金丽被分配在新生儿重症监护室工作。截至去年年底，她已护理了当地500余例新生儿，参与抢救危重患儿40余例。“你为我们做了很多，让我们感受到了爱。”患儿家属很喜欢这位笑起来眉眼弯弯的中国医务工作者。

一个国家的进步，镌刻着青年的足迹；一个民族的未来，寄望于青春的力量。给青年回信、与青年座谈、向青年演讲，习近平总书记不仅格外关心中国青年成长，也对世界各国青年的成长寄予厚望、嘱以重托。

“希望各国青年用欣赏、互鉴、共享的观点看待世界，推动不同文明交流互鉴、和谐共生，积极为构建人类命运共同体添砖献瓦。”

在中国，在海外，在互联互通的地球村里，中国青年将以更为深邃的国际视野、更为博大的天下胸怀、更为自信的开放态度，携手世界各国青年，书写拼搏故事，竞展昂扬风采，共同创造人类更加美好的未来。

◆ 资料来源：侯露露，俞懿春，薛丹，等．为推动构建人类命运共同体贡献青春力量（奋斗者正青春）．人民日报，2022-05-18（1），有改动 ◆

案例解读：

当代青年不只是时代的见证人，还是答卷人。其应当把个人奋斗融入国家富强、民族振兴的历史进程中，为实现中华民族伟大复兴贡献智慧和力量，在“胸怀祖国、服务人民”与“小我融入大我”的奉献中实现青春价值！新时代青年应担负起新时代赋予的历史责任，与历史同向、与祖国同行、与人民同在，在服务人民、奉献社会的实践中创造有意义的人生。

“中国人民自古就明白，世界上没有坐享其成的好事，要幸福就要奋斗。”

只有通过努力奋斗，才能真正拥有幸福。幸福不会从天降，世间万事靠奋斗。中华民族从积贫积弱中站起来，从“开除球籍”的危险中走出来，靠的是奋斗；人民军队在枪林弹雨中愈大愈强，从盘马弯弓中走向“世界一流”，靠的也是奋斗。对社会而言，奋斗是促进时代前进的动力；对个人而言，奋斗是通往幸福的阶梯。我们坚信，“有梦想，有机会，有奋斗，一切美好的东西都能够创造出来”。

习近平总书记道出了人生幸福的真谛：“奋斗本身就是一种幸福。只有奋斗的人生才称得上幸福的人生。”奋斗者是精神最为富足的人，也是最懂得幸福、最善于享受幸福的人。正如马克思所讲：“历史承认那些为共同目标劳动因而自己变得高尚的人是伟大人物；经验赞美那些为大多数人带来幸福的人是最幸福的人。”只有经过奋斗，才能真正感受到幸福。太过轻易得到的东西，很难去珍惜，幸福感也会低很多。人生的幸福感和获得感，总是与真诚付出、艰苦努力相伴。

难点解惑

1. 如何辩证对待人生矛盾？

青年学员要在科学高尚的人生观指引下，正确对待人生矛盾，努力提升人生境界，书写出彩人生。

其一，树立正确的得失观。得与失是人们经常遇到的一对矛盾，正确认识这对矛盾，树立正确的得失观，对人们尤其是青年学员来说至关重要。青年学员要以积极进取的态度去面对生活中的成败得失，使一时的成败得失成为人生的财富而不是人生的包袱。不要拘泥于个人利益的得失，不要满足于一时的得，也不要惧怕一时的失。军人是具有奉献精神的职业，当我们穿上这身军装，就意味着失去了一些普通公民的权利，也失去了同龄人的风花雪月，甚至可能失去最宝贵的生命，但同时也得到了“最可爱的人”这一社会最高荣誉称谓，得到了铁马秋风、战地黄花、楼船夜雪、边关冷月这些专属军人的“风花雪月”，得到了更为丰富的人生和享用一生的宝贵财富。新时代的青年学员，就应该树立这样的得失观。

其二，树立正确的苦乐观。苦与乐既对立又统一，并且在一定条件下可以相互转化。毛泽东在《七律·长征》一诗中，用“红军不怕远征难，万水千山只等闲”，形象地写出了红军长征的艰苦卓绝，用“更喜岷山千里雪，三军过后尽开颜”的豪迈诗句，生动描述了红军夺取胜利后的喜悦心情，表现了苦与乐的辩证统一关系。部队大多远离都市，很多单位常年驻守高原荒漠、深山戈壁、海岛边陲，环境恶劣、任务艰巨，军人们忍受着许多常人难以想象的困难。军人，选择了军旅人生就选择了与艰苦为伍、与困难同行，就应当以苦为乐、苦中作乐。今天军旅人生中的所有艰苦奋斗都将结出苦尽甘来的硕果，成为未来美好的回忆。

其三，树立正确的顺逆观。顺境和逆境是人生历程中两种不同的境遇。在顺境中前进，如同顺水行舟，容易使人滋生“骄娇”二气，自满自足，意志衰退。在逆境中奋斗，犹如逆水行舟，不进则退，逆境可以磨炼意志品质、积累战胜困难的经验、丰富人生阅历。在人生旅途中没有永远的顺境，也没有永远的逆境。对于革命军人来说，要深刻领会“骄兵必败，哀兵必胜”的古训，善于利用顺境，勇于正视逆境和战胜逆境，人生价值才能够实现。

其四，树立正确的生死观。生命的历程是一个从生到死的过程，有生必有死，这是亘古不变的自然现象。人的生命是有限的，生命的价值却是无限的。我们无法增加生命的长度，但却能追求生命的高度。军人因战争而存在、因使命而荣光，无论是在战场上赴汤蹈火，还是在和平时期执行急难险重任务，随时都面临生死的考验。青年学员要把党和人民的利益放在高于一切、重于一切的位置，在党和人民需要的时候能够挺身而出、视死如归，同时，要树立生命可贵的意识，珍惜韶华，努力使自己的生命绽放应有的光彩。

其五，树立正确的荣辱观。荣辱是一对基本道德范畴，荣辱观对个人的思想行为具有鲜明的动力、导向和调节作用。青年学员只有具备社会主义荣辱观，明确是非、对错、善恶、美丑的界限，坚持以热爱祖国为荣、以危害祖国为耻，以服务人民为荣、以背离人民为耻，以崇尚科学为荣、以愚昧无知为耻，以辛勤劳动为荣、以好逸恶劳为耻，以团结互助为荣、以损人利己为耻，以诚实守信为荣、以见利忘义为耻，以遵纪守法为荣、以违法乱纪为耻，以艰苦奋斗为荣、以骄奢淫逸为耻，才能确定价值取向，判断自身行为，做出道德选择。作为革命军人，就要把能打胜仗作为最高荣誉来追求，把战场打不赢作为最大耻辱来警醒。同时，要坚持集体荣誉高于个人荣誉，正确处理追求荣誉与淡泊名利的关系，自觉做到多为国防和军队建设做贡献，不为个人名利争高低。

2. 如何理解为人民服务的高尚人生观?

全心全意为人民服务的奉献精神是马克思主义的一贯主张。马克思、恩格斯在《共产党宣言》中指出："过去的一切运动都是少数人的，或者为少数人谋利益的运动。无产阶级的运动是绝大多数人的、为绝大多数人谋利益的独立的运动。"列宁在《党的组织和党的出版物》中谈到无产阶级文学为谁服务时说："它不是为饱食终日的贵妇人服务，不是为百无聊赖、胖得发愁的'一万个上层分子'服务，而是为千千万万劳动人民，为这些国家的精华、国家的力量、国家的未来服务。"毛泽东多次强调，只有具有以为人民服务为核心的崇高精神的人，才是"一个高尚的人，一个纯粹的人，一个有道德的人，一个脱离了低级趣味的人，一个有益于人民的人"。这一历程展现了"为人民服务"思想的形成及发展过程，反映了无产阶级人生观和道德观的形成、发展和完善过程，体现了无产阶级高尚人生观、道德观的优良传统。

之所以说"为人民服务"的人生观、道德观是具有现实性、可以实现的、科学高尚的人生观，是因为我们身边用行动践行这种人生追求的人有很多，除了雷锋、张思德、焦裕禄、孔繁森等耳熟能详的英雄模范以外，还有打黑英雄、人民公仆任长霞，将爱心洒满人间的歌手丛飞，公益先锋赵普，以及将自己视为农民的儿子、将一生奉献农业帮助农民脱贫致富的共产党员赵亚夫，等等。

一个人树立了为人民服务的人生观，就能对人生目的有更为深刻的理解。个人的能力或强或弱、职业不尽相同，职位也有高低，但只要科学认识人生目的，切实以人民利益为重，坚持把实现个人追求与实现党和国家的奋斗目标、人民利益紧密联系起来，不为狭隘私心所扰，不为浮华名利所累，不为低俗物欲所惑，就能够不断在实践中实现高尚的人生价值。一个树立了为人民服务人生观的人，就能以正确的人生态度对待人生、对待生活，始终对祖国和人民具有高度的责任感，在服务人民、奉献社会中实现自己的人生价值。人的一生总会有各种各样的际遇，或得意或失意，有顺利也有挫折，有成功也有失败，而只有树立起为人民服务的人生观，才能以积极的心态看待人生。心中拥有大爱，才会不在乎小利的得失。雷锋、张思德、焦裕禄、赵亚夫等人，都将心中的爱放大了，将他人放在了自己的心里。正是因为心里有了他人，他们才能在工作中认真负责、恪尽职守。"为人民服务"听着似乎是一个高高在上的道德标准、人生目标，但其实它离我们的生活一点也不远。青年学员应努力学习文化知识、打牢专业基础、加强体能锻炼、培养道德情操，为毕业后从事具体工作做准备。这也是在为"为人民服务"打根基。在未来的工作中，青年学员应当心里常怀自己的服务对象，将个人的努力与人民的事业结合起来，用坚韧不拔的意志战胜生活、学习、训练和工作中的种种困难和挫折，在不断开拓人生更高境界中领会生活的美好。①

拓展阅读

材料一　马克思"人的本质"思想解读

在人类思想史上，马克思第一次对人的本质做出科学界定。马克思关于人的本质的思想主要有三个命题：一是"劳动或实践是人的本质"；二是"人的本质是一切社会关系的总和"；三是"人的需要即人的本质"。关于第一个命题，马克思在《1844年经济学哲学手稿》中指出："人的类特性恰恰就是自由的自觉的活动。"这一思想提出人的生命活动具有特有的方式，即实践或劳动。实践活动是人和动物的最本质的区别，也是产生和决定人的其他所有特性的根据。在马克思看来，作为人的生命活动的物质生产，和作为动物的生命活动的生产之间有着本质的区别。动物只是按照它所属的那个种的尺度和需要来生产，而人却懂得按照任何一个种的尺度来进行生产，并且懂得怎样把自己的内在尺度运用到对象上去。因此，人将自然界和自身当作认识和改造的对象，并能够利用自己的智慧创造工具，既改造自然界，也改造自身。关于第二个命题，马克思在《关于费尔巴哈的提纲》中指出："人

① 宋友文．为什么说人生目的是人生观的根本问题？//王易．"思想道德修养与法律基础"教学疑难深度解析［M］．北京：中国人民大学出版社，2019：25-28。

的本质并不是单个人所固有的抽象物，实际上，它是一切社会关系的总和。”马克思认为，凡是有某种关系存在的地方，这种关系都是为我而存在的；动物不对什么东西发生“关系”，而且根本没有“关系”。人类社会存在两种关系，自然关系和社会关系，人的本质离不开同自然的关系，但更重要的是，它是由社会关系决定的，一切现实的人都是“一切社会关系的总和”。在一切社会关系中，生产关系是主要的社会关系，是“决定其余一切关系的基本的原始的关系”。在生产关系的基础上，人们进一步形成了政治的、法律的、道德的、宗教的及行业间的等复杂的社会交往，并从不同侧面、不同层次展现着人的本质。关于第三个命题，马克思在《德意志意识形态》中指出：“他们的需要即他们的本性。”这里，马克思不仅赋予需要以前提性，而且赋予它以普遍性、永恒性和能动性。马克思还特别强调指出，“需要的发展是人的本质力量的新的证明和人的本质的新的充实”。人类发展史，就是一部人的需要即人的本性的不断改变和发展的历史。离开了人的需要，人的一切实践活动和一切社会关系都将不复存在。可见，这一命题不仅涵盖了前两个命题的内容，而且揭示了前两个命题的原因。从这个意义上说，人的需要即人的本质这一命题，是对前两个命题的综合。

马克思的这三个命题是相互统一的有机整体。把握人的本质应当贯彻三者统一的原则。一方面，一定的社会关系是人的活动的具体的历史形式，它的性质和变化都是由实践活动的性质和水平决定的；离开实践活动，就不可能产生人的社会关系，也不可能满足人的需要，人就失去了人之为人的具体本质，剩下的只是空洞的“类”的抽象。另一方面，社会关系作为人们活动的组织方式，又是人得以存在和人的活动得以进行的必要条件；离开一定的社会关系，人和人的活动都是不存在的。在现实的人身上，实践活动是内容，社会关系是形式，人的需要是动力。只有正确地理解三者之间的内在联系，从三者相统一的基础上进行考察，才能全面把握人的本质。

如何在马克思的基础上进一步对人的本质做出更明晰的界定？这需要澄清对马克思三个命题的误读。

第一，有一种观点认为“劳动或实践是人的本质”的命题，带有人本主义色彩，是不科学的。马克思冲破人本主义的桎梏，明确提出实践是将人与动物区别开来的本质。他说，人能够“通过实践创造对象世界，即改造无机界，证明了人是有意识的类存在物……正是在改造对象世界中，人才是真正地证明自己是类存在物”。可见，把“实践”看作人的本质，是马克思的成熟观点。人的本质离不开“劳动”，但“劳动”本身并不就是人的本质，只有透过劳动现象才能把握人的本质。

第二，关于“人的本质是一切社会关系的总和”的命题，一些学者认为这个命题是马克思对人的本质的科学规定和经典表述。我们认为，人的本质离不开“社会关系”，但“社会关系”本身并不就是人的本质。马克思说：“人的本质……在其现实性上，它是一切社会关系的总和。”我们不能忽视马克思关于在其“现实性上”“总和”的规定。马克思指出，只有从人的一切社会关系入手，系统整体地考察人的本质的复杂结构即社会关系的总和，才能得出正确的结论。这个命题与其说是马克思对人的本质下的定义，不如说是马克思提出了探究人的本质的科学方法。

第三，关于“人的需要即人的本质”的命题，有学者认为，人的需要与人的本质之间有严格的区别，不能简单地把人的需要理解为人的本质。这里，忽视了马克思提出这一命题的背景和前提，马克思所谈的“需要”是与人的社会实践紧密联系在一起的。人的需要本质上是自然物质长期进化的产物，是历史地形成的，被社会物质生活条件决定着。人的需要从根本上同人的社会存在相联系，是不依赖于人的主观意志的客观必然性。还有学者把“需要”本身理解为人的本质。人的本质离不开“人的需要”，但“需要”本身并不就是人的本质。譬如，任何人都有衣食住行的需要，这些“需要”本身并没有多大的区别。正如我们无法通过一个人所穿的衣服、所吃的食物、所住的房子、所开的汽车来判定一个人的本质，他们的区别仅仅在于消费水平上的差异。但是，如果进一步分析这些需要内容的占有途径、取得方式和消费态度等，便不难发现人与人之间的巨大差别。

我们认为，人的本质可以界定为：人基于某种需要，在一定的社会关系中、在所从事的实践活动过程中不断生成的历史存在物，即为我的、自觉的、社会性的实践活动过程中的生成物。人正是由于在某种动力（需要）的驱使下，在一定的社会关系里从事改造世界的实践活动，才获得人之为人的真正本质，成为具体的、历史的人。根据这一界定，可以这样理解：人之所以为人，而区别于动物的最根本的特征是实践；群体之所以为群体，而能够相互区别开来的最根本的特征，是在实践中形成的不同社会关系的总和；每个人之所以为每个人，而能够彼此区别开来的最根本的特征，是基于一定的需要在不同社会关系和不同社会实践中所形成的独特个性。总之，人的本质只能在实践活动中得到生成、体现和确证。这种实践，是基于某种需要所进行的实践，而离开人的需要的实践是不存在的。

◆ 资料来源：余永跃，陈曙光．马克思“人的本质”思想解读．光明日报，2006-06-26（9），有改动 ◆

材料二　《新时代的中国青年》白皮书

《新时代的中国青年》白皮书

知识测试

第二专题

逐梦前行：坚定理想信念

视频点睛

《追光》第 15 集：迈向世界一流
（中央广播电视总台，央视网）

《有我》：将一百年共青团荣耀唱成一首不朽的诗
（李川，中青在线）

教学靶向

帮助青年学员充分认识追求远大理想、坚定崇高信念对自身成长成才的重要意义；引导青年学员树立中国特色社会主义的共同理想和共产主义远大理想，明确如何化理想信念为现实举措；鼓励青年学员乐于实践，在为实现党在新时代的强军目标、全面建成世界一流军队而奋斗的过程中实现个人理想抱负。

核心问题

1. 理想信念对青年学员成长成才的重要意义是什么？为什么要坚定信仰、信念、信心？

2. 从个人理想和社会理想辩证关系的角度，思考如何在强国强军事业中绽放青春梦想。

案例一

从《觉醒年代》中感悟青春信仰

百年党史，风雨兼程，苦难铸就辉煌；

百年党史，波澜壮阔，初心始于觉醒。

近代中国，饱尝民族苦难，历尽变革风霜。

浩浩荡荡的年代，国家将何去何从？

多少仁人志士，擎天撼地，跃然纸上；

几多豪言壮语，振聋发聩，肃然起敬；

无数革命事迹，热血澎湃，潸然泪下。

走得再远，也不能忘记来时的路。回望过往的奋斗路，眺望前方的奋进路，必须把党的历史学习好、总结好，把党的成功经验传承好、发扬好，才能实现中华民族的伟大复兴。《觉醒年代》便是一部学习党史的优质“教科书”。

李大钊、陈延年、陈乔年……他们的革命品格和斗争精神、他们的爱国主义情怀和青春正能量深深震撼了我。我被《觉醒年代》这部电视剧的魅力所吸引，《觉醒年代》让我立体直观地学习回顾了马克思主义在中国的早期传播和中国共产党创建的全过程，更加深刻地体会到中国共产党成立的历史必然。

一、理想之觉醒，青春之年代

我时常想，我要成为一个怎样的青年，如何度过自己的青春？

《觉醒年代》让我对“青春”二字有了更加深刻的理解。“为世界进文明，为人类造幸福，以青春之我，创建青春之家庭，青春之国家，青春之民族，青春之人类，青春之地球，青春之宇宙，资以乐其无涯之生。”写下这篇洋洋万言的《青春》时，李大钊只有27岁。自《青春》一文起，李大钊成为《新青年》的重要撰稿人，他在1916年回国后先后发表《布尔什维主义的胜利》《我的马克思主义观》等文章和演说。他宣称：“试看将来的环球，必是赤旗的世界！”他向中国人民介绍了什么是“十月革命”，什么是“布尔什维主义”，影响了整个五四时期的青年一代。

“铁肩担道义，妙手著文章。”他是伟大的马克思主义者——李大钊。他开创的伟大事业和留下的思想遗产永远不可磨灭，他播撒的革命种子已经在中国大地上生根、开花、结果。

二、曾经的少年，初心从未改变

最令我心灵震撼的，是陈延年、陈乔年兄弟二人的故事。

“少年徒手摘星，将光洒在我们身上，他们却凋零在最美的年纪。”

1927年，陈延年被国民党当局杀害，时年29岁。刑场上，他因坚决不下跪，被行刑者以乱刀砍死。他高声呼喊："革命者光明磊落、视死如归，只有站着死，决不跪下！"刽子手恼羞成怒，一拥而上，以乱刀残忍地将其杀害。

1928年，同为革命者的弟弟陈乔年被捕，时年26岁。他受尽重刑却始终严守党的秘密。牺牲前，他曾乐观地对狱友说："让我们的子孙后代享受前人披荆斩棘的幸福吧！"

有人说，《觉醒年代》有"续集"——就是现在的美好生活。

三、心中有阳光，脚下有力量

2021年4月19日，习近平总书记在清华大学考察时强调："当代中国青年是与新时代同向同行、共同前进的一代，生逢盛世，肩负重任。"青年兴则国家兴，青年强则国家强。总书记还曾讲过："展望未来，我国青年一代必将大有可为，也必将大有作为。这是'长江后浪推前浪'的历史规律，也是'一代更比一代强'的青春责任。广大青年要勇敢肩负起时代赋予的重任，志存高远，脚踏实地，努力在实现中华民族伟大复兴的中国梦的生动实践中放飞青春梦想。"

观看《觉醒年代》，由剧推己，"做有为青年"成为评论区的高频词。这部恢宏的革命历史题材电视剧，在壮阔的画卷里，谱写了革命青春之歌，也无形间为当代青年树起了榜样。

革命前辈们在一个个的主义和理论实践中，最终走上了以马克思主义为理论指导的新道路。我们要从党的百年历史中汲取强大的信仰力量，循着党的理论创新的历史轨迹，深学笃用习近平新时代中国特色社会主义思想，增强对马克思主义、共产主义的信仰，增强对中国特色社会主义的信念，增强对实现中华民族伟大复兴的信心，筑牢信仰之基、补足精神之钙、把稳思想之舵。

◆ 资料来源：王婧．从《觉醒年代》中感悟青春信仰．澎湃新闻，2021-05-09，有改动 ◆

案例解读：

《觉醒年代》再现了共产党人的初心使命，展现出他们伟大的爱国主义情怀，揭示了中国共产党建立的历史必然，既"叫好"又"叫座"。红色的旗帜与鲜血交相辉映，先烈们用热血和生命坚守革命信念，开辟通往光明的道路。青春信仰在真理力量的加持下，推动中国共产党这艘巍巍巨轮在历史长河中乘风破浪。习近平总书记在清华大学考察时曾强调："当代中国青年是与新时代同向同行、共同前进的一代，生逢盛世，肩负重任。"青年兴则国家兴，青年强则国家强。广大青年要勇敢肩负起时代赋予的重任，坚定理想信念，志存高远，脚踏实地，努力在实现中华民族伟大复兴的中国梦的生动实践中放飞青春梦想。

2012年，习近平总书记在十八届中共中央政治局第一次集体学习时指出："理想信念就是共产党人精神上的'钙'，没有理想信念，理想信念不坚定，精神上就会'缺钙'，就会得'软骨病'。"

理想信念昭示奋斗目标。青年学员只有树立起崇高的理想信念，才能完成好人生的意义、奋斗的价值等重要的人生课题，才能解答好为谁扛枪、为谁打仗等从军之问。

理想信念提供前进动力。心中有信仰，脚下有力量。一个人树立了崇高坚定的理想信念，就会以惊人的毅力和不懈的努力成就事业。习近平总书记强调，"崇高的理想，坚定的信念，是中国共产党人的政治灵魂，是人民军队的精神支柱"，是流淌于革命军人血液、内化为精神世界的政治追求，也是我们军旅生活中永不衰落的太阳——照亮自己，也照亮未来。

理想信念提高精神境界。理想信念是衡量一个人精神境界高下的重要标尺。理想信念作为人的精神世界的核心，一方面能使人的精神生活的各个方面统一起来，使人的精神世界成为一个健康有序的系统，避免精神空虚和迷茫；另一方面能引导人们不断地追求更高的人生目标，并在追求和实现人生目标的过程中提高精神境界、塑造高尚人格。对青年学员来说，有了坚定的理想信念，就有了"定盘星""主心骨"，就能坚持正确的政治方向，炼就"金刚不坏之身"，在大是大非面前旗帜鲜明，在风浪考验面前无所畏惧，在各种诱惑面前立场坚定，在关键时刻靠得住、信得过、能放心，永葆革命军人的政治本色。

案例二

长征是一次理想信念的伟大远征

习近平总书记在纪念红军长征胜利80周年大会上的讲话，站在历史和时代的高度，回顾了中国共产党领导红军长征的光辉历程，总结了红军长征的伟大历史意义，阐述了红军将士用热血和生命铸就的伟大长征精神的深刻内涵，要求全党全军全国人民大力弘扬伟大长征精神，走好今天的长征路。

习近平总书记在讲话中强调指出："崇高的理想，坚定的信念，永远是中国共产党人的政治灵魂。中国共产党从成立之日起，就把共产主义确立为远大理想，始终团结带领中国人民朝着这个伟大理想前行。党和红军几经挫折而不断奋起，历尽苦难而淬火成钢，归根到底在于心中的远大理想和革命信念始终坚定执着，始终闪耀着火热的光芒。"

习近平总书记深刻阐述了理想信念与长征胜利的重要意义，他指出：“长征是一次理想信念的伟大远征。”“长征路上的苦难、曲折、死亡，检验了中国共产党人的理想信念，向世人证明了中国共产党人的理想信念是坚不可摧的。”“长征的胜利，是中国共产党人理想的胜利，是中国共产党人信念的胜利。”

坚定的理想信念，激励着红军将士英勇奋战，一往无前，突破了强大敌人的围追堵截。

习近平总书记指出：“在风雨如磐的长征路上，崇高的理想，坚定的信念，激励和指引着红军一路向前。”

在红军长征途中，国民党蒋介石调集上百万军队对红军进行围追堵截，企图置中国共产党和红军于死地。红军面临天上敌机侦察轰炸，地下敌人重兵围攻。

以毛泽东同志为代表的中国共产党人和广大红军将士并没有被征服、吓倒，他们以坚定的革命理想信念，以非凡的智慧和勇气，运用灵活机动的战略战术，穿插迂回，在敌重兵集团之间采取机动作战，斩关夺隘，抢险飞渡，血战湘江、强渡乌江、四渡赤水河、巧渡金沙江、强渡大渡河、飞夺泸定桥、攻占腊子口、鏖战独树镇、伏击袁家沟口、激战嘉陵江、勇克包座、转战乌蒙山，抢渡普渡河，击退上百万穷凶极恶的追兵阻敌，纵横驰骋于湘鄂川黔滇等10余省，进行重要战役战斗600多次，粉碎了国民党百万军队的围追堵截。正如习近平总书记所指出的：“长征的胜利，靠的是红军将士压倒一切敌人而不被任何敌人所压倒、征服一切困难而不被任何困难所征服的英雄气概和革命精神。”

坚定的理想信念，激励着红军将士不怕流血牺牲，夺取长征的胜利。

长征路上，一批批战友倒下了，后面的红军指战员掩埋好战友的尸体，揩干身上的血迹，又义无反顾地冲上前去。是什么力量在激励、推动他们？是理想与信念的神奇力量在激励他们奋斗、前进，他们凭着永远跟党走、甘愿把自己的一切献给革命事业的赤胆忠心，英勇奋战，直至长征胜利。

在湘江战役中，担任掩护任务的红五军团第34师被阻于湘江东岸，陷入数十倍于己的敌人包围之中。5000多名指战员英勇拼杀，浴血奋战，最后弹尽粮绝，大部壮烈牺牲，血染湘江。师长陈树湘身负重伤，不幸被俘，敌人企图把他押往长沙邀功。途中，陈树湘用手绞断受伤流出体外的肠子，壮烈牺牲。陈树湘用对党和人民的忠诚，实现了他为共产主义奋斗到底的誓言。

长征的胜利是无数红军将士流血牺牲换来的。成千成万的红军将士牺牲在枪林弹雨的长征路上，有的长眠于皑皑雪山、茫茫草地上，有的就义于敌人的刑场上，他们以坚定的革命理想信念，用鲜血与生命铸就了伟大的长征精神，他们的英雄事迹永远镌刻在历史的丰碑上。

据统计，长征中牺牲的营以上干部430多名，其中军以上干部就有方志敏、刘畴西、寻淮洲、邓萍、吴焕先、曾中生、钱壮飞、罗南辉等10多名。“在红一方面军二万五千里的征途上，平均每300米就有一名红军牺牲。长征这条红飘带，是无数红军的鲜血染成的。”

习近平总书记指出：“艰难可以摧残人的肉体，死亡可以夺走人的生命，但没有任何力量能够动摇中国共产党人的理想信念。”

坚定的理想信念，激励着红军将士不畏艰难困苦，征服无数自然险阻。

“风雨浸衣骨更硬，野菜充饥志越坚；官兵一致同甘苦，革命理想高于天。”

在漫漫征途中，广大红军将士不仅要突破国民党重兵的围追堵截，还要克服大自然当中的各种艰难险阻，经受饥寒伤病的种种磨难，跨越近百条江河，攀越40余座高山险峰，其中海拔4000米以上的雪山就有20余座，穿越了被称为“死亡陷阱”的茫茫草地。

雪山草地是红军长征中经历的最恶劣的自然环境。雪山空气稀薄，人迹罕至，山高谷深，气候变化无常。经过长途跋涉和连续作战的红军指战员虽然疲惫不堪、缺衣少粮，但他们怀着革命必胜的信念，发扬不怕苦、不怕死的精神，冒风雪，顶严寒，在雪山上艰难前行。许多将士累倒、冻僵，长眠在雪山上。红军战士刘志海冻死在雪山上，但他临死前还从雪堆里高举起一只手，紧握着党证和向党交纳的最后的一笔党费——一块银圆，表现了他对党的无限忠诚和对革命的坚定信念。红军指战员就是凭着这种信念和坚忍不拔的毅力，征服了一座又一座的雪山。

草地沼泽密布、河沟交错，人马稍有不慎就会被泥潭吞没。草地气候恶劣，雨雪、冰雹来去无常。过草地，没有粮食吃，红军将士不得不吃野菜、草根，甚至煮皮带充饥。许多红军将士牺牲在草地上，有的病饿而死，有的吃野菜中毒身亡，还有的因陷入泥潭而失去生命。过草地时，仅营以上干部就牺牲了50多名，数量为长征中牺牲干部之最。红3军团的一个炊事班为保证全连不因饥饿而减员，9个炊事员先后牺牲在草地上。

红军指战员以革命理想高于天的坚定信念和不畏艰难困苦的革命精神，以常人不可想象的勇气和毅力，与大自然进行了一次次较量，凭借顽强意志闯过了人类生存极限。红军将士上演了世界军事史上威武雄壮的战争活剧，创造了气吞山河的人间奇迹。习近平总书记指出：“长征路上的苦难、曲折、死亡，检验了中国共产党人的理想信念，向世人证明了中国共产党人的理想信念是坚不可摧的。”

习近平总书记强调：“弘扬伟大长征精神，走好今天的长征路，必须坚定共产主义远大理想和中国特色社会主义共同理想，为崇高理想信念而矢志奋斗。长征胜利启示我们：心中有信仰，脚下有力量；没有牢不可破的理想信念，没有崇高理想信念的有力支撑，要取得长征胜利是不可想象的。”

按照习近平总书记的要求，在新长征路上，我们一定要坚定理想信念，不论时代如何变化，不论条件如何变化，哪怕风雨如磐都始终不动摇，自觉做共产主义远大理想和中国特色社会主义共同理想的坚定信仰者、忠实实践者；一定要努力学习党的理论，把学习成果转化为不可撼动的理想信念，转化为正确的世界观、人生观、价值观，用理想之光照亮奋斗之路，用信仰之力开创美好未来。

◆ 资料来源：姜廷玉．长征是一次理想信念的伟大远征——学习习近平总书记在纪念红军长征胜利 80 周年大会上的讲话．人民网-中国共产党新闻网，2016-10-22，有改动 ◆

案例解读：

“长征是一次理想信念的伟大远征。崇高的理想，坚定的信念，永远是中国共产党人的政治灵魂。中国共产党从成立之日起，就把共产主义确立为远大理想，始终团结带领中国人民朝着这个伟大理想前行。党和红军几经挫折而不断奋起，历尽苦难而淬火成钢，归根到底在于心中的远大理想和革命信念始终坚定执着，始终闪耀着火热的光芒。”

这段话出自 2016 年 10 月 21 日习近平在纪念红军长征胜利 80 周年大会上的讲话。

在中国历史上有三个以万里为计的大工程、大事件：万里长城、万里丝绸之路、万里长征。

史沫特莱在《伟大的道路：朱德的生平和时代》中这样称赞长征：“长征是军事史上独一无二的事件。与长征比较起来，汉尼拔跨越阿尔卑斯山在‘历史的小剧院’中失掉了光彩，拿破仑自莫斯科的撤退是灾难性的失败，而长征则是最后胜利的前奏曲。”

尤其是长征蕴含着中国共产党及其领导的人民军队由小到大、由弱到强、一步步走向胜利的精神密码。

毛泽东在《论反对日本帝国主义的策略》的报告中说：“讲到长征，请问有什么意义呢？我们说，长征是历史记录上的第一次，长征是宣言书，长征是宣传队，长征是播种机。”

至于对其精神内涵或品质的解读，《红星照耀中国》的作者斯诺所言更形象。他说：“冒险、探索、发现、勇气和胆怯、胜利和狂喜、艰难困苦、英勇牺牲、忠心耿耿，这些千千万万青年人的经久不衰的热情、始终如一的希望、令人惊诧的革命乐观情绪，像一把烈焰，贯穿着这一切。他们不论在人力面前，或者在大自然面前，上帝面前，死亡面前都绝不承认失败——这一切以及还有更多的东西，都体现在现代史上无与伦比的一次远征的历史中了。”

长征精神的实质，其实就是中国共产党运用马克思主义学说构建的一个跳出自己的历史又与西方迥异的精神世界，这让每一个接受长征精神洗礼的人都能够树立起坚定的政治信仰，这种信仰让人超越自我，超越自然，因此有了“爬雪山，过草地”，前无古人，后无来者之举。换句话说，长征之所以取得最终的胜利，是政治信仰提供了不竭的精神动力。

在今天的四川红原县与黑水县之间的亚克夏山上，有一座红军烈士墓，这里安葬了 12 具红军遗骸。这处红军烈士墓不仅因海拔 4800 米而成为中国最高的红军墓地，同时也彰显出中国共产党领导的军队在政治和精神上的高度。

有了这样的精神高度，也便有了艰苦卓绝，视死如归，进而有了属于中国共产党和人民军队的胜利。①

理想信念之火一经点燃就会产生巨大的精神力量。新时代青年志存高远就能激发奋进潜力，就不会像无舵之舟漂泊不定。新时代革命军人肩负实现强军梦的历史重任，只有把实现理想的道路建立在脚踏实地的奋斗上，才能放飞青春梦想，实现人生理想。

案例三

从“两弹一星”元勋屠守锷的一生把握理想与现实的辩证统一

屠守锷，中国科学院院士、著名导弹与火箭技术专家，长期从事导弹与火箭总体技术理论研究与工程实践工作，在解决导弹研制过程中的重大关键技术问题、制定大型航天工程方案等方面做出了卓越贡献，是中国导弹与航天技术的开拓者之一。

屠守锷院士曾说：“当初我最早学的并不是导弹，而是飞机制造。”1937 年抗日战争全面爆发，屠守锷在上海一所中学读书。那时的上海被日军的飞机炸得房倒屋塌，年纪轻轻的屠守锷萌生了这样一种志愿：我们一定要为死难的同胞们报仇，而且我要学会制造飞机。

从清华大学航空系毕业后，屠守锷以优异的成绩取得了公费赴美留学的资

① 公方彬．长征是一次理想信念的伟大远征[EB/OL].(2023-04-11)[2021-11-08].https://export,shobserver.com/baijiahao/html/422331,html.

格，进入美国麻省理工学院攻读硕士学位。仅仅用了两年时间，他就攻下了硕士学位。在这之后，他到了布法罗的一个飞机制造厂工作，成为一名工程师。后来战争结束，他回到了国内。

1957 年，聂荣臻元帅主持国防科技工作，邀请了一批科学家到国防部第五研究院从事国防科研工作。屠守锷应邀成为第五院 10 个研究室中负责研究导弹结构强度和环境条件的研究室的主任。导弹研究对屠守锷来说是一个全新的课题。他和当时的很多专家一样，一切从零开始，在摸索中进行中国的导弹研究。面对艰苦困难的局面，屠守锷非常平静，他坚定地说："人家能做到的，我不信中国人就做不到。"

作为导弹研制的主要负责人，钱学森、屠守锷带领团队，深入科研生产一线，潜心研究，制定了"地地导弹发展规划"，选定了中国中程、中远程及远程导弹等重大技术方案和技术途径。后经批准实施，这个规划成为中国导弹与火箭技术发展的蓝图。

1962 年，中国自行设计的第一枚中近程导弹，在首飞时遭遇挫折，掉了下来。在这种情况下，屠守锷临危受命，他和当时的工程师、工作人员一起全面、系统地查找原因。1964 年，这种中近程导弹连续 8 次飞行试验都获得了成功，这一年，是中国导弹发展史上应该被记住的一年。经历了一系列的探索、攻关，我国第一代的导弹技术专家就这样成长起来，为以后各种型号导弹的研发奠定了基础。

1965 年 3 月，在中央专委召开的会议上，周恩来总理明确提出要尽快把中国首枚远程导弹研发出来，并且直接任命屠守锷为中国远程导弹的总设计师。中国的远程导弹在 1971 年试飞，1973 年正式定型生产，整个过程中屠守锷始终坚守在第一线，甚至在一百天的总装测试过程中，他也一刻没有离开。

就在屠守锷认为这颗导弹可以出厂运往发射场的时候，不同的意见产生了。周恩来总理听完屠守锷的详细汇报，只问了一句话："屠总，你认为这颗导弹是不是可以发射？"屠守锷毫不犹豫地回答："该做的工作我们都做了，它的性能和状态是良好的。"周恩来总理明确说："我们支持你。"到最后要发射的时候，屠守锷专程从试验场回到北京，当面向周恩来总理汇报。周恩来总理听了他 45 分钟的汇报以后，马上决定可以发射。

后来，屠守锷也曾经说，总理的这种关怀给了他很大的信心。两天以后，大西北的发射场传来了一个巨大的喜讯：中国自行研制的首枚远程导弹飞行试验获得成功。

在无数科研人员和部队官兵的共同努力下，我国导弹事业实现了从无到有的历史性跨越。1980 年 5 月 18 日，我国首次成功向 9000 多千米外的南太平洋海域发射了东风-5型运载火箭。这标志着我国第一代洲际导弹研制任务胜利完成，我国战略导弹核武器达到了新水平，拥有了洲际打击能力。

1980年中国向全世界宣布：中华人民共和国将于5月12日到6月10日，由中国本土向太平洋南纬7度0分、东经171度33分为中心，半径70海里的圆形海域范围内的公海上，发射运载火箭试验。当时，这个消息让世界震惊。

屠守锷的一生中经历过多次发射试验，但是这一次对他来说压力巨大，因为这是面向全世界宣布的。屠守锷和当时研究院的院长张镰斧带着实验队进入寒气逼人的戈壁大沙漠。大沙漠的气候和恶劣环境对他们这些年过半百的人来说是一种考验。屠守锷每天都在火箭实验阵地和发射阵地之间来回进行各种各样的测试和考核，有的时候一天要工作20个小时。

为了确保这次发射成功，这颗导弹上面10万多个零部件必须全部处于一种非常好的工作状态。就在这短短的一个月的时间里，屠守锷掉了十几斤的肉。当导弹竖立在发射架上的时候，屠守锷已经两天两夜没合眼了，他说他还要上去做一次检查。于是屠守锷又最后一次爬上了发射架，仔细地进行了最后一遍检查。众所周知，那次向太平洋发射的这颗洲际导弹准确地命中了万里之外的目标，震动了世界。

◆ 资料来源：董保存．“两弹一星”元勋屠守锷：潜心为国铸长剑．央广网，2019-06-15，有改动 ◆

案例解读：

1958年起，屠守锷先后担任中国近程、中程导弹的副总设计师，远程导弹和长征二号运载火箭的总设计师，主持解决了若干重要型号特别是远程运载火箭、长征二号运载火箭和长征二号捆绑式运载火箭中一系列关键技术问题，并参与了我国火箭技术发展重大战略问题的决策，从技术上主持制定了中国运载工具的研究发展规划，为我国航天事业做出了杰出贡献。在研究初期，没有资料，没有图纸，屠守锷和众多专家一起，既当研究人员，又当学生，在极为有限的条件下，搜集资料，摸索实践。在从仿制到独立研制的艰难历程中，在研制第一枚地空导弹和地地导弹的过程中，他成了导弹设计研制的行家里手。屠守锷将自己的一生都奉献给了祖国的航天事业，带领科技人员突破了一项又一项技术难题，从中国近程导弹，到中程导弹，再到远程导弹，以及后来的火箭系列，在这些导弹和火箭设计与研制的过程中，始终都有他的身影。

从案例中，我们可以看到，理想的实现是一个过程；理想越远大，实现过程就越艰难，需要的时间也就越漫长；理想变为现实不是一帆风顺的，往往会遭遇波澜和坎坷。现实是此岸，理想是彼岸，唯有“行动”才是沟通彼此的桥梁。革命军人要成长成才，实现崇高的理想，创造有价值的人生，只有一条途径——那就是实践。

难点解惑

1. 如何理解理想信念是精神之“钙”？

“理想信念就是共产党人精神上的‘钙’，没有理想信念，理想信念不坚定，精神上就会‘缺钙’，就会得‘软骨病’。”

其一，理想信念昭示奋斗目标。人生是一个在实践中奋斗的过程，要使生命富有意义，就必须在科学的理想信念指引下，沿着正确的人生道路前进。理想信念是人的思想和行为的定向器，一旦确立就可以使人方向明确、精神振奋，即使前进的道路曲折、人生的境遇复杂，也能看到希望和曙光，永不迷失前进的方向。只有理想信念坚定的人，才能始终不渝，百折不挠，不怕风吹雨打，不怕千难万险，坚定不移地为实现既定目标而奋斗。

其二，理想信念提供前进动力。心中有信仰，脚下有力量。在我们党100多年的历史中，一代又一代共产党人为了追求民族独立和人民解放，不惜流血牺牲，靠的就是一种信仰，为的就是一个理想。一个人树立了崇高坚定的理想信念，就会以惊人的毅力和不懈的努力成就事业。与此相反，一个人如果没有崇高坚定的理想信念，就有可能浑浑噩噩、庸庸碌碌、虚度一生，甚至腐化堕落、走上歪路。人生目标的确立、生活态度的形成、知识才能的丰富、发展方向的设定、工作岗位的选择，以及如何择友、如何面对挫折、如何克服困难等问题的解决，都需要一个总的原则和目标，都离不开理想信念的指引和激励。

其三，理想信念提高精神境界。理想信念是衡量一个人精神境界高下的重要标尺。理想信念作为人的精神世界的核心，一方面能使人的精神生活的各个方面统一起来，使人的精神世界成为一个健康有序的系统，避免精神空虚和迷茫；另一方面又能引导人们不断地追求更高的人生目标，并在追求和实现理想目标的过程中提高精神境界、塑造高尚人格。

崇高的理想、坚定的信念是革命军人的灵魂，是克敌制胜、拒腐防变的决定性因素。革命理想高于天。人民军队从诞生之日起就把马克思主义写在自己的旗帜上，把实现共产主义确立为最高理想。从艰苦卓绝的井冈山斗争到千难万险的长征路，从硝烟弥漫的抗日战争到摧枯拉朽的解放战争，从坚决捍卫国家主权、安全、领土完整的英勇斗争到抢险救灾、保卫人民生命财产安全的顽强拼搏，从支援国家经济社会建设的无私奉献到维护地区和世界和平的实际行动，崇高理想信念的灯塔指引人民军队一路向前。历史证明，崇高的理想信念是人民军队勇往直前的精神力量，是全军将士心中熊熊燃烧的火炬。

2. 怎样理解个人理想和社会理想的关系？

个人理想与社会理想不是彼此孤立的。一方面，个人理想以社会理想为导向，社会理想决定、制约着个人理想。个人作为推动社会历史变迁的力量，只有结合自身实际和社会现实，以社会理想为指向确立个人理想，才能实现人生价值。另一方面，社会理想以个人理想为基础，是个人理想的凝练和升华。社会的发展以人类的进步为前提，个人理想成就社会理想，社会理想是个人理想的汇聚和集中表达，是对个人理想的概括和总结。

第一，个人理想与社会理想的辩证关系。

个人理想与社会理想的关系实质上是个人与社会的关系在理想层面的反映。个人与社会有机地联系在一起，二者相互制约、共同发展。同样地，社会理想与个人理想也不是彼此孤立的，它们之间既相互联系、相互影响，又相互区别、相互制约。

一是国家、集体的兴衰与个人利益得失息息相关。在社会主义社会中，个人利益、集体利益和国家利益在本质上是一致的，国家利益、集体利益体现着个人根本的、长远的利益，是集体所有成员共同利益的统一。同时，每个人的正当利益，又都是集体利益不可分割的组成部分。所以在现实生活中，集体利益和个人利益是相辅相成的。集体利益的发展，本身就包含着集体中每个人利益的增加，而集体中每个人利益的增加，同样有利于集体利益的扩大。

二是个人理想以社会理想为导向。社会理想决定、制约着个人理想，根据唯物史观的基本原理，社会历史发展并不是受某个天才人物的偶然作用，而是受内在的一般规律支配的，因此只有顺应社会历史发展规律，确立社会理想，才能推动社会进步。而个人作为推动社会历史变迁的力量，只有结合自身实际和社会现实，以社会理想为指向确立个人理想，才能实现人生价值。因此，青年学员应树立符合社会发展和进步要求的个人理想，在对个人理想的追求中实现人生价值。

三是社会理想的实现体现在每个社会成员为实现个人理想而进行的实践中。人是社会关系的总和，人不是抽象的人，而是在活生生的社会历史过程中开展丰富的实践活动的主体。社会是由人构成的，人是社会历史的主体，人的实践活动推动社会历史发展。因此，社会的发展是以人类的进步为前提的，个人理想成就社会理想；社会理想是个人理想的凝聚和升华，代表和反映着人们的共同愿望和根本利益，归根到底要靠社会全体成员的共同努力来实现，并具体体现在每个社会成员为实现个人理想而进行的实践中。因此，青年学员对正当的近期理想、个人理想的追求，尤其是对于美好的职业理想和生活理想的追求，与国家发展、民族振兴的崇高社会理想在本质上是一致的。社会理想既是国家和社会对个人提出的要求和希望，也是个人理想得以实现的重要基础。

四是理想是现实性与超越性的统一，是实然与应然的统一。理想信念是个思想认识问题，更是个实践问题。我们鼓励青年学员志当存高远，立志做大事。个人理想只有同国家的前途、民族的命运相结合，个人的向往和追求只有同社会的需要和人民的利益相一致，才是有意义的。但与此同时，我们也要防止青年学员好高骛远、陷入空想，要引导青年学员清醒地认识到立志需躬行，伟大的事业、崇高的理想的起点就在脚下，在一切平凡的岗位上，在扎扎实实的学习和工作中；要实现崇高的理想，就要从自身做起、从现在做起、从平凡的工作做起。

第二，中国特色社会主义共同理想是个人理想与社会理想的统一。

中国特色社会主义共同理想是个人理想与社会理想的统一，是阶段性与长远性的统一，代表和反映了中国社会最广大人民的根本利益。

首先，理想是有层次和分类型的，有个人理想，也有社会理想。个人理想描绘的是个人生活的理想状态，而社会理想描绘的是社会发展的理想状态。个人生活于社会中，个人理想离不开社会理想。中国特色社会主义共同理想是一种社会理想，是一种关于中国社会发展状态的理想。它对个人理想具有整合作用，是若干个人理想的寄托之所。当代中国人对自身生活和发展的若干期望与设想，事实上是以中国经济社会的持续发展为背景的，所以个人理想的正确定位与实现，离不开对中国特色社会主义共同理想的把握。

其次，我们对共产主义远大理想的追求是一个漫长的过程，在这个过程中，有若干个阶段性理想。与远大理想相比，阶段性的理想更为具体，因而它可以成为一定历史时期人们所普遍追求的理想目标。中国特色社会主义事业是一个长过程，它并不是到 21 世纪中叶就结束了，在我们达到这一理想目标之后，我们的中国特色社会主义道路还将继续向前延伸，中国特色社会主义事业还将进一步向前推进，我国社会将进入新的发展阶段，到那时，中国特色社会主义共同理想还会增添新的内容。

最后，在社会生活中往往会出现不同的理想，但并不是所有的理想都能成为共同的理想。有的理想只代表了少数人或个别人的利益和愿望，它只能成为少数人或个别人的追求目标。中国特色社会主义理想之所以能成为共同理想，就是因为它代表和反映了中国社会最广大人民的根本利益，为广大人民所认同和接受，中国特色社会主义共同理想是全党和全国各族人民的夙愿与共同追求。青年学员作为青年人中知识丰富、思想敏锐的群体，是推动国家蓬勃发展的生力军，也是将中国特色社会主义共同理想由理想变为现实的重要后备力量，因此，青年学员理想信念的树立与中国特色社会主义共同理想的实现关系密切。

一方面，中国特色社会主义共同理想为青年学员理想信念的树立提供了正确的方向指引和理论支撑。中国特色社会主义共同理想指引青年学员群体自觉地将个人命运与国家命运紧密相连，把个人理想与国家复兴密切结合。

另一方面，青年学员理想信念的树立有助于中国特色社会主义共同理想的实现。青年学员群体的理想信念的坚定与国家未来的繁荣昌盛息息相关，每个青年学员都为着自己的理想信念努力奋斗，便是在实现着中国特色社会主义共同理想。因此，作为中国特色社会主义共同理想的承担者，青年学员群体应心怀远大理想、勇敢执着追梦，过有意义的人生。①

拓展阅读

材料一　中国化时代化的马克思主义行

党的二十大报告指出："马克思主义是我们立党立国、兴党兴国的根本指导思想。实践告诉我们，中国共产党为什么能，中国特色社会主义为什么好，归根到底是马克思主义行，是中国化时代化的马克思主义行。拥有马克思主义科学理论指导是我们党坚定信仰信念、把握历史主动的根本所在。"马克思主义从来不是僵死的教条，而是随着实践不断发展的开放的理论，在实践中检验和发展真理是马克思主义永葆生机活力的奥秘所在。一百多年来，中国共产党人始终坚持守正创新，把马克思主义基本原理同中国具体实际相结合、同中华优秀传统文化相结合，不断推动马克思主义的中国化时代化，用发展着的马克思主义指导革命、建设、改革和发展实践，不断彰显马克思主义的真理力量。实践充分证明，中国化时代化的马克思主义行。不断谱写马克思主义中国化时代化新篇章，是当代中国共产党人的庄严历史责任。

一、推进马克思主义中国化时代化是一个追求真理、揭示真理、笃行真理的过程

一百多年来，中国共产党坚持把马克思主义写在自己的旗帜上，不断推进马克思主义中国化时代化，用博大胸怀吸收人类创造的一切优秀文明成果，用马克思主义中国化时代化的科学理论引领伟大实践。我们坚持守正创新，既不迷信他人的经验，也不囿于固有的教条，把马克思主义基本原理同中国具体实际相结合、同中华优秀传统文化相结合，不断彰显马克思主义的真理力量、道

---

① 中国人民大学马克思主义学院，北京高校思想政治理论课高精尖创新中心，王易．"思想道德修养与法律基础"教学疑难深度解析［M］．北京：中国人民大学出版社，2019：43-46。

义力量和实践力量，团结带领全国各族人民历经革命、建设、改革，特别是党的十八大以来党和国家事业取得历史性成就、发生历史性变革，使中国这个古老的东方大国创造了人类历史上前所未有的发展奇迹，中华民族迎来了从站起来、富起来到强起来的伟大飞跃。

坚持推进马克思主义中国化时代化，充分彰显马克思主义的真理力量，中华民族实现了从“东亚病夫”到站起来的伟大飞跃。从19世纪中叶到20世纪中叶，各种政治势力和思潮轮番登上中国历史舞台，诸多仁人志士前赴后继地发动改良运动和革命运动，寻求着民族复兴的希望，但这些努力最后纷纷以失败告终。毛泽东同志指出：“1917年的俄国革命唤醒了中国人，中国人学得了一样新的东西，这就是马克思列宁主义……从此以后，中国改换了方向。”马克思主义的伟大力量，就在于它是和各个国家具体的革命实践相联系的。毛泽东同志指出：“离开中国特点来谈马克思主义，只是抽象的空洞的马克思主义。因此，使马克思主义在中国具体化，使之在其每一表现中带着必须有的中国的特性，即是说，按照中国的特点去应用它，成为全党亟待了解并亟须解决的问题。”以毛泽东同志为主要代表的中国共产党人，打破对苏联革命经验的迷信、冲破教条主义的束缚，坚持把马克思主义基本原理和中国具体的革命实际相结合，独立自主探索自己的革命道路，积极开展土地改革，放手发动群众，紧紧依靠广大人民的力量，找到了一条农村包围城市、武装夺取政权的正确革命道路，实现了新民主主义革命胜利，并在中国化时代化马克思主义指导下建立起了社会主义制度，完成了社会主义革命，实现了中华民族有史以来最为广泛而深刻的社会变革。

坚持推进马克思主义中国化时代化，充分彰显马克思主义的真理力量，中华民族实现了从站起来到富起来的伟大飞跃。在改革开放和社会主义现代化建设新时期，我们坚持实事求是这一马克思主义的精髓，一切从实际出发，解放思想，从理论和实践上突破一切教条主义的束缚，开辟了中国特色社会主义道路，大踏步赶上了时代。面对思想的禁锢，邓小平同志指出：“不以新的思想、观点去继承、发展马克思主义，不是真正的马克思主义者。”他说，马克思去世以后一百多年，世界形势发生了巨大变化，现代科学技术日新月异，我们“绝不能要求马克思为解决他去世之后上百年、几百年所产生的问题提供现成答案。列宁同样也不能承担为他去世以后五十年、一百年所产生的问题提供现成答案的任务。真正的马克思列宁主义者必须根据现在的情况，认识、继承和发展马克思列宁主义”。他强调“马克思主义理论从来不是教条，而是行动的指南。它要求人们根据它的基本原则和基本方法，不断结合变化着的实际，探索解决新问题的答案，从而也发展马克思主义理论本身。”改革开放以来，中国共产党人把马克思主义基本原理同中国处在社会主义初级阶段的具体实际结合起来，团结带领人民进行建设中国特色社会主义新的伟大实践，使中国大踏步赶上了时代。

坚持推进马克思主义中国化时代化，充分彰显马克思主义的真理力量，中华民族迎来了从富起来到强起来的伟大飞跃。中国特色社会主义进入新时代，我们一如既往地坚持、运用和发展马克思主义的科学理论，坚持守正创新，以更宽广的视野、更长远的眼光来思考和把握国家未来发展面临的一系列重大战略问题，就新时代坚持和发展什么样的中国特色社会主义、怎样坚持和发展中国特色社会主义，建设什么样的社会主义现代化强国、怎样建设社会主义现代化强国，建设什么样的长期执政的马克思主义政党、怎样建设长期执政的马克思主义政党等重大时代课题，提出一系列原创性的治国理政新理念、新思想、新战略，创立了习近平新时代中国特色社会主义思想，实现了马克思主义中国化时代化新的飞跃。在习近平新时代中国特色社会主义思想的指导下，我们全面贯彻党的基本路线、基本方略，采取一系列战略性举措，推进一系列变革性实践，实现一系列突破性进展，取得一系列标志性成果，经受住了来自政治、经济、意识形态、自然界等方面的风险、挑战、考验，党和国家事业取得历史性成就、发生历史性变革，推动我国迈上全面建设社会主义现代化国家新征程。

历史证明，什么时候我们坚持了马克思主义的开放性，用发展着的马克思主义指导新的实践，我们的事业就会取得成功，否则，我们的事业就会遇到挫折；越是党的事业发展的关键时期，越是需要坚持马克思主义的开放性。实践没有止境，创新也没有止境。我们要突破前人，后人也必然会突破我们，这是社会前进的必然规律。我们一定要适应实践的发展，在坚持马克思主义基本原理的基础上谱写新的理论篇章，用发展着的马克思主义指导新的实践。

二、不断谱写马克思主义中国化时代化新篇章是当代中国共产党人的庄严历史责任

马克思指出："理论在一个国家实现的程度，总是决定于理论满足这个国家的需要的程度。"任何一种理论，只有与一个国家的具体情况、要解决的实际问题结合起来，与这个国家的优秀文化贯通融合，才能在实践中展现思想伟力，指导和推动国家和社会各项事业发展进步。一百多年来，我们党坚持解放思想和实事求是相统一、培元固本和守正创新相统一，不断开辟马克思主义新境界，用发展着的马克思主义指导我国革命、建设、改革实践，取得了举世瞩目的伟大成就。中国共产党人深刻认识到，只有把马克思主义基本原理同中国具体实际相结合、同中华优秀传统文化相结合，坚持运用辩证唯物主义和历史唯物主义，才能正确回答时代和实践提出的重大问题，才能始终保持马克思主义的蓬勃生机和旺盛活力。

谱写马克思主义中国化时代化新篇章，必须立足于时代问题，同中国具体实际相结合。一百多年来，我们党之所以能够不断攻坚克难，不断解决前进道路上的各种艰难险阻，就是因为我们坚持理论联系实际，不断把马克思主义基本原理同中国的具体国情、同时代状况、同人民大众的需求紧密结合，不断推进马克思主义中国化时代化，用博大胸怀吸收人类创造的一切优秀文明成果，用马克思主义中国化时代化的科学理论引领伟大实践。每一时代都有每一时代的问题，当代中国正在经历人类历史上最为宏大而独特的实践创新，改革发展稳定任务之重、矛盾风险挑战之多、治国理政考验之大都前所未有，世界百年未有之大变局深刻变化前所未有，面临着许多亟待回答的理论和实践课题。我们要准确把握时代大势，勇于站在人类发展前沿，聆听人民心声，回应现实需要，坚持解放思想、实事求是、与时俱进，更好地把坚持马克思主义和发展马克思主义统一起来，坚持用马克思主义之“矢”去射新时代中国之“的”，及时、科学回答中国之问、世界之问、人民之问、时代之问，推进马克思主义创新发展，让马克思主义展现出更强大、更有说服力的真理力量，指引党和国家事业再创新的奇迹、取得更大胜利。

谱写马克思主义中国化时代化新篇章，必须扎根于中国文化，同中华优秀传统文化相结合。辉煌灿烂的中华文化蕴藏着中华民族生生不息的精神密码。马克思主义只有同中华优秀传统文化相结合，从中华文化中汲取精华，才能以真理力量激活具有几千年历史的中华文明，在中国落地生根、深入人心。中华优秀传统文化中有“大道之行也，天下为公”的大同理想、“民惟邦本”的民本思想、“天行健，君子以自强不息”的奋斗观念、扶贫济困的共富观念、知行合一的实践哲学、“穷则变，变则通，通则久”的朴素辩证法，等等。这些思想观念、价值追求与马克思主义理论具有内在契合性。这种内在契合性为中国人民接受并信仰马克思主义、促进马克思主义同中华优秀传统文化相结合提供了条件。我们必须深刻把握这种内在契合性，把马克思主义基本原理同中华优秀传统文化相结合，使马克思主义彰显出强大的真理力量和实践伟力。

谱写马克思主义中国化时代化新篇章，必须坚持用科学的世界观和方法论分析问题和解决问题。坚持马克思主义，最重要的是坚持马克思主义基本原理和贯穿其中的立场、观点、方法。这是马克思主义的精髓和活的灵魂。习近平新时代中国特色社会主义思想是当代中国马克思主义、二十一世纪马克思主义，是中华文化和中国精神的时代精华，实现了马克思主义中国化新的飞跃。继续推进实践基础上的理论创新，首先要把握好习近平新时代中国特色社会主义思想的世界观和方法论，坚持好、运用好贯穿其中的立场观点方法，必须坚持人民至上，坚持自信自立，坚持守正创新，坚持问题导向，坚持系统观念，坚持胸怀天下，站稳人民立场、把握人民愿望、尊重人民创造、集中人民智慧，坚持对马克思主义的坚定信仰、对中国特色社会主义的坚定信念，坚定道路自信、理论自信、制度自信、文化自信，不断提出真正解决问题的新理念、新思路、新办法，为前瞻性思考、全局性谋划、整体性推进党和国家各项事业提供科学思想方法。

三、继续推进实践基础上的理论创新，首先要把握好习近平新时代中国特色社会主义思想的世界观和方法论，坚持好、运用好贯穿其中的立场观点方法

继续推进实践基础上的理论创新，必须坚持人民至上。人民性是马克思主义的本质属性，党的理论是来自人民、为了人民、造福人民的理论。人民立场是中国共产党的根本政治立场。习近平总书记一再强调，要始终坚持全心全意为人民服务的根本宗旨，坚持党的群众路线，始终牢记江山就是人民、人民就是江山，坚持一切为了人民、一切依靠人民，坚持为人民执政、靠人民执政，坚持发展为了人民、发展依靠人民、发展成果由人民共享，坚定不移走全体人民共同富裕道路，永远铭记人民对美好生活的向往就是我们的奋斗目标，依靠人民创造历史伟业。

继续推进实践基础上的理论创新，必须坚持自信自立。习近平总书记在庆祝中国共产党成立100周年大会上的讲话中指出："走自己的路，是党的全部理论和实践立足点，更是党百年奋斗得出的历史结论。"我们要坚持对马克思主义的坚定信仰、对中国特色社会主义的坚定信念，坚定道路自信、理论自信、制度自信、文化自信，以更加积极的历史担当和创造精神为坚持、发展和运用马克思主义做出新的贡献，既不能刻舟求剑、封闭僵化，也不能照抄照搬、食"洋"不化，而是要在自己选择的道路上昂首阔步走下去，把中国发展进步的命运牢牢掌握在自己手中，才能够不断开创中国特色社会主义新辉煌。

继续推进实践基础上的理论创新，必须坚持守正创新。马克思主义具有鲜明的实践品格，从来都不是僵死的教条和抽象的理论，而是扎根于实践并随着实践不断丰富和发展的具体的、鲜活的、开放的理论体系。我们要以科学的态度对待科学、以真理的精神追求真理，牢牢把握马克思主义一脉相承的"脉"，即"守正"，同时要在把马克思主义基本原理同中国具体实际相结合、同中华优秀传统文化相结合的基础上，扎根社会实践、立足当今时代、面向现实问题，提出新的思路、新的战略、新的举措，不断推动理论创新和实践创新。

继续推进实践基础上的理论创新，必须坚持问题导向。问题是时代的声音，回答并指导解决问题是理论的根本任务。任何一种有价值的思想理论，都要能够有力回答时代问题，经得住时代的考验。理论必须扎根于实际，理论一旦脱离实际，就会变得空洞，不能解决现实问题，也就必然会失去生命力。推进马克思主义创新发展，让马克思主义展现出更强大、更有说服力的真理力量，指引党和国家事业再创新的奇迹、取得更大胜利，必须坚持问题导向和增强问题意识，充分彰显了马克思主义实事求是、不尚空谈和直面问题的实践品格。

继续推进实践基础上的理论创新，必须坚持系统观念。系统是由若干相互联系、相互作用、相互依存的要素，按照一定的结构构成的整体。只有用普遍联系的、全面系统的、发展变化的观点观察事物，才能把握事物发展规律。中国特色社会主义事业涉及经济、政治、文化、社会、生态等多个领域，各领域之间相互联系、相互制约，推进伟大事业绝不是某一领域的单打独斗，任何一个领域的发展都有可能牵动其他领域，同时也需要其他领域的密切配合。我们在工作中必须坚持系统观念，善于通过历史看现实、透过现象看本质，把握好全局和局部、当前和长远、宏观和微观、主要矛盾和次要矛盾、特殊和一般的关系，不断提高战略思维、历史思维、辩证思维、系统思维、创新思维、法治思维、底线思维能力，为前瞻性思考、全局性谋划、整体性推进党和国家各项事业提供科学思想方法。

继续推进实践基础上的理论创新，必须坚持胸怀天下。中国共产党是为中国人民谋幸福、为中华民族谋复兴的党，也是为人类谋进步、为世界谋大同的党。坚持胸怀天下，是为中国人民谋幸福和为中华民族谋复兴的逻辑必然，既体现了中国共产党关注世界发展和人类事业进步的天下情怀，也体现了中国共产党致力于实现“全人类解放”的崇高的共产主义远大理想，以及立志于推动构建“人类命运共同体”的使命担当和博大胸襟。因此，我们要拓展世界眼光，深刻洞察人类发展进步潮流，积极回应各国人民的普遍关切，为解决人类面临的共同问题做出贡献，以海纳百川的宽阔胸襟借鉴吸收人类一切优秀文明成果，推动建设更加美好的世界。

党的二十大报告进一步指明了党和国家事业的前进方向，是我们党团结带领全国各族人民在新时代新征程坚持和发展中国特色社会主义的政治宣言和行动纲领。我们要不断提高运用中国化时代化马克思主义分析和解决实际问题的能力，自觉用习近平新时代中国特色社会主义思想武装头脑、统一思想，凝聚力量、推动实践，在新的“赶考”之路上继续创造令世界刮目相看的新的奇迹。

◆ 资料来源：董振华．中国化时代化的马克思主义行．红旗文稿，2022（20），有改动 ◆

材料二　点亮青年心中的理想之灯

在庆祝中国共产主义青年团成立100周年大会上，习近平总书记深刻指出："希望党的青年组织永远站在理想信念的高地上，用党的科学理论武装青年，用党的初心使命感召青年，用党的光辉旗帜指引青年，用党的优良作风塑造青年。"革命理想高于天。理想信念是共产党人前进的灯塔，是共青团必须坚守的政治之魂，更是共青团保持最根本、最持久凝聚力的关键所在。共青团坚持与党同心、跟党奋斗，就是要始终高举党的旗帜，永远站在理想信念的高地上，用党的科学信仰之光点亮青年心中的理想之灯。

用党的科学理论武装青年。理论上的清醒是思想成熟、信仰坚定、行动坚决的前提条件。中国共产党自诞生以来，就将马克思主义作为自己的理论武器，坚持用发展的马克思主义指导自己。历史和实践证明：中国共产党之所以能、中国特色社会主义之所以好，归根到底是因为马克思主义行。共青团要引领广大团员青年始终与党同心、跟党奋斗，必须用发展的马克思主义这个党的科学理论武装青年、教育青年、引导青年。引导广大团员青年坚持学原著读原文悟原理，全面、深入、系统地学习党的科学理论特别是习近平新时代中国特色社会主义思想，把握人类社会发展大势与历史规律，把握中华民族近代以来的发展主题与历史脉络，把握中国共产党百年奋斗的伟大成就与历史进程，牢固树立对共产主义的坚定信仰、对中国特色社会主义的坚定信念、对中国共产党的坚定信任与信赖。引导广大团员青年坚持深学深思深悟，学会运用马克思主义的立场观点方法认识世界、观察社会、改造自我、思考人生，拨开各种文化思潮的迷雾，化解各种思想上的困惑，解决各种成长中的烦恼。引导广大团员青年坚持学思用贯通、知信行统一，在学思践悟中体悟党的科学理论所蕴含的真理之光与信仰之力，切实筑牢信仰之基、补足精神之钙、把稳思想之舵、激发奋进之力，勇做新时代的弄潮儿。

用党的初心使命感召青年。初心使命是一个政治组织最本源、最稳定、最持久的前进动力。中国共产党自诞生以来，就将为中国人民谋幸福、为中华民族谋复兴作为自己的初心使命。这个初心使命，是激励一代又一代中国共产党人浴血奋战、英勇拼搏、开拓创新、砥砺奋进的力量之源。共青团要引领广大团员青年始终与党同心、跟党奋斗，必须用党的初心使命感召青年、鼓舞青年、激励青年。教育引导广大团员青年深入学习党史、新中国史、改革开放史、社会主义发展史，从而坚定永远跟党走的决心意志，自觉把实现人民幸福、实现民族复兴作为崇高追求和人生目标。教育引导广大团员青年深刻感悟中国共产党百年奋斗呈现的壮阔历程、创造的历史伟业、取得的伟大成就、展现的精神风貌，把握中国共产党为什么奋斗、如何奋斗、靠什么奋斗，从而担当为党和人民奋斗的青春使命，自觉在民族复兴的伟大征程中拼搏奉献、奋勇争先。

用党的光辉旗帜指引青年。旗帜是党始终团结统一、步调一致的根本，更是党能够团结全体中华儿女、激发民族复兴磅礴之力的关键。中国共产党自诞生以来，就高举马克思主义的伟大旗帜，让党的旗帜高高飘扬。无论是在浴血奋战、百折不挠的新民主主义革命时期，自力更生、发愤图强的社会主义革命和建设时期，还是在解放思想、锐意进取的改革开放和社会主义现代化建设新时期，自信自强、守正创新的中国特色社会主义新时代，中国共产党始终依靠旗帜指引方向，凝聚力量。共青团要引领广大团员青年始终与党同心、跟党奋斗，必须用党的光辉旗帜凝聚青年、动员青年、组织青年。必须立足党的事业后继有人这个根本大计，牢牢把握培养社会主义建设者和接班人这个根本任务，引导广大团员青年听党话、跟党走，在党旗的光辉照耀下找准青春航向，在党的关心关怀下健康成长，在追求政治进步入队、入团、入党的“人生三部曲”中接受思想洗礼，在实践锻造中不断增强做中国人的志气、骨气、底气，用青春的臂膀扛起如山的责任，以奋斗的姿态书写新时代中国青年的壮丽篇章。

用党的优良作风塑造青年。党的优良作风，散发着理想信念的光辉，凝结着红色基因的沉淀，是中国共产党历经血与火的考验形成的宝贵财富和优良传统，是中国共产党区别于其他政党的显著标志。共青团作为党领导的先进青年的群团组织，自成立之日起就受到党的思想熏陶和作风锻造，是党的光荣传统和优良作风的忠实传人。共青团要引领广大团员青年始终与党同心、跟党奋斗，必须用党的优良作风塑造青年、鞭策青年、淬炼青年。引导广大团员青年坚持理论联系实际，积极响应党的号召，用脚步丈量祖国大地，用眼睛发现中国精神，用耳朵倾听人民呼声，用内心感应时代脉搏，在实践中感悟真理的魅力、理想的光辉。引导广大团员青年坚持密切联系群众，牢固树立群众观念，忠实践行党的群众路线，到基层一线去，到田间地头去，到祖国和人民最需要的地方去，在与人民群众的血肉联系中汲取智慧与力量、升华情怀和境界。引导广大团员青年坚持批评与自我批评，始终自立自强，时刻自警自省，以革命的姿态锻造自我，实现自我净化、自我完善、自我革新、自我提高，努力成为党和人民期待的时代先锋。引导广大团员青年坚持艰苦奋斗、戒骄戒躁，牢记“空谈误国、实干兴邦”，坚持“党有号召、团有行动”，在求真务实的担当实干中成就精彩人生，在艰苦奋斗的创新创造中书写青春华章，用拼搏奉献的实际行动践行“请党放心、强国有我”的青春誓言。

◆ 资料来源：朱雄君．点亮青年心中的理想之灯．光明日报，2022-06-22（6），有改动 ◆

材料三　坚持和发展中国特色社会主义的必由之路

习近平总书记在党的二十大报告中强调“五个必由之路”，深刻阐明“这是我们在长期实践中得出的至关紧要的规律性认识，必须倍加珍惜、始终坚持”。其中第一个就是“坚持党的全面领导是坚持和发展中国特色社会主义的必由之路”。

坚持无产阶级政党领导是科学社会主义的一条基本原则。马克思指出：“为保证社会革命获得胜利和实现革命的最高目标——消灭阶级，无产阶级这样组织成为政党是必要的。”列宁在领导俄国革命和苏联社会主义实践中强调：“国家政权的一切政治经济工作都由工人阶级觉悟的先锋队共产党领导。”社会主义事业是共产党人的事业，社会主义制度的建立、完善和巩固都离不开共产党的领导。

习近平总书记指出：“一定要认清，中国最大的国情就是中国共产党的领导。什么是中国特色？这就是中国特色。”治理好我们这个世界上人口最多的国家，必须坚持党的全面领导。党政军民学，东西南北中，党是领导一切的。我们党是中国特色社会主义事业的坚强领导核心，是这一伟大事业的开创者、引领者、推动者。正是在党的坚强领导下，我们战胜前进道路上的各种风险挑战，用几十年时间走完了发达国家几百年走过的工业化历程，创造了经济快速发展和社会长期稳定两大奇迹。

习近平总书记指出：“中国特色社会主义最本质的特征是中国共产党领导，中国特色社会主义制度的最大优势是中国共产党领导。”中国特色社会主义大厦需要四梁八柱来支撑，党是贯穿其中的总的骨架，党中央是顶梁柱。我国国家制度和国家治理体系具有多方面的显著优势，其中首要的是坚持党的集中统一领导，坚持党的科学理论，保持政治稳定，确保国家始终沿着社会主义方向前进的显著优势。发挥党的领导这一最大优势，我们才能有效协调党和国家事业各领域重大关系，确保大政方针的稳定性和持续性，更好发挥我国国家制度和国家治理体系各方面的显著优势。

党的十八大以来，以习近平同志为核心的党中央团结带领全党全国各族人民采取一系列战略性举措，推进一系列变革性实践，实现一系列突破性进展，取得一系列标志性成果。经济实力实现历史性跃升，国家治理体系和治理能力现代化水平明显提高，全面发展全过程人民民主、法治中国建设开创新局面，生态环境保护发生历史性、转折性、全局性变化，全党全国各族人民文化自信明显增强、精神面貌更加奋发昂扬……实践充分表明，党的领导是党和国家的根本所在、命脉所在，是全国各族人民的利益所系、命运所系，坚持党的全面领导是坚持和发展中国特色社会主义的必由之路。

党的二十大报告提出："全面建设社会主义现代化国家、全面推进中华民族伟大复兴，关键在党。"只有始终坚持和加强党的全面领导，才能为全面建成社会主义现代化强国、全面推进中华民族伟大复兴提供根本政治保证。前进道路上，必须坚持和加强党的全面领导，坚决维护党中央权威和集中统一领导，把党的领导落实到党和国家事业各领域各方面各环节，使党始终成为风雨来袭时全体人民最可靠的主心骨。我们要深刻领悟"两个确立"的决定性意义，增强"四个意识"、坚定"四个自信"、做到"两个维护"，不断提高政治判断力、政治领悟力、政治执行力，健全总揽全局、协调各方的党的领导制度体系，完善党中央重大决策部署落实机制，确保全党在政治立场、政治方向、政治原则、政治道路上始终同以习近平同志为核心的党中央保持高度一致，确保全党全国各族人民在党的旗帜下团结成"一块坚硬的钢铁"，凝聚起万众一心推进中华民族伟大复兴的磅礴力量。

◆ 资料来源：杨明．坚持和发展中国特色社会主义的必由之路．人民日报，2022-12-12（7）◆

知识测试

第三专题

看齐追随：锻造绝对忠诚

视频点睛

《强军一席话》第 2 集：对党绝对忠诚要害在“绝对”两个字
（中央军委政治工作部宣传局 解放军新闻传播中心，中国军网）

《追光》第 2 集：铸牢强军之魂
（中央广播电视总台，中国军网）

教学靶向

忠诚自古至今都被视为人的最高尚的美德，是世界上所有国家对军队的共同要求。对党绝对忠诚是革命军人最重要的政治品格，是必须坚守的政治底线。青年学员对党绝对忠诚，必须把握“绝对”的内涵、立起“绝对”的标准，始终不渝地坚持党对军队的绝对领导，忠诚核心、拥戴核心、维护核心，坚定维护和贯彻军委主席负责制，不折不扣执行党中央和中央军委决策指示，把对党绝对忠诚作为最大的政治，刻印于心、见之于行。

核心问题

1. 为什么说对党绝对忠诚是革命军人最重要的政治品格？
2. 如何理解对党绝对忠诚要害在“绝对”两个字？
3. 如何始终不渝地坚持党对军队的绝对领导？

案例一

永不消逝的电波　永不黯淡的英雄

1948 年年底，上海正处于黎明前最黑暗的时刻，国民党反动派预感到末日将临，通过分区停电、暗中抄收信号等方式，穷尽一切手段来侦测中国共产党地下电台。此时的共产党员李白正处在危机四伏之中，密台随时面临被查获的危险，然而上级交予的重要情报又必须及时传送给党中央。

1948 年 12 月 30 日凌晨，一项直接关系渡江战役进程的国民党绝密军事计划必须及时上报。李白毅然打开了发报机，即使警戒的妻子裘慧英发现几个可疑的身影正在弄堂中徘徊，但为了党中央能够及时获得这份重要情报，李白不顾自身安危，坚持发报。在敌人重重包围中，李白镇定地让妻子将儿子赶紧送到楼下掩护的同志家中，发送完情报、销毁密码、处置电台后，他不幸被捕。

国民党特务把李白押到淞沪警备司令部刑讯室，对他进行了连续 30 多个小时的刑讯，无论敌人以高官厚禄利诱，还是先后施以共 36 种酷刑轮番逼供，他都以超人的钢铁意志，始终坚贞不屈，敌人没有能够从他口中得到一点想要的信息，李白的坚不吐实成功地使上海地下党的备用电台得以迅速启用。

1949 年 4 月，李白被秘密转押至国民党南市警察局蓬莱路看守所。在狱中最后一封家书中，他嘱咐妻子道："我在这里，自知保重，尽可放心，家庭困苦，望你善自料理，并好好抚养小孩。"他通过一位出狱难友发信给妻子，约好让妻子到看守所后面一家老百姓的阳台上与之隔窗相见。当时，他的双腿已被老虎凳压断，不能站立，只能靠难友的托扶爬到窗口见妻儿一面。而那时的李白只关心解放军的胜利进展，他对妻子说："天快亮了，我等于看到了，不论生死，我心里都坦然。"年幼的儿子张开双手说："爸爸，抱抱我。"李白微笑着回答："乖孩子，爸爸以后会抱抱你的。"这就是李白与妻儿最后的诀别。1949 年 5 月 7 日，根据蒋介石口授的指令"坚不吐实，处以极刑"，李白被敌人秘密杀害于浦东戚家庙刑场，年仅 39 岁。

20 天后，上海宣告解放。

"电台重于生命"是他的座右铭

1910 年 5 月，李白出生于湖南省浏阳县张家坊板溪村一个贫苦的农民家庭，原替纸棚贩运纸张为业的父亲因为军阀敲诈而破产，交不起学费的李白 13 岁便辍学外出务工。1925 年大革命高潮到来，农民运动风起云涌，李白是最早参加农民协会和儿童团的成员。由于在斗争中表现勇敢坚定，不久，15 岁的李白就加入了中国共产党，并担任当地游击组织的少年先锋队队长。

1926年7月，李白带领当地少先队员们火烧了国民党团防局的一个团部，成为张家坊家喻户晓的少年英雄，并于1927年参加了毛泽东领导的湘赣边界秋收起义。

1931年年初，红一方面军利用反"围剿"时缴获的国民党军电台，建立了无线电学习班，李白被挑去参加学习。从此，李白和无线电通信事业结下了不解之缘。从训练班毕业后，李白被调到红五军团十三军无线电队担任政委。在之后的红军二万五千里长征中，李白向全体无线电队员发出了"电台重于生命"的号召，也将这句话当作自己终生矢志不移的座右铭。

用信仰和忠诚架起"空中桥梁"

1937年7月，全国抗战爆发，我党一方面大力发展敌后抗日武装，一方面加紧建设敌占区的隐蔽战场。"八一三"事变爆发后，日军侵占上海，党中央社会部派李白赴上海潜伏，负责建立上海地下党组织与党中央联系的空中通道。

在白色恐怖的敌占区，他先后化名李侠、李静安，长期坚持地下电台工作。开始的公开身份是上海一家福声无线电公司的账房先生，后又打进国民党的国际问题研究所、国际救济总署的渔业管理所任职。他利用这些公开身份作掩护，从事党的秘密地下工作，保持了上海地下党组织与延安的电讯联系，及时用电台向党中央传递了许多重要军政情报。

当时的电台在通报时，灯光和电键声音都极大，电波感应还会导致附近居民的电灯忽明忽暗。当时的情报员陈秀娟回忆："这个发报机的电波特别强，外头隔壁邻居的电灯都会亮的，如果这家人内行的话，一去报告我们全部都完了。"李白和技术人员为了解决这个问题，设法减小发报机功率，奇迹般地用仅有7瓦功率的电台保持着与党中央的联络。为了能收到延安发过来的信号频率，李白自己制作了线圈，还将普通收音机改装成发报机，迷惑敌人的同时保护电台。

经过长时间的摸索，李白终于发现时间、波长、天线三者之间既互相联系又互相制约的规律，他选择在人们都已入睡、空中干扰和敌人侦探相对减少的零点至四点之间作为通报时间。

之后的11年，每当人们酣然入梦时，李白却悄悄起床，轻轻地安好机器，静静地坐在电台旁。为了避免光线透出窗外和不使声音外扬，李白每晚都要把25瓦的灯泡拧下换上只有5瓦的灯泡，并在灯泡的外面蒙一块黑布，再取一小块纸片放在电键接触点上——接近完全的准备、堪称完美的处理，他从不放过任何一个细节，只为了通信的万无一失。零点一到，他首先向延安发出呼号；延安收到他的信号，也马上发来应答。接着，"77""88"表示亲切友好的符号通过电波互相发送，在上海和延安之间，架设起了一座“空中桥梁”。

◆ 资料来源：栗森阳．李侠原型：永不消逝的电波，永不黯淡的英雄．中国军网，2018-06-04，有改动 ◆

案例解读：

李白前辈用忠诚捍卫“永不消逝的电波”，体现了“对党绝对忠诚要害在‘绝对’两个字，绝对忠诚就是唯一的、彻底的、无条件的、不掺任何杂质的、没有任何水分的忠诚”。

“唯一的”，就是只能忠诚于党，不能忠诚于别的任何政治势力，不能忠诚于耶稣，不能忠诚于佛祖。道理很简单，马克思主义是唯物主义，有了别的忠诚就靠不住。“彻底的”，就是要全心全意、诚心诚意，不能有保留。“无条件的”，即在任何时候、任何情况下都不改初心。我们现在为什么特别强调初心呢？因为初心就是我们最初所设定的目标和理想。共产党人的初心在哪呢？就是入党宣誓的时候说的话。不忘初心，不讲条件，不能因为条件发生了变化而改变初心。“不掺任何杂质的”，就是干干净净，纯洁无瑕，不夹带私货。“没有任何水分的”，就是说忠诚不能有水分，带水分虽看起来很饱满，但实际上是虚的。忠诚必须表里如一。

案例二

尼都塔生一家四代传承红心尽忠诚

“骑兵连，冲锋！”

伴着一声口令，西部战区陆军某旅玉树独立骑兵连数十骑人马如箭离弦。连长尼都塔生驭马冲锋在前，一名骑兵高擎连旗紧随其后。鲜红的旗帜迎风招展、猎猎作响，旗上“高原民族团结模范连”几个大字清晰可辨。

举什么旗、走什么路，70 年前这曾是尼都塔生的曾祖父土登官保面临的选择题。

玉树在新中国成立前仍沿袭千百户制度。土登官保所在的东坝家族，是清朝政府册封世袭、管辖超过百户牧民及僧侣的“百户”。1949 年，土登官保和其他“千百户”被迫前往西宁，向军阀献马匹。行至半路，他们得知西宁解放的消息。是把马匹赶回玉树，还是送给解放军？

向前走！土登官保带头做出选择：迎接解放军、拥护共产党，积极促成玉树和平解放。高举党的旗帜、走民族团结道路，从此成为这个家族的坚定选择。

70 年来，从土登官保到尼都塔生，一家四代初心不改，铁心跟党走、赤诚报党恩，红色家风在高原藏家代代传承。

恪守一条家训——“东坝族人必须跟党走，绝不可三心二意”

在尼都塔生的记忆里，东坝阿宝是位严父，要得到他的表扬难之又难。

2014 年 10 月，当他打电话告诉父亲自己入党的消息时，父亲的赞许令他至今记忆犹新，“不错！不错！不错！他接连说了 3 遍”。

父亲为什么把入党看得那么重？尼都塔生说，这是因为曾祖父留下了一条特殊的家训。

1952 年，土登官保弥留之际，召集子女亲属当面再三嘱咐：“东坝族人必须跟党走，绝不可三心二意。”

留下这条家训，土登官保是经过慎重考量的——早年到四川甘孜做过买卖的他，曾听过当地人对共产党的评价。那时候他便知道，“共产党的部队做买卖很公道，对民族信仰也非常尊重”。

到西宁送马，参加解放军的入城仪式，亲眼看到群众对共产党、解放军的拥护，他更坚信这是一支老百姓自己的队伍。

离开西宁时，解放军不仅给他们回赠了丰厚的礼物，还送给他们一面五星红旗。土登官保带着这面国旗翻过雪山、穿过草原、回到玉树，把它挂在自家房屋最高的地方。

在尼都塔生看来，曾祖父的家训其实包含了两层含义：“跟党走”是基本要求，“不可三心二意”才是真正的考验。

尼都塔生的祖父彭措旺扎用一生的行动，为后人树立了标杆。

尼都塔生熟知祖父 6 次申请入党的故事。20 世纪 50 年代，玉树地区进行民主改革，彭措旺扎为部队当翻译。在近距离与解放军接触后，他萌生了加入共产党的想法。

在某些“百户”受到挑唆发动叛乱时，彭措旺扎递交了第一份入党申请书。此后，组织对他进行了长时间的严格考察。其间，彭措旺扎又 5 次递交入党申请书，直到 1960 年才如愿以偿。

彭措旺扎开创了玉树地区“康巴世族”入党的先例，在当地产生了积极影响，为稳定地方、维护民族团结做出了贡献。

“两头尖的针不能缝衣，三心二意的人一事无成。”祖父一心向党的故事，让入党成为尼都塔生心头的神圣大事。2008 年，考入原昆明陆军学院民族中学后，他就向组织递交了入党申请书，但因为不满 18 岁，申请书被退回。

2011 年，考入原昆明陆军学院后，他又郑重递交了第二份入党申请书。然而，由于理论素养和文化课存在短板，他仍然未能如愿。

想到祖父的入党经历，尼都塔生没有气馁。他认真学习党的创新理论，补齐文化课短板，终于在大三那年被组织批准入党，成为家里的第13名党员。

70年来，尼都塔生一家先后有16人光荣入党，“跟党走”3个字已融入这个藏族家庭的血脉基因。

传承一腔赤诚——“维护民族团结，在党和藏区群众间架起连心桥”

“静静坐着的百户”——年过七旬的僧人尕德才仁聊起东坝家族，对彭措旺扎在群众口中的这个称呼印象深刻。

这一称呼形象描述了彭措旺扎在面对风浪考验时的态度——“静静”代表坚定不移的立场，而“坐着”是指“坐”在党的立场上。

20世纪50年代末，旧势力蠢蠢欲动，玉树地区社会动荡，人心浮躁。彭措旺扎笃定地跟随共产党，没有丝毫动摇。

为了挫败反动势力的阴谋，时年20岁的彭措旺扎将家中的马匹和武器全部上交政府，并动员群众向政府捐赠武器弹药和财物。

彭措旺扎不厌其烦地动员群众：“不要乱来，不要乱跑，要听党的话！”他甚至写了同样的声明，让人散发到邻近地区。

“我们作为少数民族干部，肩负着维护民族团结，在党和藏区群众间架起连心桥的使命。”说起父亲当年的壮举，东坝阿宝由衷自豪。

东坝阿宝从父亲身上继承了维护民族团结的使命感。他带头迎娶平民家庭的女儿，主动接纳来自藏汉家庭的儿媳妇，推荐提拔外来援藏干部，用实际行动立起民族团结的鲜明导向。

过去，在玉树杂多县，牧民间经常因为草场圈占等问题发生纠纷，甚至引发流血冲突，严重影响社会稳定。多年来，从土登官保到彭措旺扎，再到东坝阿宝，总是主动出面解决纠纷，全力维护社会团结稳定。

2015年，尼都塔生军校毕业后，走进曾被中央军委授予“高原民族团结模范连”荣誉称号的玉树独立骑兵连。骑兵连的传统和家风的熏陶，让他更加注重维护民族团结。

4年来，尼都塔生坚持资助家庭困难的一对姐弟完成学业，经常陪伴照顾84岁的老人东周卓玛，帮助经济困难的牧民解决就业……渐渐地，巴塘草原上的群众把他的电话当成“爱民热线”，“遇到麻烦，最先想到的就是他”。

尼都塔生还带动全连发扬优良传统，发动官兵轮流照顾驻训点附近几位生活困难的老人，帮老人理发、捡拾牛粪、修理房屋，为生病的牧民送医送药。

时间长了，官兵和牧民亲如一家。牧民们时常帮助连队宰杀牲畜、做藏式血肠，战士骑马路过村庄，也经常受邀喝一碗藏式茯茶。

永葆一份情怀——“宁可饿着肚子受着凉，也要对得起老百姓”

自15岁进入原昆明陆军学院民族中学，到22岁毕业于原昆明陆军学院，尼都塔生在昆明生活了整整7年。

7年间，这个来自玉树的康巴小伙子学会了一口流利的云南话，爱上了麻辣川菜。

然而毕业分配时，当他从数十个单位中看到“玉树独立骑兵连”这一选项时，毫不犹豫地做出了选择。

看过世界繁华，依然情系高原，这是尼都塔生的选择，也是他们一家几代人扎根高原、牺牲奉献情怀的延续。

《玉树州志》里对尼都塔生的祖父彭措旺扎的记载，以这样一句话结束：“1989年4月20日11时55分，因操劳过度，心脏病突发、急性心肌梗死引起心脏骤停，逝世在办公桌前，年仅51岁。”

代代立身为范，凝成家风相传。

在东坝阿宝的记忆中，父亲彭措旺扎对孩子多是“身教”，很少“言传”。但父亲说过的一句话，却让他铭记至今：“你就是宁可饿着肚子受着凉，也要对得起老百姓。”

这句话，他记住了，也做到了。

2010年4月14日，玉树发生大地震。时任玉树州委副书记兼工会主席的东坝阿宝正在西宁住院治病。得知消息，他立即起身，赶回了满目疮痍的玉树。

回到玉树，他顾不上受灾的家人，立即承担起全国抢险救援部队、各地志愿者队伍的协调工作。全军12000多名救援官兵，全国100多支志愿者队伍、数千名志愿者的抢险救援行动都由他协调。

司机毛仁青记得，连续18天，东坝阿宝早上一起床就先吞下一大把药，然后忙到第二天凌晨两三点才回到帐篷休息。

地震发生后，远在昆明读书的尼都塔生心急如焚。他多次向学校递交申请书，请求回玉树救灾。但因课时安排等原因，学校没有允许。

忆及往事，尼都塔生说：“现在好了，我就在玉树骑兵连，可以一直守着我们的玉树。”

深藏一个情结——“成为解放军的梦想种子，70年前就播下了”

尼都塔生是东坝家族的第一个解放军战士。但在他看来，“成为解放军的梦想种子，70年前就播下了”。

70年前，给解放军送马后，土登官保将解放军迎进玉树。这片古老的土地，第一次留下了人民军队的足迹。

为部队当翻译期间，彭措旺扎与西北野战军骑兵团官兵一起奔袭突进，为玉树的和平稳定做出了贡献。出于对解放军的热爱，他借来一身军装，拍下了东坝家族的“第一张军装照”。

东坝阿宝年轻时曾报名参军，但因多种原因未能如愿。抗震救灾期间，他亲眼看到“解放军来了人心定”的感人场景，加之长时间与部队在抗震救灾和恢复重建的战场上并肩战斗，对人民军队愈加亲近。2008 年，得知原昆明陆军学院民族中学在玉树招生，他全力支持尼都塔生报考。

把年仅 15 岁的孩子送到千里之外求学，尼都塔生的母亲卓玛才吉万般不舍。但送尼都塔生入校时，卓玛才吉还是一再叮嘱他：“这是一个难得的机会，你一定要把握住。”

当骑兵，知马爱马是必修课。东坝阿宝年轻时学过兽医，在他的点拨下，初进骑兵连的尼都塔生掌握了许多养马技巧，还驯服了一匹名叫“枣红”的烈马。

在妻子陈玉英眼中，尼都塔生“回到了玉树，但并不着家”。“我怀孕期间妊娠反应严重的时候，他都不在。”说到这里，陈玉英扭过头揉揉眼睛后又认真说道，“这事业很光荣，再难我也支持他。”

尼都塔生没有辜负家人的支持。

进入连队后，步兵出身的尼都塔生和新兵一起参加骑术训练，被马颠得大腿鲜血直流，劈刀练到胳膊都抬不起来。20 多天的极限训练下来，他顺利攻克了当好骑兵的第一道难关。

掌握基础技能后，他便带着战士主动挑战双刀劈刺、乘马越障等高难度课目，探索出适合高原环境的雪地侦察、快速出击等 10 多种骑兵战术。

担任连长不久，着眼体制编制调整，他又开始探索传统骑兵与信息化手段相结合的训练方式，推动骑兵向现代化转型。

转型发展的路上，尼都塔生如同巴塘草原的骏马，一路奋蹄，冲锋驰骋。

◆ 资料来源：王天益，杨悦，符马林等．一片丹心世代传——探寻玉树独立骑兵连连长尼都塔生一家四代传承的红色家风．解放军报，2019-07-26（1），有改动 ◆

案例解读：

纵观我军历史上涌现出的英模人物，无论是战争年代的董存瑞、黄继光、邱少云，还是和平时期的雷锋、苏宁、杨业功、林俊德，他们的先进事迹无不闪耀着对党忠诚的光芒。追寻他们成长进步的足迹，我们不难发现一个共同点，那就是：听党话、跟党走，铁心向党，至死不渝。可以这样说，革命军人一旦牢固树立起听党指挥的坚定信念，就奠定了成长进步的坚实思想根基，就拥有了成长进步的巨大精神动力。他们的成长道路表明，忠诚于党对于革命军人成长进步具有决定意义。

首先，忠诚于党决定着革命军人的政治方向。革命军人只有一心听党话，跟党走，才能在任何复杂的情况下，保持清醒的头脑，分清敌我，明辨是非，坚定正确的政治方向。

其次，忠诚于党决定着革命军人的人生态度。革命事业充满着艰难困苦，甚至是流血牺牲。革命军人只有忠于党，才能在任何情况下把党和人民的利益看得高于一切，不屈不挠，无怨无悔，始终保持积极进取的人生态度，永葆革命青春。

最后，忠诚于党决定着革命军人的价值取向。革命军人只有忠诚于党，才能在复杂的环境中始终保持我军的政治本色，不为金钱名利等各种诱惑所动。

我们必须打牢忠诚于党的思想根基，对党绝对忠诚，政治绝对可靠，思想绝对纯洁。只有这样，才能经得起各种严峻考验，甚至是生死考验，完成党和人民赋予我们的重任，也才能够在军营建功立业，实现自己的人生价值。

案例三

党旗所指　军旗所向

2019 年 10 月 1 日，天安门广场，共和国 70 华诞阅兵式，习近平总书记乘检阅车沿宽阔的长安街向东驶去。在中国共产党党旗、中华人民共和国国旗、中国人民解放军军旗面前，习近平总书记停车肃立，以注目礼依次向党旗、国旗、军旗庄严致敬。

这是新中国成立以来，三面旗帜首次同时在国庆阅兵中通过天安门。这一刻，三面鲜红的旗帜交相辉映、高高飘扬。

党旗所指，军旗所向。

1927 年 8 月 1 日，南昌城头一声枪声，打破了寂静的夜空。从这一刻开始，中国共产党有了自己的武装，一支来自人民群众、为了劳苦大众利益而斗争的新型人民军队走上了历史的舞台。自此，人民军队就始终在党的绝对领导下行动和战斗。

党对军队绝对领导的根本原则和制度，发端于南昌起义，奠基于三湾改编，定型于古田会议，成为人民军队区别于古今中外任何一支军队的最大特色、最大优势。

正是凭借这最大特色、最大优势，人民军队一路所向披靡。

当然，并不是没有艰难险阻，并不是没有“娄山关”“腊子口”。但越是在这样的时刻，党旗就越是像黑夜里的指路明灯，引领人民军队战胜一切困难而不被任何困难所吓倒。

习近平总书记这样总结：我军之所以能够战胜各种艰难困苦、不断从胜利走向胜利，最根本的就是坚定不移听党话、跟党走。

百年历史年轮，见证了人民军队对党的忠诚。

赤子其心，钢铁其身。人民军队始终以党的初心为初心，靠着一次次冲锋、牺牲、付出，忠实履行党赋予的使命，为中国人民谋幸福，为中华民族谋复兴，用生命和鲜血护卫着鲜红的党旗，谱写对党的忠贞。

历史一再告诉人们：人民军队永远是党赋予任务最忠实、最可靠的执行者。无论环境怎样艰难、条件如何险恶，只要党旗还在飘扬，人民军队就勇往直前、不怕牺牲，直至夺取胜利。这是在胜利和苦难中提纯的信仰，这是在奋斗与牺牲中砥砺的精神。人民军队就是用这样的行动，诠释了对党和人民的赤胆忠心。

“我是新刷出的雪白的起跑线，是绯红的黎明正在喷薄。”今天，迎着7月1日的灿烂朝霞，我们站在了崭新的起跑线上。

这一百年，是践行初心使命的一百年；这一百年，是奋力艰苦创业的一百年；这一百年，是努力开辟未来的一百年！我们走过了千山万水，创造了辉煌历史。今天，全面建成小康社会第一个百年奋斗目标已经实现！雄关漫道真如铁，而今迈步从头越。展望未来，到新中国成立一百年时，建成富强民主文明和谐美丽的社会主义现代化强国第二个百年奋斗目标也一定能实现！

百年历史年轮，正见证人民军队在新时代迈上新征程。

百年大党，百年图强，终于使中华民族迎来了从站起来、富起来到强起来的伟大飞跃，将中国特色社会主义事业推入新时代。但中华民族伟大复兴绝不是轻轻松松、敲锣打鼓就能实现的。我们越是接近目标，将必然会面对越来越多的看得见、看不见的风险与挑战。

为了实现伟大梦想，我们党必须进行新的伟大斗争。在党领导的这场伟大斗争中，人民军队必须肩负起历史使命、发挥重要力量的作用。

习近平总书记着眼国家安全和发展全局需要，在做出2035年、本世纪中叶国防和军队现代化战略筹划和安排基础上，历史性提出建军一百年奋斗目标，根本指向是提高捍卫国家主权、安全、发展利益的战略能力。这为新时代人民军队建设发展指出了前进的方向。

长风绕战旗，红星永向党。

心中有魂，脚下有根。我们必须坚持把习近平强军思想作为科学指南、根本遵循，自觉学讲话、悟要义，紧紧跟上统帅的思想步伐，坚定理想信念，赓续红色血脉，不断增强“四个意识”、坚定“四个自信”、做到“两个维护”，贯彻军委主席负责制，坚决听习近平总书记指挥、对习近平总书记负责、让习近平总书记放心。

“苟日新、日日新、又日新。”人民军队靠改革创新走到现在，也要靠改革创新赢得未来。我们必须不断推进国防与军队改革向纵深发展，全面推进军事理论现代化、军事组织形态现代化、军事人员现代化、武器装备现代化，真正形成能打赢未来战争的强大能力。

科技已成为直接的核心战斗力。未来战争中，大国军事博弈越来越表现为技术上的颠覆与反颠覆、突袭与反突袭、抵消与反抵消。我们必须把科技创新的引擎全速发动起来，坚持抓关键、抓前沿、抓基础，加强关键核心技术攻关，提高国防科技创新整体水平。

强军之道，要在得人。我们必须着力锻造忠诚干净担当的高素质干部队伍，着力集聚矢志强军谋打赢的各方面优秀人才。按能打仗、打胜仗要求，构建新型军事人才体系，建立加强联合作战指挥人才、新型作战力量人才、高层次科技创新人才、高水平战略管理人才等各方面人才队伍，推动人才建设水平不断跃升……

“我相信，到那时，到处都是活跃跃的创造，到处都是日新月异的进步……我们民族就可以无愧色地立在人类的面前……”

方志敏在行将为党的事业牺牲前夕，曾这样畅想过他理想中的祖国。

今天，站在中国共产党成立100周年的历史节点，回望百年峥嵘岁月，人民军队在党的旗帜引领下，从无到有、从小到大、由弱到强，不断从胜利走向胜利，用鲜血与忠诚换来了无数先辈为之奋斗的理想国家。

展望未来，征程漫漫，道阻且长。但我们坚信，只要军旗跟着党旗走，人民军队就没有完成不了的任务，就没有攻克不了的难关，就没有战胜不了的敌人，就一定能够继往开来、一往无前！

百年恰是风华正茂，百年仍需风雨兼程。今天，是一个新的伟大的起点。仰望鲜红的党旗、军旗，我们心潮澎湃，我们豪情满怀，我们充满必胜的力量。

新时代，新征程。人民军队永远在党的旗帜指引下阔步前行！

党旗所指，军旗所向。向前，向前，向前！我们的队伍向太阳！

◆ 资料来源：卢周来．党旗所指　军旗所向．解放军报，2021-07-01（45），有改动 ◆

案例解读：

镰刀、锤头，信仰的旗帜。

五星、八一，胜战的旗帜。

百年征程，风雨如磐。党旗领着军旗走，经历了历史的惊雷、时代的风浪。

百年奋斗，勇往直前。军旗跟着党旗走，闯过了千山的关隘、万水的激流。

走进新时代，习近平总书记引领三军开启强军兴军新征程。一面面崭新的军旗从党的核心、军队统帅、人民领袖手中授出，人民军队擎旗出征，改革重塑，向着实现党在新时代的强军目标、建成世界一流军队铿锵进发。

仰望党旗、军旗，一样的颜色、一样的火红，一样的经纬、一样的见证。

“人民军队党缔造，成长壮大党培养。”没有共产党，就没有解放军；没有共产党，就没有新中国；没有一支人民的军队，就没有人民的一切。

党旗向军旗叮咛——拿起枪杆子，这个政党要为可爱的中国、为这个国家受苦受难的人民，打出一条生路、一条活路、一条光明的路，还要一路拼杀流血、一路奉献坚守，捍卫这条来之不易的路。

军旗向党旗承诺——扛起枪杆子，这支军队的战士，注定一辈子要听党的话、跟党走，是因为只有党，才能领导我们不做俎上鱼肉、不做待宰羔羊，用战斗去让这个国家改天换地，真正实现中华赤子救国救民的初心。

从过去走到今天，党对军队绝对领导形成了一整套行之有效的原则制度，成为我国的基本军事制度与中国特色社会主义政治制度的重要组成部分，开创了军事制度文明的“中国模式”。

有了这一整套制度作保证，党的领导就“如身使臂，如臂使指”，党和国家就“乱不了”，部队就“跑不了”，阴谋家就“反不了”。

以习近平同志为核心的党中央，把“坚持党对人民军队的绝对领导”上升为新时代坚持和发展中国特色社会主义的一条基本方略。党的十九届四中全会把党对人民军队的绝对领导制度，作为中国特色社会主义的根本制度确定下来，具有“压舱石”的重大意义。这一制度，从根本上确保人民军队忠实履行新时代使命任务，确保党的长期执政、国家长治久安和事业兴旺发达。

军魂永不变，军旗永向党。铸牢人民军队的建军之本、强军之魂，最根本的就是要增强“四个意识”、坚定“四个自信”、做到“两个维护”，贯彻军委主席负责制，确保部队绝对忠诚、绝对纯洁、绝对可靠，确保枪杆子永远听党指挥。

党旗所指，军旗所向。党缔造和领导的人民军队，正在习近平强军思想的指引下，阔步前进在中华民族伟大复兴的征途上。①

① 解辛平．军旗永远跟着党旗走——庆祝中国共产党成立100周年（下）［N］．解放军报，2021-06-25（1）．

作为新时代革命军人，“枪听我的话，我听党的话”，对党绝对忠诚，绝不能停留在口头上，必须落实到行动中，要立足本职践行忠诚，不管身处什么岗位、从事什么专业，都要做到干一行、钻一行、精一行，把岗位当阵地守，绝不辜负党和人民重托。

难点解惑

1. 坚决抵制西方敌对势力鼓吹的“军队非党化、非政治化”和“军队国家化”谬论

军队归谁领导、听谁指挥，是马克思主义建军理论和实践的核心问题，也一直是敌对势力与我们进行政治斗争和意识形态较量的一个重点。敌对势力极力鼓吹“军队非党化、非政治化”和“军队国家化”，对党对军队的绝对领导横加指责、恶意攻击。对此，我们必须保持清醒认识和高度警觉，旗帜鲜明地进行反对和抵制，毫不动摇地坚持党对军队的绝对领导。

一位长期研究我军历史的外军专家颇有感触地说，解放军历史上有三个现象颇值得回味：一是成建制的部队从来没有一支被策反、被拉走；二是党内出现的阴谋家、野心家的篡夺军权的图谋没有一次得逞；三是在重大政治关头，解放军总是与中共在政治上保持高度一致。因此，面对敌对势力鼓吹的“军队非党化、非政治化”和“军队国家化”谬论，我们一定要保持头脑清醒，不断增强政治敏锐性和政治鉴别力，决不为错误观点所迷惑，自觉强化人民军队的党性观念，始终坚持党对军队绝对领导不动摇。

党旗所指，军旗所向。坚决听党指挥是党和人民对我军的最高政治要求，在坚持党对军队绝对领导这一重大问题上，必须头脑更加清醒、态度更加鲜明、行动更加坚决，任何时候、任何情况下都要听党话、跟党走，坚决做到党让冲锋陷阵，就勇往直前，赴汤蹈火，万死不辞；党让戍边守卡，就百倍警惕地站好岗，放好哨；党让在平凡岗位上工作，就像雷锋同志那样，甘当革命的“螺丝钉”，拧在哪里，就在哪里闪闪发光，以实际行动践行革命军人忠诚于党的铮铮誓言！

2. 全面深入贯彻军委主席负责制①

1981 年 2 月 28 日，时任中共中央纪律检查委员会常务书记黄克诚在《人民日报》发表《关于党风问题》的文章，讲述了一个我们党的老传统：抗战时期，党中央和毛主席就是用个电台，嘀嗒、嘀嗒地指挥全党全军，“嘀嗒、

---

① 曹二刚，董俊林．党指挥枪的制度“龙头”：怎么看全面深入贯彻军委主席负责制［N］．解放军报，2021-10-15（7）．

嘀嗒”的声音就是党中央和毛主席的声音。正是全党全军无条件地坚决执行党中央、中央军委和毛主席的命令指示，人民军队才无坚不摧、无往不胜，夺取了全国解放战争的最后胜利。进入新时代，“听习近平总书记指挥、对习近平总书记负责、让习近平总书记放心”，成为全军将士最响亮的誓言、最坚定的行动。军委主席负责制作为宪法和党章规定的重大制度，是党对军队绝对领导的根本制度和根本实现形式，是确保军魂永驻、长城永固的“定海神针”。

（1）为什么说军委主席负责制是强国强军的重要保证

“国家大柄，莫重于兵。”我们党通过革命战争夺取了政权，巩固政权也要充分发挥我军作用。如果不把军队牢牢掌握在党的手中，搞得兵散将离，最后的结果必然是国家四分五裂、生灵涂炭。对军委主席负责制的极端重要性，我们要从党、国家和军队兴旺发达、长治久安的高度来认识。

回顾我党我军历史，军委主席负责制是最具中国特色的军事领导制度，在中国革命、建设、改革事业中发挥着巨大作用，特别是在紧要关头和重大考验面前，这一制度更显现出强大威力和关键作用。党的十八大之前的一个时期，郭伯雄、徐才厚等虚化军委主席负责制，拉帮结派、结党营私、卖官鬻爵、贪污腐化，使我军面临着变质变色的严重政治风险。党的十八大以来，党中央、中央军委坚定不移推进政治整训，严肃查处郭伯雄、徐才厚严重违纪违法案件，全面彻底肃清其流毒影响，为党和军队消除了重大政治隐患，进一步强化了党对军队绝对领导，强化了军委主席负责制，使人民军队实现浴火重生、涅槃重塑。

实践充分证明，全面深入贯彻军委主席负责制，关乎我军建设根本方向，关乎新时代强国强军事业发展，关乎党和国家长治久安，关乎中国特色社会主义前途命运。这一制度贯彻得好，党对军队绝对领导就有根本保证，就能防止再出野心家、阴谋家，防止党和军队事业受到严重损害。现在，我们正处于实现中华民族伟大复兴的关键时期，发展前景无比光明，风险挑战前所未有，更加需要党中央的集中统一领导，需要军委主席定于一尊的绝对权威。坚决维护和贯彻军委主席负责制，人民军队就有了“主心骨”，我们应对各种风险挑战就有了最大底气，中国特色社会主义航船就能行稳致远。

（2）为什么说军委主席负责制解决的是最高领导权和指挥权问题

《六韬》有云：“凡兵之道，莫过乎一。”确保军队领导权和指挥权高度集中，是古今中外统军治军的普遍共识和通行做法。据对 110 个国家宪法的统计分析，有 78 个国家宪法明文规定军队统帅由国家元首担任，代表本党、本阶级掌握最高军事统率权。军委主席负责制，既反映了“兵权贵一”的普遍规律，也是我们党领导国家和军队的独特创造，实现了全国武装力量领导权和指挥权的高度统一。

我们党在领导军队的长期实践中，形成了一整套行之有效的根本原则和制度，这就是军队最高领导权和指挥权属于党中央、中央军委，中央军委实行主席负责制；实行党委制、政治委员制、政治机关制；实行党委（支部）统一的集体领导下的首长分工负责制；实行支部建在连上。如果把这一制度体系比作一条“巨龙”，军委主席负责制就是“龙头”，其内涵要义是中央军委主席负责中央军委全面工作，领导指挥全国武装力量，决定国防和军队建设一切重大问题。从纵向看，军委主席负责制是最高层次的，位于军队领导权和指挥权的最顶端，军委主席对我军重大问题最后拍板、一锤定音；从横向看，军委主席负责制是居中统领的，统摄军队一切组织、一切人员、一切部门、一切工作。这一根本制度，对于党和人民牢牢掌握军权具有无可替代的根本性、决定性作用。

军委主席负责制，是我们党建军治军宝贵经验和优良传统的制度性凝结。我们党成立初期，没有形成一个成熟的领导集体和领导核心，在中央苏区时红军指挥权甚至旁落到共产国际派来的军事顾问手中。1935 年 1 月召开的遵义会议，取消了博古、李德的军事指挥权，事实上确立了毛泽东同志在党中央和红军的领导地位，开始形成以毛泽东同志为核心的党的第一代中央领导集体，开启了我们党独立自主解决中国革命实际问题的新阶段。后来，中央政治局决定成立“三人军事指挥小组”“五人团”，由毛泽东同志负责领导军事工作，集中最高军事指挥权，探索建立了党对军队的最高军事领导制度。1945 年，党的七大把毛泽东思想确立为党的指导思想，七届一中全会选举毛泽东同志为中央委员会主席、中央政治局主席、中央书记处主席，随后的中央政治局会议决定毛泽东同志为中央军事委员会主席。解放战争时期，我们党普遍建立、全面执行请示报告制度，明确各战略方向的军政主官直接向中央军委和军委主席负责。新中国成立后特别是改革开放后，这一制度被纳入国家体制，确立了党对军队的领导和国家对军队的领导融为一体的制度。

党的十八大以来，党中央和中央军委对贯彻军委主席负责制高度重视，通过一系列体制设计和制度安排，推动贯彻军委主席负责制严起来、实起来，走上了法治化规范化程序化运行的轨道。一方面，通过立规则，推动军委主席负责制机制化运行。2012 年 11 月修订《中央军事委员会工作规则》，明确规定中央军事委员会实行主席负责制；2014 年 4 月中央军委印发《关于贯彻落实军委主席负责制建立和完善相关工作机制的意见》，建立起请示报告、督促检查、信息服务三项工作机制；此后又出台《关于全面深入贯彻军委主席负责制的意见》《全面深入贯彻军委主席负责制监督问责规定》等。另一方面，通过抓改革，强化党中央和中央军委的集中统一领导。我军新一轮改革，把贯彻新时代政治建军方略作为根本着眼，确立军委管总、战区主战、军种主建的总原则，推进领导掌握部队和高效指挥部队有机统一，形成更加有利于贯彻军委主席负责制的全新体制架构。特别是党的十九大把“中央军事委员会实行主席负责制”写入党章，使这一领导体制在党的根本大法中确立下来，为贯彻军委主席负责制进一步提供了根本制度支撑。这一系列重大举措，推动中国特色社会主义政治制度和军事制度更加成熟完善。

(3) 为什么说贯彻军委主席负责制各级有责、人人有责、高级干部首当其责

全面深入贯彻军委主席负责制，是严肃而重大的政治任务，是全军的共同责任，必须作为最高政治要求来遵守、最高政治纪律来维护，层层压紧责任链条，各自做好分内之事，做到知责明责、负责尽责，确保军委主席负责制坚决地而不是敷衍地、全面地而不是片面地、具体地而不是抽象地、无条件地而不是有条件地落实到国防和军队建设各领域和全过程。

各级领导干部特别是高级干部，是建军治军的骨干、强军打赢的中坚，肩上千钧重担、身后千军万马，在贯彻军委主席负责制中处于重要地位。“关键少数”要发挥好关键作用，强化政治责任和使命担当，坚持高标准、严要求，坚持冲在前、干在先，以自身模范行动带动各级全面贯彻。开国大将徐海东，年轻时喜欢喝酒，一次喝醉后差点被敌人俘虏。事后党组织对他进行了严厉批评，他从此戒酒。有人问他为什么不再喝酒时，他回答说，党叫我戒酒，我必须戒。这里的“喝酒”，看似个人生活小事，折射的却是能不能听党话、是不是守规矩的大事。今天，严格执行中央八项规定、军委十项规定及其实施细则，如实报告个人事项，自觉遵守住房、车辆配备等有关工作和生活待遇规定，都是严肃的政治要求，都要从贯彻军委主席负责制的高度来对待，坚决抓好贯彻落实，真正立起领导干部的好样子。

“我请战到 5592，到前线的前线！”2021 年元旦假期，一段微视频在朋友圈广为流传。位于西藏军区日喀则军分区某边境海拔 5592 米的这处观察哨，是祖国最高的驻兵点之一，被誉为极限禁区里的“千里眼”。官兵们不负统帅重托，不辱神圣使命，枕戈待旦、常备不懈，时刻守卫着祖国边防的安宁。从东海之滨到西部大漠，从南国椰岛到北国边陲，全军官兵以实际行动践行了维护核心、听从指挥的铿锵誓言。全面深入贯彻军委主席负责制，关键看行动。要强化看齐追随的思想自觉，不折不扣执行党中央、中央军委和习近平总书记的决策指示，勇于担当作为，狠抓工作落实，忠实履职尽责，把该担的责担起来，把该干的事干到位，把军委主席负责制实实在在落到实处。

拓展阅读

材料　深刻把握好习近平强军思想的世界观方法论

党的十八大以来，习近平总书记坚持把马克思主义基本原理同当代中国军事实践相结合、同中华优秀军事传统文化相结合，深入进行理论探索和实践创造，形成了习近平强军思想，实现了马克思主义军事理论中国化的新飞跃。这一重要思想坚持和运用辩证唯物主义和历史唯物主义观察研究战争与军事问题，科学回答新时代强军兴军面临的历史之问、时代之问、实践之问，是人民军队的强军胜战之道。奋进强军新征程，首先要把握好习近平强军思想的世界观和方法论，坚持好、运用好贯穿其中的立场观点方法，不断开辟当代中国马克思主义军事理论和军事实践发展新境界。

学悟强军宗旨观，始终保持人民军队性质本色。习近平强军思想引领广大官兵以党的宗旨为宗旨、以党的初心为初心，确立起为人民利益而战的价值导向，是新时代人民军队赢得民心所向、民意所归、民力所聚的根本所在。(1) 重塑人民军队。针对我军一度面临变质变色的严重政治风险，习近平总书记带领全军从古田重整行装再出发，大刀阔斧推进国防和军队改革，推动政治生态根本好转，实现体制一新、结构一新、格局一新、面貌一新。习近平总书记在关键时刻挽救、改造和发展了军队，确保了人民军队性质不变、传统不丢、本色不改。(2) 坚持人民至上。非凡十年，不论是决胜脱贫攻坚、支援地方建设，还是抗疫斗争、抢险救灾，人民军队牢记全心全意为人民服务的根本宗旨，牢记为人民扛枪、为人民打仗的神圣职责，闻令而动、勇挑重担，始终与人民同呼吸、共命运、心连心，成为"新时代最可爱的人"。(3) 打赢人民战争。习近平总书记把军民融合发展上升为国家战略，领导推动构建现代化国防动员体系、建立健全退役军人管理保障体制，开创了国家战略体系和能力建设新格局。人民战争思想永远是克敌制胜的强大武器，只要坚持人民战争战略战术，我们就能无往而不胜。(4) 永葆人民本色。习近平总书记领导全军传承红色基因、践行群众路线，全面从严整顿党风军风，广大官兵在一次次思想洗礼中坚定人民立场、强固为民宗旨、涵养爱民情怀。历史和实践证明，人民军队革命战争年代为人民打天下、和平建设时期为人民守安宁、强国复兴时代为人民立柱石，是党和人民完全可以信赖的英雄军队。

学悟强军辩证法，掌握军事指导理论与实践规律。习近平总书记坚持运用马克思主义军事辩证法研究解决当代中国军事问题，深刻揭示军事领域矛盾运动规律，形成内涵丰富的新时代军事哲学思想。(1) 统筹政治与军事。习近平总书记要求深刻认识战争的政治属性，坚持军事服从政治、战略服从政略，从政治高度思考战争问题。当今时代，军事和政治的联系更加紧密，政治因素对战争的影响和制约愈发突出，必须把政治与军事作为整体来运筹谋划，打好军事政治仗和政治军事仗。(2) 统筹富国与强军。习近平总书记把国防和军队现代化放在国家现代化进程中来运筹，从统筹军地资源推进科技自立自强，到军民融合建设现代后勤、升级武器装备，经济建设和国防建设实现协调发展、平衡发展、兼容发展，走出了中国特色强军之路。(3) 统筹备战与止战。面对国家安全处于高承压高风险期的状况，习近平总书记统率全军整体运筹威慑与实战、养兵与用兵、维权与维稳，在应对强敌挑衅、边境争控一系列重大斗争中深远经略、综合施策，塑造了主动在我、于我有利的积极态势。实践证明，能战方能止战，准备打才可能不必打。(4) 统筹人与武器。习近平总书记突出强调，在战争制胜问题上，人是决定因素。同时也要看到，随着军事技术不断发展，装备因素的重要性在上升，人的因素、装备因素结合得越来越紧密，人与装备已经高度一体化，重视装备因素也就是重视人的因素。现在官兵战斗精神昂扬，部队“钢”多“气”更足，实现精神力量与物质力量融合互促。

学悟强军制胜策，坚决实现建军一百年奋斗目标。习近平强军思想紧跟科技之变、战争之变、对手之变，立起新时代人民军队打什么仗、怎么打胜仗的指针和基准，为抢占军事竞争优势、赢得军事斗争主动提供了胜战之策。(1) 把握战略判断。习近平总书记洞察风云变幻、前瞻谋局塑势，围绕国家发展战略和安全战略先后作出一系列重大判断，引领国防和军队建设进入新时代。面对国际格局“东升西降”加速演进新形势，我们想问题、作决策只有坚持从全局、长远、大势上通观把握，才能保持强大定力、掌握战略主动。(2) 突出备战转型。针对现代战争形态、作战样式、制胜机理深刻变化，习近平总书记部署推动深化国防和军队改革“三大战役”，所有领域都按照打赢未来战争的要求设计重塑，长期积累的体制性障碍、结构性矛盾、政策性问题得到根本性解决。紧跟习近平总书记强军奋斗，重要一条就是投身转型变革、聚力备战强能。(3) 强化实战实训。习近平总书记亲自组织全军开训动员、签发动员令，亲自到训练场进战车、上战机、登舰船，示范引领全军归正主责主业，牢固树立战斗力这个唯一的根本的标准，部队备战质效、胜战本领和实战能力得到全面提升。(4) 坚持敢斗善斗。在新时代进行具有许多新的历史特点的伟大斗争中，习近平总书记领导全军整体运筹、体系布局斗争方略，多维发力、灵活运用斗争艺术，综合施策、主动塑造斗争格局，有效应对外部军事挑衅和各种突发情况，坚定捍卫国家主权、安全、发展利益，广大官兵从中砥砺斗争精神、锤炼斗争本领、坚定斗争自信。

学悟强军兴军道，全面落实新时代政治建军方略。习近平总书记亲自擘画强军宏伟蓝图并躬身抓引领、统筹和推进，开创强军事业新局面。这一强军之道，凝结着习近平总书记领军治军的全部创新创造，是我们一刻也离不开的强大思想武器。（1）强军目标引领。建设一支听党指挥、能打胜仗、作风优良的人民军队，把人民军队建设成为世界一流军队，一经提出就迅速焕发出方向引领、理想感召、意志凝聚的强大威力，是实现支撑强国复兴伟业的根本保证。（2）强军理念指导。习近平总书记基于对我军建设发展历史方位的新考量，先后提出“五个更加注重”“提高国防和军队现代化质量效益”等一系列新要求，指引国防和军队建设向着更高质量、更高效益、更可持续不断跃升。（3）强军战略布局。政治建军牢固立起理想信念、党性原则、战斗力标准和政治工作威信，改革强军开启划时代的整体性革命性变革，科技强军驱动现代化建设“弯道超车”“换道超车”，人才强军锻造大批德才兼备的高素质、专业化新型军事人才，依法治军加快治军方式根本性转变，建设一流军队迈出坚实步伐。（4）强军规划主导。习近平总书记顶层设计国防和军队建设发展战略，谋篇布局2027，前瞻运筹2035，深远经略2050，对中国特色强军之路提出清晰的路线图、时间表、任务书，激励全军官兵为之不懈奋斗。（5）强军统筹推进。习近平总书记强调要坚持以战领建，强化战建统筹，形成战、建、备一体推进的良好局面。边斗争、边备战、边建设是“十四五”时期乃至今后较长时期的突出特点，必须加强战建统筹、跨域统筹、军地统筹，做到现实斗争与长远发展相互促进、相得益彰。

学悟强军奋斗学，踔厉奋发走好新时代长征路。非凡十年，习近平总书记带领我们奋发奋进、实干以成，各项事业取得历史性成就、发生历史性变革，全军团结奋斗共同思想基础更加巩固，军营处处洋溢着奋斗强军气息。（1）胸怀远大理想。这些年，广大官兵在肃清流毒、边防斗争、改革转型等重大考验面前交出优异答卷，关键是有理想信念这个精神支柱。（2）培塑家国情怀。习近平总书记反复强调“爱国是第一位的”，引领全军胸怀“国之大者”、把握“军之大事”，自觉把对国家和人民的深情大爱融入岗位战位，这也是人民军队风雨无阻、向强制胜的动力源泉。（3）弘扬攻坚精神。习近平总书记言行表率、身体力行“当攻坚克难的奋斗者”，领导我们涉险滩、破坚冰、斩荆棘，聚力破解突出矛盾问题，不断攻克前进道路上的“娄山关”“腊子口”，人民军队呈现出比肩一流、敢于超越的奋楫之势。（4）坚持求实作风。习近平总书记强调一切从实际出发，“身入”更要“心至”，真正听实话、察实情、获真知、收实效，一锤接着一锤敲、一张蓝图绘到底，凸显了习近平强军思想是实践的理论、实干的理论、行动的理论。（5）淬炼无我境界。习近平总书记多次强调“我将无我、不负人民”。时刻以党和人民事业为重，真正做到舍我、忘我、无我，是一种大境界，也是成就事业的路径方法。

学悟强军保证论，毫不动摇坚持党对军队绝对领导。党的十八大以来，习近平总书记领导全军坚定听党指挥，通过一系列体制设计和制度安排，使党对军队绝对领导这一马克思主义建党建军根本原则落到实处。（1）坚定捍卫“两个确立”、坚决做到“两个维护”。习近平总书记反复强调必须把听党指挥作为政治命脉来坚守，筑牢听党话、跟党走思想根基，确保绝对忠诚、绝对纯洁、绝对可靠。经过十年政治整训和革命性锻造，广大官兵敬仰爱戴党的核心、人民领袖、军队统帅更加内在自觉，坚决捍卫核心地位、维护核心权威、紧跟核心奋斗成为最强音。（2）强化全面深入贯彻军委主席负责制高度自觉。从“中央军事委员会实行主席负责制”写入党章，到修订中央军委工作规则，建立健全请示报告、督促检查、信息服务“三项机制”，军委主席负责制的理论和实践得到极大丰富和发展，这也是非凡十年取得发展成就的根本所在。兵权贵一，军令归一，必须把全面深入贯彻军委主席负责制作为最高政治纲纪来遵循，以“定海神针”确保人民军队长城永固、强军事业行稳致远。（3）推动全面从严治党从严治军落到实处。坚持一切从严、一体从严、一贯从严，是习近平总书记领军治军的重要方法和要求。全面从严治党、全面从严治军一刻也不能放松，必须以“永远在路上”的清醒和定力，把严的主基调贯彻到管党治军各领域全过程，全面加强党的领导和党的建设工作，提升人民军队正规化法治化水平，推动党的政治优势和组织优势不断转化为制胜优势。

◆ 资料来源：党增龙. 深刻把握好习近平强军思想的世界观方法论. 学习时报，2022-9-28（A1），有改动. ◆

知识测试

第四专题

担当重任：弘扬中国精神

视频点睛

习近平在瞻仰延安革命纪念地时强调弘扬伟大建党精神和延安精神为实现党的二十大提出的目标任务而团结奋斗
（陕西新闻联播，央视网）

《号角》第1集：试看将来的环球必是赤旗的世界
（共青团中央宣传部，央视网）

教学靶向

实现中国梦必须弘扬中国精神，这就是以爱国主义为核心的民族精神，以改革创新为核心的时代精神。引导青年学员自觉培养爱国之情、砥砺强国之志、实践爱国之行；积极培塑改革创新责任感、踊跃投身改革创新实践、争做改革创新的生力军；大力弘扬一不怕苦、二不怕死的战斗精神，培养大无畏的英雄气概和英勇顽强的战斗作风。

核心问题

1. 人无精神则不立，国无精神则不强。结合实际，思考为什么中国精神是兴国强国之魂？

2. 方志敏的《可爱的中国》一文，字字泣血，唤醒了中国亿万同胞的爱国之情，鼓舞了许许多多的优秀青年走上救国道路。结合自身实际，思考如何做新时代的忠诚爱国者，如何矢志不渝强军报国。

3. 党的二十大报告指出，教育、科技、人才是全面建设社会主义现代化国家的基础性、战略性支撑。必须坚持科技是第一生产力、人才是第一资源、创新是第一动力，深入实施科教兴国战略、人才强国战略、创新驱动发展战略，开辟发展新领域新赛道，不断塑造发展新动能新优势。结合部队实际，思考应如何走在改革创新的时代前列。

案例一

中国精神，到底在哪里？

中国精神在哪儿？

中国精神在那名单手擎天的士兵70年前发出的呐喊里。“同志们，为了新中国前进！”1948年5月25日，董存瑞的生命绽放在怒天的炮火里，那一年，他才19岁。

中国精神在哪儿？

中国精神深藏在一个个覆盖着国旗的小小的棺椁里。朝鲜战场，仗打赢了，可197653名中国军人再也没能回来，他们栖身异国冰冷的土地。中国精神在死鹰岭高地125座保持战斗姿态的“冰雕”里，在391高地燃烧在士兵邱少云身上的熊熊烈焰里！英雄们钢铁般的战斗意志，更早已铸成“军魂”融入每位中国军人的血液里！

中国精神在哪儿？

中国精神在盛大阅兵式中，在那一位位头发花白的老兵的深情敬礼里。他们身体上的每个弹孔疤痕都是一枚勋章，当年，他们扛起一把大刀就跟日军拼个你死我活。还有太多的人甚至没有留下姓名，他们用鲜血、生命，和那一次次为中华民族奋不顾身的冲锋，化作这庄严肃穆的人民英雄纪念碑。他们的姓名，无人知晓，他们的精神，永垂不朽！

中国精神在哪儿？

中国精神在董万瑞将军的眼泪里。洪水退去、送别英雄，在离别的站台上，将军落泪。1998年爆发特大洪水，当时这位57岁的老人，是长江大堤上年龄最大、军阶最高的人，他与战士同战斗、72小时不合眼。那场洪灾过去20年了，你还记得浴血奋战的子弟兵吗？你还记得董万瑞将军的眼泪吗……

中国精神就在这里！在英雄身上的弹孔和刀疤里，在英雄不屈不挠的骨子里！在英雄们感天动地的牺牲和奉献里！

中国精神在哪儿？

中国精神在大国脊梁隐姓埋名的奉献里。国防科技大学激光陀螺团队高伯龙教授，86岁时穿着跨栏背心编程的镜头上了中央电视台，有人笑着说：中国又出了一位“扫地僧”，有人哭着说：这才是真正的中国精神！2017年12

月6日，89岁的高伯龙走了，还有很多人不知道他的名字，但想告诉大家，就是这个不起眼的小老头，用一辈子的隐姓埋名和默默奉献，给中国的尖端武器装上了“眼睛”！让咱们中国的武器做到了指哪儿打哪儿！

中国精神在哪儿？

中国精神在林俊德院士生命最后的冲锋里。林俊德，参加过中国全部45次核试验的将军科学家。在被查出癌症后，死神只留给了他27天时间，他不肯手术，更不肯休息，直到生命最后的几个小时，他还在坚持工作。

中国精神在哪儿？

中国精神在李小文院士的布鞋里。这位主持多项国家重要研究项目，堪称国内地理信息学领域的泰斗，平时朴素得就像一位农民，直到生命中的最后一节课，他还坚持站着讲了整整两个小时！

中国精神在哪儿？

中国精神在“中国量子之父”潘建伟的眼泪里。每当想起“两弹一星”元勋郭永怀飞机失事时与勤务员紧紧抱在一起，人都烧焦了，却完好保存了数据，潘建伟就泪流满面。他坚决放弃国外优越的研究条件回到祖国建设实验室，并劝说在国外的学生一起回国。当年，钱三强、郭永怀、钱学森、赵忠尧等数百位科学家都是冲破重重阻力，坚决回到祖国。科学没有国界，科学家却有祖国！正是因为有他们，神舟十一号、国产航母、大飞机等一个个大国重器震惊世界！

中国精神在哪儿？

中国精神，更在南仁东倾尽一生打造的“天眼”里。中国精神，也在钟扬教授一颗颗为自然延续物种的种子里。中国精神，也必将凝聚在那枚小小的写着中国芯的芯片里。我有国士，天下无双。是他们，用自己的默默无闻支撑起中国的强国梦，是他们，用自己的无私奉献支撑起社会的一次次变革、一次次进步。他们是国之栋材，是民族脊梁；他们，才是最值得我们崇拜的中国精神！

中国精神在哪儿？

中国精神，在几代女排姑娘不放弃就有奇迹的顽强拼搏里。中国精神，就在三代塞罕坝人，用55年创造的世界奇迹里。一个人做一件事，坚持一辈子已经很难，三代人坚持做一件事，创造的一定是中国奇迹！中国精神，就在他们一代又一代的奉献与坚守里。

中国精神在哪儿？

中国精神就在中国人内心深处的真善美里。何友毅，参加过抗美援朝的90岁老兵，平时自己走路都不稳，却跳入冰冷的河里，救起17个月大的孩子。老人家门正上方，挂着一块“人民功臣”的牌匾，他对得起“人民功臣”的称号，他更担当得起“中国精神”！3岁男孩从6楼坠下，楼下一群快递小哥赶忙撑起床单接住了孩子。女孩不小心掉落到电梯井中，旁边路过的男子立马转身拉住了她。煤气罐着火，消防战士抱着随时爆炸的煤气罐，冲下7楼！真正的英雄，从不穿铠甲、披披风，他们都是平凡人，在岁月静好时，他们默默奉献爱与温暖，在危机出现时，他们化身英雄挺身而出！这，不是中国精神是什么？一名司机为行夜路的孩子亮着灯光照路20分钟，直到孩子的前方出现了灯光。让司机意外的是，孩子突然下车，深深弯腰鞠躬。勿以恶小而为之，勿以善小而不为，好心的司机和懂得感恩的孩子，这样的感动和温暖，不是中国精神是什么？仁义礼智信，中国精神就在这深深的感谢里！

诚然，每个人都有崇拜谁或不崇拜谁的自由和权利，但我们不应以此为托词，任由“娱乐至死”的精神蔓延。有一些年轻人，不知道应该崇拜谁，长此以往，中华民族的脊梁将如何被担起？

唯有推崇中国之精神，才能化为中国之力量！正如鲁迅先生所说：有埋头苦干的人，有拼命硬干的人，有为民请命的人，有舍身求法的人……虽是等于为帝王将相作家谱的所谓“正史”，也往往掩不住他们的光耀，这就是中国的脊梁。

今天，让我们传递和传播中国精神吧！把中国精神安放内心，把中国精神付诸行为，把中国精神讲给孩子，把弘扬中国精神视为使命！因为这是历史赋予我们的责任！

◆ 资料来源：北洋君．中国精神，到底在哪里？我们必须要搞清楚．“共青团中央”微信公众号，有改动 ◆

案例解读：

从哲学的角度来讲，精神与物质相关，又与物质相对。在马克思主义哲学看来，精神是高度组织起来的物质即人脑的产物，是人们在改造世界的社会实践活动中通过人脑产生的观念、思想上的成果。人们的社会精神生活即社会意识，是人们的社会物质生活即社会存在的反映。但是，精神又具有极大的能动性，换言之，通过改造世界的社会实践活动，精神的东西可以转化为物质的东西。中国精神贯穿于中华民族五千年历史，积蕴于近现代中华民族复兴历程，特别是在中国的快速崛起中迸发出来的具有强大的民族集聚、动员与感召效应的精神及民族气象，是中国文化软实力的重要显现。

中国精神是中华民族伟大复兴不可逆转、不可遏制的最深层的原动力。它是中华民族在长期的历史发展中逐步形成、巩固、丰富和发展的共同精神，是中华民族赖以生存和发展的精神支撑，是中华民族的优秀品格与时代特征相结合的产物。正确理解中国精神的基本内涵，对于贯彻落实中央提出的实现中华民族伟大复兴中国梦的一系列战略部署，具有重要的理论和实践意义。

习近平总书记在第十二届全国人民代表大会第一次会议上指出，中国精神“是凝心聚力的兴国之魂、强国之魂。爱国主义始终是把中华民族坚强团结在一起的精神力量，改革创新始终是鞭策我们在改革开放中与时俱进的精神力量”。“实现中国梦必须弘扬中国精神。这就是以爱国主义为核心的民族精神，以改革创新为核心的时代精神。”这些重要论述深刻揭示了中国精神的基本内容，阐明了中国精神与中国梦之间的内在联系。

中国精神，到底在哪里？中国精神在英雄们的生命和鲜血里！在大国脊梁隐姓埋名的奉献里！在几代中国人的拼搏和坚守里！在平民英雄的英勇无畏里！在平凡人的真善美里！国家精神，是一个国家、一个民族的魂。国之魂者，立国之本。国魂就是中华民族屹立世界民族之林不倒，也绝不可撼动的“中国精神”。而千千万万为国家做出贡献的人，千千万万在生活中闪耀真善美的人，都是“中国精神”的造就者。

案例二

永远把伟大建党精神继承下去发扬光大

一百年风雨兼程，一百年沧桑巨变。

从成立时只有50多名党员，到今天成为拥有9500多万名党员、领导着14亿多人口大国、具有重大全球影响力的世界第一大执政党。中国共产党为什么能？

“一百年前，中国共产党的先驱们创建了中国共产党，形成了坚持真理、坚守理想，践行初心、担当使命，不怕牺牲、英勇斗争，对党忠诚、不负人民的伟大建党精神，这是中国共产党的精神之源。”

习近平总书记在庆祝中国共产党成立100周年大会上的重要讲话中，鲜明提出我们党在百年奋斗历程中形成的伟大建党精神，为我们全面认识和准确把握中国共产党为什么能指明了方向，提供了遵循。

习近平总书记强调：“一百年来，中国共产党弘扬伟大建党精神，在长期奋斗中构建起中国共产党人的精神谱系，锤炼出鲜明的政治品格。历史川流不息，精神代代相传。我们要继续弘扬光荣传统、赓续红色血脉，永远把伟大建党精神继承下去、发扬光大！”

伟大建党精神跨越时空、历久弥新，始终指引着、激励着一代代中国共产党人奋勇前进

回顾中国共产党创建的历史背景，我们更能深刻领会伟大建党精神的丰富内涵。

1840年以后，由于西方列强的入侵，由于封建统治的腐败，中国逐渐成为半殖民地半封建社会。从那时起，争取民族独立、人民解放和实现国家富强、人民幸福，就成为中国人民的历史任务；实现中华民族伟大复兴，就成为中国人民和中华民族最伟大的梦想。

无数仁人志士不屈不挠、前仆后继，进行了可歌可泣的斗争，太平天国运动、戊戌变法、义和团运动、辛亥革命接连而起，各种救国方案轮番出台，但都以失败而告终。

“风雨如磐暗故园”，国家蒙辱、人民蒙难、文明蒙尘的状况并未改变，亡国灭种的危机仍未消除。中国迫切需要新的思想引领救亡运动，迫切需要新的组织凝聚革命力量。历史呼唤着真正能够带领中华民族实现伟大复兴的领导者。

十月革命一声炮响，给中国送来了马克思列宁主义。在中国人民和中华民族的伟大觉醒中，在马克思列宁主义同中国工人运动的紧密结合中，中国共产党应运而生。

1921年7月23日，在上海法租界望志路106号，来自全国各地、平均年龄仅28岁的代表聚集在一起，秘密举行中国共产党第一次全国代表大会，最后一天的会议转移到浙江嘉兴南湖的游船上举行。

此间曾著星星火，到处皆闻殷殷雷。中国产生了共产党，这是开天辟地的大事变，深刻改变了近代以后中华民族发展的方向和进程，深刻改变了中国人民和中华民族的前途和命运，深刻改变了世界发展的趋势和格局。

惊雷震碎旧世界，革命星火燎大原。自从有了中国共产党，中国革命的面貌焕然一新。一百年来，从建党的开天辟地，到新中国成立的改天换地，到改革开放的翻天覆地，再到党的十八大以来党和国家事业取得历史性成就、发生历史性变革，在中国共产党的坚强领导下，中华文明在现代化进程中焕发出新的蓬勃生机，科学社会主义在21世纪焕发出新的蓬勃生机，中华民族焕发出新的蓬勃生机。

“一切向前走，都不能忘记走过的路；走得再远、走到再光辉的未来，也不能忘记走过的过去，不能忘记为什么出发。”一百年来，伟大建党精神作为中国共产党的精神之源，跨越时空、历久弥新，始终指引、激励着一代代中国共产党人奋勇前进。

中央党史和文献研究院院长曲青山认为，伟大建党精神思想精辟、内涵丰富，意义重大、意境深远，是对中国共产党百年光辉历史的全面总结，充分体现了中国共产党历史发展的主题和主线，充分展示了中国共产党历史的主流和本质，充分彰显了中国共产党的伟大历史性贡献。

深刻领会伟大建党精神的丰富内涵，也就明白了“我是谁，为了谁，依靠谁”，清楚了“我们从哪儿来，往哪儿去”

“坚持真理、坚守理想，践行初心、担当使命，不怕牺牲、英勇斗争，对党忠诚、不负人民”，32个字，字字珠玑，是中国共产党特质的生动写照。

最高理想、最终目标、初心使命、性质宗旨、价值追求……深刻领会伟大建党精神的丰富内涵，也就明白了“我是谁，为了谁，依靠谁”，清楚了“我们从哪里来，要到哪里去”。

——“坚持真理、坚守理想”，展现了我们党强大的思想理论优势。

革命理想高于天，理想信念是共产党人精神上的“钙”。陈望道在翻译《共产党宣言》时“蘸着墨汁吃粽子，还说味道很甜”。一本薄薄的小册子，毛泽东同志看了不下一百遍，周恩来同志视之为“贴身伙伴”，朱德同志临终前仍在重读，邓小平同志喻之为“入门老师”……因为这本书里有真理的力量、思想的武器。

马克思主义是我们立党立国的根本指导思想，是我们党的灵魂和旗帜。一百年来，中国共产党坚持马克思主义基本原理，坚持实事求是，从中国实际出发，洞察时代大势，把握历史主动，进行艰辛探索，不断推进马克思主义中国化时代化，指导中国人民不断推进伟大社会革命，指引我们党历经血与火的考验，从小到大、由弱到强，不断从胜利走向胜利。

——“践行初心、担当使命”，展现了我们党强大的政治优势。

中国共产党人的初心和使命，就是为中国人民谋幸福，为中华民族谋复兴。这个初心和使命是激励中国共产党人不断前进的根本动力，是贯穿我们党百年奋斗史的一条红线。

开国将军甘祖昌回农村当农民，一抔一抔捞烂泥，带领乡亲们把“光头山”变成了丰收岭；贵州省遵义市原草王坝村党支部书记黄大发，带领村民用30余年，修成了10千米的“天渠”……

初心易得，始终难守。一代又一代中国共产党人接受初心考验和使命磨炼，一部中国共产党的历史就是一部用党的初心和使命映照全体共产党员、激励全体共产党员砥砺奋进的历史。

——“不怕牺牲、英勇斗争”，展现了我们党强大的精神优势。

理想越崇高，目标越远大，实现的艰难程度就越少有，越需要永葆斗争精神。世界上没有哪个党像我们这样，遭遇过如此多的艰难险阻，经历过如此多的生死考验，付出过如此多的惨烈牺牲。

夏明翰身陷牢狱坚贞不屈，写下“砍头不要紧，只要主义真”的不朽名句；“绝命后卫师”师长陈树湘面对敌人英勇无畏，断肠明志铸忠诚……

“为有牺牲多壮志，敢教日月换新天。”一百年来，无数大义凛然、临危不惧的共产党员，为了共产主义远大理想，为了实现民族独立、人民解放，国家富强、人民幸福，不怕牺牲、敢于牺牲，奏响了气壮山河的英雄凯歌。

——“对党忠诚、不负人民”，展现了我们党强大的道德优势。

对党忠诚是党章明确的党员义务，是入党时的庄严承诺；不负人民是中国共产党永恒的追求，我们党为人民而生，因人民而兴，始终同人民在一起，始终坚持以人民为中心，始终把人民放在心中最高位置。

战争年代，革命先烈用鲜血和生命践行忠诚；和平时期，优秀共产党员以赤子之心诠释忠诚。脱贫攻坚中，扶贫干部把心血和汗水洒遍千山万水、千家万户，为的是不让一个人掉队；抗疫斗争中，我们不放弃一名患者，不放弃任何希望。这是不负人民的一脉相承，也是人民至上的崭新篇章。

对党无限忠诚，对人民无限热爱。一百年来，一代又一代中国共产党人以实际行动诠释了共产党人的忠诚本色，展现了共产党人的人民情怀。

必须把弘扬伟大建党精神，落实在进行伟大斗争、建设伟大工程、推进伟大事业、实现伟大梦想的全部伟大实践之中

一切精神皆有来源。历史从哪里开始，精神就在哪里产生。

以伟大建党精神为源头，我们党在百年奋斗中形成了井冈山精神、苏区精神、长征精神、延安精神、抗战精神、抗美援朝精神、兵团精神、雷锋精神、焦裕禄精神、大庆精神、“两弹一星”精神、特区精神、女排精神、抗洪精神、抗击“非典”精神、抗震救灾精神、载人航天精神、劳模精神、劳动精神、工匠精神、科学家精神、抗疫精神、脱贫攻坚精神等。这些伟大精神一脉相承、代代相传，构建起中国共产党人的精神谱系，锤炼出我们党鲜明的政治品格，深深融入我们党、国家、民族、人民的血脉之中，为我们立党兴党强党提供了丰厚滋养。

伟大建党精神，是中国共产党人精神谱系的根和魂，在不同的历史时期有着不同的表现，但精神实质一以贯之，至今充盈澎湃。

今天，中华民族向世界展现的是一派欣欣向荣的气象，正以不可阻挡的步伐迈向伟大复兴。但伟大复兴绝不是轻轻松松、敲锣打鼓就能实现的。我们意气风发向着第二个百年奋斗目标迈进，同时面对百年未有之大变局，前进道路上有各种可以预见和难以预见的风险挑战。

习近平总书记指出：“精神是一个民族赖以长久生存的灵魂，唯有精神上达到一定的高度，这个民族才能在历史的洪流中屹立不倒、奋勇向前。”当代中国共产党人必须把弘扬伟大建党精神，落实在进行伟大斗争、建设伟大工程、推进伟大事业、实现伟大梦想的全部伟大实践之中。

道路决定命运，旗帜引领未来。“习近平新时代中国特色社会主义思想是当代马克思主义，是21世纪马克思主义。弘扬伟大建党精神，首要的就是广大党员干部群众坚定不移跟党走，坚定不移走中国特色社会主义道路，深入贯彻落实习近平新时代中国特色社会主义思想。”中国浦东干部学院教授何丽君说。

心中有信仰，脚下有力量。弘扬伟大建党精神，着力点就在于贯彻落实习近平总书记“七一”重要讲话中提出的“九个必须”的根本要求，切实把强大的精神力量转化为干事创业的实际行动，不断推进党和国家事业向前发展。“每名共产党员都要从自身做起，永远保持对党和人民的忠诚和热爱，撸起袖子加油干，奋力走好新时代的长征路。”全国优秀共产党员、重庆市巫山县竹贤乡下庄村党支部书记毛相林说。

伟大事业孕育伟大精神，伟大精神引领伟大事业。永远把伟大建党精神继承下去、发扬光大，全面建成社会主义现代化强国的目标一定能够实现，中华民族伟大复兴的中国梦一定能够实现。

◆ 资料来源：刘维涛，张洋，孟祥夫，等．永远把伟大建党精神继承下去发扬光大．人民日报，2021-07-19（6），有改动 ◆

案例解读：

中国共产党是中国精神的忠实继承者和坚定弘扬者。百年前，中国共产党的先驱们创建了中国共产党，形成了坚持真理、坚守理想，践行初心、担当使命，不怕牺牲、英勇斗争，对党忠诚、不负人民的伟大建党精神，这是中国共产党的精神之源。伟大建党精神充分体现了中国共产党历史发展的主题和主线，充分彰显了中国共产党的伟大历史性贡献，是中国共产党特质的生动写照。坚持真理、坚守理想，体现的是我们党思想先进、信仰坚定的特质，展现的是党的强大思想理论优势。践行初心、担当使命，体现的是我们党初衷不改、本色依旧的特质，展现的是党的强大政治优势。不怕牺牲、英勇斗争，体现的是我们党意志顽强、作风优良的特质，展现的是党的强大精神优势。对党忠诚、不负人民，体现的是我们党品德高尚、情系人民的特质，展现的是党的强大道德优势。

伟大政党铸就伟大精神，伟大精神引领伟大实践。伟大建党精神是中国共产党人精神谱系的源和本。我们党的百年历史就是一部精神构筑史。100年来，我们党铸就了一系列伟大精神，构建起中国共产党人的精神谱系。虽然不同历史时期产生的伟大精神内涵不尽相同，但其本质内容和精神实质是相通的、统一的、一致的。这些伟大精神一脉相承、代代相传，跨越时空、历久弥新，是党和人民的宝贵精神财富，深深融入我们党、国家、民族、人民的血脉之中，为我们立党兴党强党提供了丰厚滋养。站在全面建成小康社会的崭新历史起点，我们要弘扬光荣传统，赓续红色血脉，永远把伟大建党精神继承下去、发扬光大。

案例三

英雄模范　铸就人民军队的精神丰碑

首都北京，春和日丽。全国两会上，“崇尚英雄”成为军队代表委员交流中的高频词，更是基层官兵关注的热点话题。

每当人们仰望历史天空、寻觅英雄的精神源头，总能看到人民军队熠熠生辉的英雄群像。一代代英雄模范用鲜血和生命铸就了人民军队的精神丰碑。

伟大的国家不会丢弃过去的历史，挺立的民族不会忘记自己的英雄。踏上新征程，广大官兵传承红色基因、担当强军重任，崇尚英雄、争做英雄的热潮在座座军营涌动。

红色，共和国不能淡化的颜色

2022年正月初一，电影《长津湖之水门桥》在全国各大影院上映。昔日志愿军将士与敌人英勇作战的事迹，让无数国人为之动容。

影片也将韦昌进委员的思绪拉回到20世纪80年代保卫边疆的硝烟岁月。1985年7月19日，在边境的一场战斗中，韦昌进被弹片击中左眼、穿透右胸。他强忍剧痛，把掉落的左眼球塞回眼眶继续战斗，和战友们一起先后打退敌军多次反扑，牢牢守住阵地。后来，韦昌进被中央军委授予“战斗英雄”荣誉称号。

“党和国家从来没有忘记为国家做过贡献的人。”韦昌进委员提供了这样一组数据：革命战争年代，我国曾有30余个以抗战英烈名字命名的县名，如靖宇县、左权县等，都是为了褒扬英烈们为国捐躯的伟大精神。如今，国内有烈士墓98.9万余座，烈士纪念堂馆、碑亭、塔祠、塑像等纪念设施2.9万余处，境外还有约170多处烈士纪念设施。

“致敬英雄模范成为国家意志。”蒲永能代表说，党的十八大以来，以习近平同志为核心的党中央高度重视英雄烈士保护和功勋荣誉表彰工作，营造全社会铭记英雄、致敬英雄浓厚氛围，神州大地唱响英雄赞歌。

“去年和今年接连上映的电视剧《功勋》、电影《长津湖》《长津湖之水门桥》等，都以歌颂英雄、缅怀烈士为主题。”蒲永能代表表示，将镜头对准英雄，不仅因为英雄本身承载的精神价值，更因为致敬英雄是人民的心声、时代的呼唤。近些年，全国各地积极组织寻访、关爱老兵活动。甘肃省军地志愿者为抗战老兵整理口述资料，湖北省仙桃市开展“寻访仙桃籍功勋老兵”摄影活动，河北省沧州市为106名抗美援朝老兵拍摄回忆录……

前不久，西藏山南军分区某边防团二营官兵列队踏雪来到“将军崖”，重温先烈事迹。“1984年1月，张贵荣将军勘察边关时，因过度劳累突发心脏病以身殉职，在雪域高原立起一座丰碑……”营长韩生畅说，“每一次对历史的纪念，都是为了全新的出发。踏着英烈的足迹前行，就是对英烈最好的纪念。”

英雄，中华民族最闪亮的“星”

2022年春节前夕，一张87名抗美援朝老兵的特殊“合影”，成为人们热议的焦点。浙江省杭州市富阳区的志愿者们用一个月的时间，为每位老兵单独拍照，再经过后期技术合成处理，帮助英雄老兵实现“同框集结”。对此，谢正谊代表感慨道：“英雄是弥足珍贵的精神财富，尊崇英雄，才能争做英雄。”

“我曾在雷锋生前所在部队任政治教导员，习近平总书记先后两次接见我部官兵代表，勉励我们做雷锋精神的种子，把雷锋精神广播在祖国大地上。”谢正谊代表说，“旅队通过升级改造雷锋纪念馆、培养雷锋精神宣传员等，让雷锋精神薪火相传、生生不息。”

“这些年，军地不断加大尊崇英雄的力度。”谢正谊代表说，2018年5月1日起施行的《中华人民共和国英雄烈士保护法》、2021年1月1日起施行的《中华人民共和国民法典》、2021年3月1日起施行的《中华人民共和国刑法修正案（十一）》等法律，均对侵害英雄烈士名誉、荣誉等行为画出红线。

“英雄不容诋毁，法律不容挑衅。”去年的两起案件令郑浩代表印象深刻。

2021年2月，仇某在社交账号发布言论，嘲讽卫国戍边的英雄烈士，造成恶劣社会影响。江苏南京检察机关依法以涉嫌侵害英雄烈士名誉、荣誉罪，对仇某批准逮捕，并提起公诉。

2021年7月，旅游博主李某为博取关注度，在新疆康西瓦烈士陵园陈祥榕烈士墓前以不雅姿势拍照，并发布在社交媒体平台上，引发群众强烈愤慨。11月15日，经依法公开开庭审理，新疆皮山县人民法院判处李某有期徒刑7个月。

“全社会崇尚英雄、缅怀先烈的氛围日益浓厚。英雄，是中华民族最闪亮的‘星’。”侯云代表细数了近年来一个个崇尚英雄的感人场景——

2020年7月，西藏山南军分区吉布哨所排长苏万飞英勇牺牲。英雄魂归故里，陕西省榆林市公安局交警支队二大队出动警车，从机场一路护送英雄“回家”。

为报答红军战士的救命之恩，湖南省洞口县王仁德一家四代接力为烈士守墓，至今已有 87 年。

为帮助牺牲在河北省平山县会口村的杜伯华烈士寻亲，退役军人高文元自筹经费千里奔波，找到烈士的亲侄女……

“抗战凯歌中诞生，东北大地上成长，澎湃着红军的血脉，肩负着民族的希望……”初春时节，第 71 集团军某旅装步一连组织新兵参观荣誉室，学习革命先烈的英雄事迹。“英雄逝去，但从未远离。作为英雄部队的一员，要崇尚英雄、追随英雄、宣扬英雄，接力传承英雄志、赓续英雄气。”连长邓冬发说。

传承，人人争当英雄

莽莽昆仑，新疆军区某师“进藏先遣英雄连”官兵翻越雪山达坂，开展实战化演练。

“当年，先辈高擎先遣战旗解放阿里，被原西北军区授予‘进藏先遣英雄连’荣誉称号。”该连连长齐楠说，“我们传承践行革命先辈精神，多次全员全装千里机动挺进阿里高原练兵，战斗力不断提升。”

“习近平总书记详细询问大家的学习、训练、生活情况，勉励大家再接再厉，带头做新时代王杰式的好战士。”回忆起 2017 年 12 月 13 日习近平总书记视察“王杰班”时的场景，杨初格西代表说，“作为王杰精神的传人，我们要带头发扬王杰精神，把红色基因融入血脉。”他介绍说，近年来，“王杰班”始终继承和发扬王杰精神，战士个个熟练掌握多种武器装备，在全旅率先实现一专多能目标。

2022 年 2 月，中共中央、国务院、中央军委印发《军队功勋荣誉表彰条例》，对新时代军队功勋荣誉表彰工作进行系统规范，凸显军功价值，彰显尊崇礼遇，让军人荣誉的名片在新时代熠熠生辉。杨初格西代表感慨地说：“对英雄最大的关爱，就是让英雄成为最受尊崇的人；对英雄最好的致敬，就是争做英雄。”

抗震一线、抗洪大堤、抗疫前沿……广大官兵牢记党的性质宗旨、赓续红色血脉，义无反顾地冲锋在前，在新征程上不断续写新的荣光。

◆ 资料来源：裴贤．崇尚英雄　争做英雄——军队代表委员与基层官兵共话弘扬功勋模范精神奋进伟大复兴征程．解放军报，2022-03-07（7），有改动 ◆

案例解读：

英雄，是这个时代最宝贵的财富，是这个时代最珍贵的资源，是这个时代最崇高的精神载体，是这个时代最坚强的脊梁，是这个时代最明亮的航灯。

正是无数英雄抛头颅、洒热血，用自己的生命浴血奋战，才砸烂了一个旧社会，换来了一个新中国。正是无数英雄勇争一流、勇挑重担，奋战在改革与发展的第一线，把青春奉献给自己钟爱的事业，把汗水抛洒在改革的征途，才改变了国家积贫积弱的状况。正是无数英雄在洪水汹涌而至，在烈火熊熊燃烧之时，在地动山摇和大厦将倾之际，义无反顾冲上前去，才挽救了人民群众的生命与财产。

英雄模范身上集中体现的英雄精神，是我军从无到有、从小到大、从弱到强，一次次战胜强敌，取得一个又一个胜利的重要法宝；他们所表现出的革命英雄主义精神，是激励鼓舞我们不断在前进道路上攻坚克难的宝贵财富。英雄们用生命保护公共利益的奉献与付出，是最大的自我超越与价值升华。假若在地震灾难后，陷于残垣的受灾者，困于废墟中的受伤者，没有无所畏惧、视灾害为命令的英雄们千里驰援，他们就等不来被救援的机会，看不到生的希望。假若在洪水及火灾中没有英雄们用身躯铸就的长城，去阻断洪水的肆虐与烈火的焚烧，将会有无数人失去生的希望，也会有无数人陷入绝境而无以摆脱。正是无数英雄的涌现与付出，才让我们拥有了和平安定的生活环境，有了幸福美满的生活，有了免受伤害的保护，有了绝处逢生和赢得新生的希望。

对待英雄的态度，决定了一个民族的精神高度，也反映了一个社会的价值取向。习近平总书记指出，对为国牺牲、为民牺牲的英雄烈士，我们要永远怀念他们，给予他们极大的荣誉和敬仰。青年学员要牢记领袖嘱托，自觉崇尚英雄、捍卫英雄、学习英雄、关爱英雄，从他们身上汲取奋发的力量，沿着英雄的足迹奋力前行，积聚起磅礴的强军力量。

1. 学习英雄的事迹和精神

“学所以益才也，砺所以致刃也。”榜样的力量是无穷的。英雄的事迹和精神是激励中华民族前行的强大力量，要对英雄心怀崇敬，以英雄为标杆见贤思齐，努力向英雄学习、做英雄传人。英雄的壮举或许无法“拷贝”，但英雄的精神却可以像种子一样生根发芽。要像英雄那样为了理想信念坚定不移，为了祖国和人民的利益奋勇当先，为了取得战斗胜利不怕牺牲。英雄的可贵之处还在于平凡之中见伟大，质朴之中见品格。“时代楷模”、战斗英雄张富清老人 60 多年深藏功名，一辈子坚守初心、不改本色，他用自己的朴实纯粹、淡泊名利书写精彩人生，成了我们全体官兵学习的榜样。

2. 旗帜鲜明反对歪曲历史、抹黑英雄

一个没有英雄的民族是可悲的民族，一个拥有英雄却不知道尊崇的民族则更为可悲。一段时间以来，历史虚无主义错误思潮沉渣泛起，对英雄烈士的歪曲、丑化、亵渎、否定，屡屡挑战正义和道德底线。针对这些错误行径，我们党给予了有力回击，从设立烈士纪念日到建立健全国家功勋荣誉表彰制度，从举行隆重仪式迎接烈士遗骸回国到颁布实施《中华人民共和国英雄烈士保护法》，充分体现了党和国家对英雄烈士的尊崇和关爱。青年学员要深刻领悟这些重大举措的政治考量，充分认清敌对势力销蚀我们的信仰信念、摧毁我们的民族自信心和自尊心，进而达到否定党的领导、否定社会主义制度、否定中国特色社会主义道路的最终目的。青年学员要敢于斗争、敢于亮剑，坚决捍卫英雄，守护我们的精神家园。

3. 争做新时代打赢先锋

军人生来为战胜。革命战争年代，军人的价值主要体现在战场上，靠打赢来衡量。作为新时代革命军人，青年学员继承和发扬革命英雄主义精神，就要把对英雄的崇敬仰慕之情转化为投身练兵备战的强大动力。要牢固树立"战士就是战士、战斗队就是战斗队、战斗力就是战斗力"的意识，做到仗怎么打兵就怎么练，打仗需要什么就苦练什么，部队最缺什么就专攻精练什么，在近似实战的条件下严格训练，磨炼战斗意志、锻造战斗作风、提高打赢本领。要奋勇争先，见第一就争，见红旗就扛，学习上刻苦钻研、争创一流，完成急难险重任务时不怕艰难、勇挑重担，战场上敢打敢拼、勇往直前，让英雄之光在新时代强军征程上熠熠生辉。

难点解惑

1. 如何理解中国精神是民族精神和时代精神的统一？

实现中国梦必须弘扬中国精神。这就是以爱国主义为核心的民族精神，以改革创新为核心的时代精神。以爱国主义为核心的民族精神是凝聚中华儿女的根本力量，以改革创新为核心的时代精神是推动当代中国不断发展前进的强大动力，二者统一于中国精神之中。

爱国主义贯穿于中华民族历史长河，是中华民族始终团结一致、自强不息、不断延续发展的精神支柱。民族精神是一个民族赖以生存和发展的精神支撑。一个民族，若没有振奋的精神和高尚的品格，就不可能自立于世界民族之林。在五千多年的发展中，中华民族形成了以爱国主义为核心的团结统一、爱好和平、勤劳勇敢、自强不息的伟大民族精神。党领导人民在长期实践中，不断结合时代和社会的发展要求，丰富着民族精神。近代以来，中华民族饱经风霜，面临国破家亡的重大危机。中华儿女正是因秉承爱国主义精神，才能满腔热血，前仆后继，众志成城地保家卫国。

时代精神是对所处时代历史课题的深刻回应，是促进时代发展和社会变革的精神动力。近代以来，中国经历了战火纷飞的革命年代，经历了艰苦卓绝的建设时期，现在正处于改革开放的新时代。不同的时代彰显着不同的时代精神。党的十一届三中全会开启了改革开放的大幕。改革创新是时代的最强音，是促进当代中国不断开拓进取、攻坚克难的根本动力。中国精神以强大精神感召力为导向，激励中华儿女形成高尚的精神追求和坚实的精神支撑，坚守自己的精神家园，不断增强凝聚力和向心力，为取得新的胜利奠定精神基础。近代中国经历的革命、建设、改革，催生了许多促进中华儿女不断奋进的精神力量。这些精神力量都反映出民族精神与时代精神的内在统一。

民族精神与时代精神紧密关联，都是一个民族赖以生存和发展的精神支撑。一切民族精神曾经都是一定历史阶段中带动潮流、引领风尚、推动社会发展的时代精神。同时，一切时代精神都将随着历史的变迁逐步融入民族精神的长河之中，不断丰富和发展民族精神的时代内涵。

弘扬和培育民族精神，必须自觉回应时代的要求，推动民族精神的不断革新，推动民族精神的创新性发展和创造性转化，从而为当下的实践提供精神力量；弘扬和培育时代精神，必须立足民族精神的根基，延续民族精神的血脉、承接民族精神的基因，使得时代精神既面向未来，又不忘本来，始终具有引领民族前行的强大吸引力和感召力。

民族精神和时代精神共同构成了中国精神。民族精神赋予中国精神以民族特征，是中华民族的精神独立性得以保持的重要保证；时代精神赋予中国精神以时代内涵，是中国精神引领时代前行、拥有鲜明时代性和强大生命力的重要根源。民族精神和时代精神的交融汇通，使得中国精神既具有鲜明的民族性，又洋溢着强烈的时代性，成为中华民族共有的精神家园、奋力实现民族复兴的强大精神力量。

总之，时代精神和民族精神都是代表历史发展、引领社会前进的强大的精神力量，民族精神决定了一个民族的精神厚度，时代精神决定了一个民族的精神高度。一个民族要屹立于世界民族之林，就必须在全民族大力弘扬民族精神和时代精神。当今中国的民族精神和时代精神相辅相成，统一于改革开放和社会主义现代化建设的伟大实践中，凝聚在建设中国特色社会主义的共同理想中。

2. 如何加强战斗精神培育，提振当代革命军人精气神？

中国精神是全体中国人民的精神家园，内在地包含着人民军队的精神支柱。人民军队在党的旗帜下前进，形成了一整套建军治军原则，发展了人民战争的战略战术，培育了特有的光荣传统和优良作风，彰显了中国共产党领导的伟大力量、理想信念的伟大力量、改革创新的伟大力量、战斗精神的伟大力量、革命纪律的伟大力量、军民团结的伟大力量。这是人民军队从胜利走向胜利的传家宝，是人民军队必须永志不忘的红色血脉。弘扬中国精神，必须把理想信念的火种、红色传统的基因一代代传下去，大力弘扬一不怕苦、二不怕死的战斗精神，培养大无畏的英雄气概和英勇顽强的战斗作风。

其一，军人就要有血性。军人血性是军人精神面貌和气质特征的集中体现，执着的信念、顽强的意志、乐观的情绪、战斗的激情、求胜的决心、征服的欲望、英勇的行为、振奋的精神等是军人血性的外在表现和内在品质。军人血性不是与生俱来的，而是经过一点一滴地长期培育和艰难困苦磨砺出来的。青年学员要自觉在长期学习教育中强化，在艰苦军事实践中锻造，锤炼虎狼气，提振精气神。特别是在当前十分复杂的国际国内安全形势下，青年学员要始终保持“箭在弦上、引而待发”的高度戒备状态，以时刻准备战斗、随时准备冲锋的姿态，以舍我其谁的胆气、敢打必胜的豪气，激荡“平时忘我、战时忘死”的战斗血性，做一名让党和人民放心、令任何对手都闻风丧胆的血性军人。

其二，战斗精神的核心是一不怕苦、二不怕死。战斗精神是军人在执行作战、训练及其他任务中表现出来的一种精神面貌和气质特征，是通过政治觉悟、情感意志、素质能力等方面表现出来的一种精神力量，是军心、士气、斗志、勇气、胆量、毅力、气节等各种因素的总概括。一不怕苦，就是无论遇到多么难以忍受的困难，都知难而进，迎难而上，决不被其所吓倒；二不怕死，就是无论遇到多么强大的敌人或危险，都有压倒一切敌人而不被敌人所屈服的英雄气概，毫不畏惧，毫不退缩，必要时不惜牺牲个人生命。

其三，培养大无畏的英雄气概和英勇顽强的战斗作风。我国古代有很多赞扬和弘扬军队英勇精神的优秀文化，充满着爱国正气和军人胆气、折射着军人对战争和人生的体验与思考，这是涵养军人战斗精神的宝贵财富。荣誉是激发军人血性的重要动力，青年学员要深切感悟军人特有的荣誉，不断增进军事职业的情感认同和价值认同，激发投身国防、牺牲奉献的热情动力。当兵就是要打仗，这就像工人要做工、农民要种地一样，打仗和准备打仗是军人的天职。在长期和平时期，军队保持旺盛不衰的战斗精神是很难的，在缺乏实战检验的情况下，锻造战斗精神主要靠训练，要把训练当实战，坚持仗怎么打兵就怎么练，从实战需要出发从难从严训练，坚持把练技术、练战术与练意志、练作风结合起来，在严格训练中练胆激气；要加强心理训练，提升心理品质，培养团队精神，增强战场适应能力、稳定能力和承受能力；要把遂行军事演习、抢险救灾、维和维稳等重大任务当作“磨刀石”，主动投身其中，全面砥砺血性。

拓展阅读

材料一　从百年党史中感悟共产党人的精神谱系

习近平总书记在庆祝中国共产党成立100周年大会上深刻指出："一百年来，中国共产党弘扬伟大建党精神，在长期奋斗中构建起中国共产党人的精神谱系，锤炼出鲜明的政治品格。"通过认真学习我们深切感到，中国共产党人的精神谱系，从伟大建党精神开启，涵盖党在百年非凡奋斗历程中孕育形成的众多伟大革命精神，这些伟大革命精神虽然带有不同的时代印记，但始终具有一脉相承的共同特质和品格，已经融入中国共产党人的血脉和灵魂，成为我们践行初心使命、开创美好未来的精神火炬。

坚定信仰、对党忠诚——理想的力量。从诞生时只有50多名党员，发展成为拥有9500多万名党员的世界第一大执政党，中国共产党一路走来，坚定的理想信念始终是革命事业取得胜利的重要保证，是共产党人精神谱系的核心要素。不管是井冈山精神、长征精神，还是延安精神、西柏坡精神、红岩精神等，在共产党人胸中涌动的是革命理想高于天的赤胆忠心。他们面对高官厚禄不为所动、面对铁窗酷刑毫不畏惧、面对艰难困苦决不退缩，高喊"头可断、血可流，主义不能丢""试看将来的环球，必是赤旗的世界""敌人只能砍下我们的头颅，决不能动摇我们的信仰""生为真理生、死为真理死"等铮铮誓言，用信仰之力战胜了邪恶，用理想之光驱散了黑暗。学习感悟共产党人的精神谱系，就要进一步增强对马克思主义、共产主义的信仰，增强对中国特色社会主义的信念，增强对实现中华民族伟大复兴的信心，不断增强"四个意识"、坚定"四个自信"、做到"两个维护"，贯彻军委主席负责制，一切行动听从党中央、中央军委和习近平总书记指挥。

牢记初心、为民服务——宗旨的力量。中国共产党一经诞生，就把为中国人民谋幸福、为中华民族谋复兴确立为自己的初心使命，并始终作为共产党人精神谱系的重要精神内核。1944年，毛泽东同志在张思德追悼会上发表了《为人民服务》的讲演，指出"我们这个队伍完全是为着解放人民的，是彻底地为人民的利益工作的"。党领导人民打土豪、分田地，开展抗日战争、赶走日本侵略者，推翻蒋家王朝、建立新中国，是为人民的根本利益而斗争；党领导人民开展社会主义革命和建设、改变一穷二白的国家面貌，实行改革开放、推进社会主义现代化建设，同样是为人民的根本利益而奋斗。党的优秀儿女在为党分忧、为国尽责、为民奉献中升华人生境界，涌现出焦裕禄、雷锋、王杰等无数优秀党员楷模。"江山就是人民，人民就是江山。"党的十八大以来，党中央坚持把人民对美好生活的向往作为奋斗目标，组织开展了声势浩大的脱贫攻坚人民战争，团结带领人民实现了第一个百年奋斗目标，在中华大地上全面建成了小康社会，历史性地解决了绝对贫困问题。学习感悟共产党人的精神谱系，就要牢记初心使命，坚持全心全意为人民服务的根本宗旨，践行以人民为中心的发展思想，同人民想在一起、干在一起，永远做人民的服务员。

敢于斗争、敢战能胜——革命的力量。一不怕苦、二不怕死，浴血奋战、百折不挠，焕发革命加拼命的强大精神力量，是共产党人精神谱系的鲜明特质。在波澜壮阔的抗美援朝战争中，面对武装到牙齿的强大对手，面对恶劣残酷的战场环境，英雄的中国人民志愿军始终发扬祖国和人民利益高于一切的爱国主义精神和革命英雄主义精神，以“钢少气多”力克“钢多气少”，谱写了惊天地、泣鬼神的雄壮史诗。这一仗打出了国威军威，拼来了山河无恙，锻造了伟大的抗美援朝精神。中国特色社会主义进入新时代，我们党团结带领人民进行了许多具有新的历史特点的伟大斗争，有效应对重大挑战、抵御重大风险、克服重大阻力、解决重大矛盾，党和国家事业取得历史性成就、发生历史性变革。学习感悟共产党人的精神谱系，必须增强忧患意识、始终居安思危，立足“两个大局”，统筹发展和安全，敢于斗争、善于斗争，逢山开道、遇水架桥，勇于战胜一切风险挑战。

自力更生、艰苦创业——奋斗的力量。自力更生、艰苦创业是我们党的传家宝和精神密码，也是共产党人精神谱系的重要组成部分。我们党的百年历史，也是一部自力更生、艰苦创业的奋斗史。广大党员在不同历史时期奋斗在南泥湾、北大荒、大庆油田、红旗渠，谱写了自力更生、艰苦创业的壮丽史诗。党的十八大以来，习近平总书记多次强调要发扬奋斗精神，鲜明提出要永远保持建党时中国共产党人的奋斗精神。学习感悟共产党人的精神谱系，就要大力弘扬伟大奋斗精神，以永远在路上的赶考姿态，艰苦奋斗、不懈奋斗、砥砺奋斗、接续奋斗，不负时代、不负韶华，创造无愧于时代、无愧于人民的业绩。

依靠人民、众志成城——团结的力量。集中力量办大事、团结人民向前进，是社会主义制度的显著优势，也是共产党人精神谱系的一个突出特点。在革命战争年代，我们党紧紧依靠人民、团结一致，攻坚克难、无往不胜。在土地革命战争时期，我们党开展“人民的游击战争”，粉碎了敌人的多次“围剿”，人民群众是党和人民军队的铜墙铁壁；在抗日战争时期，我们党坚持兵民是胜利之本，实行“全国人民总动员的完全的民族革命战争”，让日本侵略者陷入人民战争的汪洋大海；在解放战争时期，我们党动员人民群众踊跃拥军支前，淮海战役的胜利是靠老百姓用小车推出来的，渡江战役的胜利是靠老百姓用小船划出来的。在社会主义建设时期特别是改革开放以来，在抵御重大灾难过程中，团结就是力量、团结就能胜利，铸就了抗洪精神、抗震救灾精神、抗疫精神等伟大精神，这些伟大精神都是爱国主义、集体主义、社会主义思想的集中体现，是中国精神、中国价值、中国力量的充分彰显。学习感悟共产党人的精神谱系，必须紧紧依靠人民群众，团结带领人民群众，把人民群众蕴藏的智慧和力量激发出来，万众一心、众志成城，汇聚起实现中华民族伟大复兴的磅礴力量。

不怕牺牲、勇于献身——奉献的力量。在共产党人精神谱系中，牺牲奉献的精神品质始终放射出耀眼夺目的璀璨光芒。从长期革命、建设、改革的奋斗实践到进入新时代，我们党创立形成的井冈山精神、长征精神、延安精神、西柏坡精神、脱贫攻坚精神等革命精神，无一不包含着牺牲奉献的精神内核；我们党的队伍中所涌现的刘胡兰、雷锋、王进喜、焦裕禄、孔繁森、杨善洲等一大批英雄模范，也无不诠释着牺牲奉献的伟大。我们党的入党誓词明确提出，“随时准备为党和人民牺牲一切”。据统计，新中国成立时我们党有448.8万名党员，而此前为革命牺牲的、可以查到姓名的党员就达370多万名。新时代要有新气象，须臾离不开牺牲奉献。学习感悟共产党人的精神谱系，要把许党报国、履职尽责作为人生目标，发扬“为有牺牲多壮志，敢教日月换新天”的大无畏气概，不畏艰险、敢于牺牲，清正廉洁、克己奉公，用忘我的奋斗书写壮丽人生。

敢为人先、勇攀高峰——创新的力量。自主创新、超越突破的创新精神，是共产党人精神谱系中具有活力的组成部分。广大科技工作者秉持航天报国、科技强国的使命情怀，在陌生领域从无到有进行全新探索，在高端技术空白地带白手起家，铸就了“两弹一星”精神。20世纪五六十年代，面对帝国主义核威慑、核讹诈，我们党果断做出研制“两弹一星”的战略决策。一大批科技工作者把个人理想与祖国命运紧紧联系在一起，干惊天动地事、做隐姓埋名人，克服了各种难以想象的艰难险阻，突破了一个又一个技术难关，取得了中华民族为之自豪的“两弹一星”伟大成就。从“两弹一星”到载人航天、北斗组网、嫦娥探月，再到火星探测……半个多世纪以来，伴随着长征火箭的一次次呼啸升空，浩渺苍穹的“中国星”，也由寥若晨星变为繁星灿烂。学习感悟共产党人的精神谱系，就要走自主创新之路，勇于攀登科技高峰，完善国家创新体系，加快建设科技强国，实现高水平科技自立自强。

百年奋斗，长河浩荡。一代代共产党人的革命精神，犹如熠熠火焰，照亮我们党跋山涉水的征程。在不同历史时期产生的这些伟大革命精神，尽管内涵不尽相同，但其本质内容和精神实质是相通的、统一的、一致的。除了以上列举的关键词，还有解放思想、锐意进取，坚持真理、修正错误，顾全大局、严守纪律，敢闯敢干、敢为人先……这些都是各种革命精神的内核和基本要素。伟大建党精神成为贯穿中国共产党人精神谱系的一条红线，是党的各种精神的高度概括和凝练。今天，我们要从中国共产党的精神之源吸收营养、汲取力量，再接再厉、接续奋斗，在新的征程上创造新的辉煌。

◆ 资料来源：杜勤俭．从百年党史中感悟共产党人的精神谱系．解放军报，2021-07-16（07），有改动 ◆

材料二　旗帜鲜明反对历史虚无主义

习近平总书记在党史学习教育动员大会上强调："要旗帜鲜明反对历史虚无主义，加强思想引导和理论辨析，澄清对党史上一些重大历史问题的模糊认识和片面理解，更好正本清源、固本培元。"只有正确认识历史，才能更好开创未来。正确认识历史，就要坚持正确党史观，就要旗帜鲜明反对历史虚无主义，以史为镜、以史明志，知史爱党、知史爱国，坚定历史自信、增强历史自觉，在乱云飞渡中把牢正确方向，风雨无阻，坚毅前行，开创属于我们这一代人的历史伟业。

认清历史虚无主义的实质和危害

历史是一个国家、一个民族安身立命的基础。习近平总书记指出："历史和现实都表明，一个抛弃了或者背叛了自己历史文化的民族，不仅不可能发展起来，而且很可能上演一场历史悲剧。"历史就是历史，事实就是事实，任何人都不可能改变历史和事实。然而在现实中，一些人把历史当作"任人打扮的小姑娘"，有的夸大党史上的失误和曲折，肆意抹黑歪曲党的历史、攻击党的领导、诋毁党的领袖；有的将党史事件同现实问题刻意勾连、恶意炒作；有的不信正史信野史，将党史庸俗化、娱乐化，热衷传播八卦轶闻，对非法境外出版物津津乐道；有的否认甚至美化侵略，为历史上已定性的叛徒、卖国贼、汉奸、特务、刽子手洗白、翻案；有的贬损、丑化革命烈士、英雄模范，等等。这些都是历史虚无主义的表现。

历史虚无主义的荒谬性，正如列宁所指出，"在社会现象领域，没有哪种方法比胡乱抽出一些个别事实和玩弄实例更普遍、更站不住脚的了……如果从事实的整体上、从它们的联系中去掌握事实，那么，事实不仅是'顽强的东西'，而且是绝对确凿的证据。如果不是从整体上、不是从联系中去掌握事实，如果事实是零碎的和随意挑出来的，那么它们就只能是一种儿戏，或者连儿戏也不如"。搞历史虚无主义的人常常打着"学术研究""反思历史""还原真相"的幌子，颠覆已有的基本历史结论，具有很大的欺骗性和迷惑性。从本质上看，他们宣扬什么、"虚无"什么，绝不是漫无目的的，他们就是要虚无中国革命、虚无中国共产党、虚无中国特色社会主义、虚无马克思主义。

古人说："灭人之国，必先去其史。"苏联为什么解体？苏共为什么垮台？一个重要原因就是其意识形态领域的斗争十分激烈，全面否定苏联历史、苏共历史，否定列宁，否定斯大林，搞历史虚无主义，思想搞乱了，各级党组织几乎没任何作用了，军队都不在党的领导之下了。这个教训不可谓不深刻！国内外敌对势力往往就是拿中国革命史、新中国历史来做文章，竭尽攻击、丑化、污蔑之能事。如果任由历史虚无主义泛滥，中国人民历尽千辛万苦取得的伟大成就将毁于一旦，中华民族伟大复兴的历史进程也将被迫中断。对此，我们脑子要特别清醒、眼睛要特别明亮、立场要特别坚定，旗帜鲜明反对历史虚无主义，绝不能有任何含糊和动摇。

坚持用唯物史观来认识把握历史

唯物史观是共产党人认识把握历史的根本方法，也是共产党人确立理想信念的思想基础。理想信念的确立，是一种理性的选择，而不是一时的冲动，光有朴素的感情是远远不够的，还必须有深厚的理论信仰作支撑，否则一遇风浪就会发生动摇。习近平总书记深刻指出："一些人认为共产主义是可望而不可及的，甚至认为是望都望不到、看都看不见的，是虚无缥缈的。这就涉及是唯物史观还是唯心史观的世界观问题。我们一些同志之所以理想渺茫、信仰动摇，根本的就是历史唯物主义观点不牢固。"历史和现实都表明，只有坚持历史唯物主义，用唯物史观来认识历史，才能深刻认识到实现共产主义是由一个一个阶段性目标逐步达成的漫长历史过程，需要若干代人接续奋斗、艰苦奋斗、不懈奋斗；才能深刻认识到中国特色社会主义是实现中华民族伟大复兴的必由之路，也是中国共产党人带领人民追求崇高理想、开辟光明未来的成功道路；才能不断提高政治敏锐力、政治鉴别力，更好抵御历史虚无主义谬论。

坚持唯物史观，就要实事求是地看待党史上的一些重大问题，既不能因为成就而回避失误和曲折，也不能因为探索中的失误和曲折而否定成就。我们党对自己包括领袖人物的失误和错误历来采取实事求是的郑重态度，一是敢于承认，二是正确分析，三是坚决纠正，从而使失误和错误连同党的成功经验一起成为宝贵的历史教材。邓小平同志主持起草《关于建国以来党的若干历史问题的决议》时，科学客观评价党的历史和党的领袖，成为我们党正确运用唯物史观、实事求是地总结运用历史的光辉典范，展示了我们党反对历史虚无主义的鲜明态度。

坚持唯物史观必须尊重历史，决不能"戏说"历史、"恶搞"历史。恩格斯曾经说过："即使只是在一个单独的历史事例上发展唯物主义的观点，也是一项要求多年冷静钻研的科学工作，因为很明显，在这里只说空话是无济于事的，只有靠大量的、批判地审查过的、充分地掌握了的历史资料，才能解决这样的任务。”坚持唯物史观，就要把历史结论建立在翔实准确的史料支撑和深入细致的研究分析的基础之上，让历史说话、用史实发言。习近平总书记强调：“我们不是历史虚无主义者，也不是文化虚无主义者，不能数典忘祖、妄自菲薄。”只有树立正确历史观、民族观、国家观、文化观，才能经得起历史和人民的检验，才能立之当世、传之后人。

自觉抵御历史虚无主义谬论

反对历史虚无主义等错误思潮，根本的还是要树立正确的历史观。习近平总书记指出：“只有真正弄懂了马克思主义，才能在揭示共产党执政规律、社会主义建设规律、人类社会发展规律上不断有所发现、有所创造，才能更好识别各种唯心主义观点、更好抵御各种历史虚无主义谬论。”忽视了马克思主义所指引的方向，就容易陷入盲目状态甚至误入歧途，在错综复杂的形势中无所适从，难以抵御各种错误思潮，被一些天花乱坠、脱离实际甚至荒唐可笑、极其错误的东西所迷惑、所俘虏。我们要准确把握党的历史发展的主题主线、主流本质，从党的百年历史中深刻领悟中国共产党为什么能、马克思主义为什么行、中国特色社会主义为什么好等道理，深刻领悟中国共产党领导的历史必然性、马克思主义的真理性、中国特色社会主义道路的正确性。

正确认识和科学评价党史上的重大事件、重要会议、重要人物，批驳抹黑党的历史、诋毁党的领袖的言行。习近平总书记指出，“革命领袖是人不是神”，“不能因为他们伟大就把他们像神那样顶礼膜拜，不容许提出并纠正他们的失误和错误；也不能因为他们有失误和错误就全盘否定，抹杀他们的历史功绩，陷入虚无主义的泥潭”。对历史人物的评价，应该放在其所处时代和社会的历史条件下去分析，不能离开对历史条件、历史过程的全面认识和对历史规律的科学把握，不能忽略历史必然性和历史偶然性的关系。不能把历史顺境中的成功简单归功于个人，也不能把历史逆境中的挫折简单归咎于个人。不能用今天的时代条件、发展水平、认识水平去衡量和要求前人，不能苛求前人干出只有后人才能干出的业绩来。

加强思想引导和理论辨析，澄清对党史上一些重大历史问题的模糊认识和片面理解。马克思说过：“人们自己创造自己的历史，但是他们并不是随心所欲地创造，并不是在他们自己选定的条件下创造，而是在直接碰到的、既定的、从过去承继下来的条件下创造。”正确处理改革开放前后的社会主义实践探索的关系，不只是一个历史问题，更主要的是一个政治问题。改革开放前的社会主义实践探索为改革开放后的社会主义实践探索积累了条件，改革开放后的社会主义实践探索是对前一个时期的坚持、改革、发展。不能用改革开放后的历史时期否定改革开放前的历史时期，也不能用改革开放前的历史时期否定改革开放后的历史时期。要警惕历史虚无主义者通过割裂两个历史时期，歪曲新中国建设伟大实践，抹杀新中国建设伟大成就，否定社会主义制度优越性，涣散中国人民建设中国特色社会主义的信心信念。

牢记历史启迪和历史教训，抵制否认和美化侵略战争的言行。历史虚无主义者一方面抹黑党史、丑化党的领袖，另一方面篡改和美化侵略战争史，把帝国主义对殖民地半殖民地国家和民族的侵略掠夺说成是对落后国家和地区的帮扶和救助。历史是写在人民心中的，历史不容抹杀，也是抹杀不了的。一切否认侵略战争性质的言行，一切歪曲甚至美化侵略战争的言行，一切逃避侵略战争历史责任的言行，都是对历史的嘲弄，是对人类良知的侮辱，必然失信于世界人民。付出了巨大牺牲的中国人民，一定会坚定不移捍卫用鲜血和生命写下的历史。

◆ 资料来源：《求是》杂志评论员．旗帜鲜明反对历史虚无主义．求是，2021（8）◆

材料三　以中国科学家精神引领青年创新建功新时代

习近平总书记指出，青年兴则国家兴，青年强则国家强。青年一代有理想、有本领、有担当，国家就有前途，民族就有希望。我们要深入学习习近平新时代中国特色社会主义思想，扎实开展科学道德和学风建设，以中国科学家精神感召鼓舞、团结引领青年创新建功新时代。

深刻认识科技创新大变局中科学精神的价值引领力

当今世界处在大发展、大变革、大调整时期。新一轮科技革命和产业变革不仅打开了国际科技竞争制高点争夺的机会窗口，极大重塑着全球创新版图，更进一步推动了科技与经济、科技与社会、科技与人的全面发展和相互交织、深刻影响并深度融合共生。面临百年未有之时代大变局，人类迎来科技文明前所未有的大发展时代。应对创新的复杂性和全球性问题，必须进一步彰显科学精神、科学思想、科学方法、科学知识对时代进步、人的全面发展的终极关怀，以历史纵深和整体视角，焕发精神力量的时代感召力、引领力。

一颗正直的心，就是真理真正的殿堂。恩格斯曾说："思维着的精神是地球上最美丽的花朵。"一代又一代科学家在推动人类科技文明的进程中，不仅因卓越的科学成就彪炳史册，更因他们高尚的道德情操让科学史、文明史熠熠生辉，照亮着人类前行的坦途。爱因斯坦说："我每天上百次地提醒自己：我的精神生活和物质生活都依靠别人（包括生者和死者）的劳动，我必须尽力以同样的分量来报偿我所领受了的和至今还在领受着的东西。"周光召讲到，20世纪最重要的科学发现都不是在当时物质条件最好的实验室里产生的。DNA双螺旋结构被发现于二战后经济困难的英国。爱因斯坦在《悼念玛丽·居里》的演讲中深情讲道："居里夫人的品德力量和热忱，哪怕只有一小部分存在于欧洲的知识分子中间，欧洲就会面临一个比较光明的未来。”崇高品格对人类的价值有时甚至远远超过他们所做杰出成就本身对世界的贡献。科学家精神的光辉，不仅铸就了科学共同体的精神气质，更深刻影响着人类文明进程，提升了全社会的精神境界。

近代科学对中国来说是“舶来品”。我们有着重器物层面的实用主义传统，科学功利化、科学工具性的影响深远。美国物理学会第一任会长亨利·奥古斯特·罗兰1883年在《为纯科学呼吁》中提出，“假如我们停止科学的进步而只留意科学的应用，我们很快就会退化成中国人那样，多少代人以来他们都没有什么进步，因为他们只满足于科学的应用，却从来没有追问过他们所做事情中的原理”。无独有偶，梁启超1922年在《科学精神与东西文化》中谈到，中国人对于科学的态度，有根本不对的两点：一是把科学看得太低了、太粗了，二是把科学看得太呆了、太窄了。他们只知道科学研究所产生结果的价值，而不知道科学本身的价值。中国人对于科学的这两种态度倘若长此不变，中国人在世界上便永远没有学问的独立，中国人不久必将成为现代被淘汰的国民。

尽管我们已经远离了评论所指的那个时代，但这些批评意见仍不失为现代社会的警世之言。

我国要成为世界主要科学中心和创新高地，厚植创新文化沃土至关重要。在加快科技发展的同时，我们必须长计远虑，建立独立完整的科技体系、清朗健康的创新生态、风清气正的创新文化，着力弘扬科学精神，培植科学传统，涵养新时代中国科学家的精神气质，增强人民科学文化素质和理性思维能力。

树立明德楷模，以中国科学家精神感召鼓舞当代青年

科学没有国界，但科学家有祖国。中国科学家是充满理想和献身精神的群体，他们传承着中华民族伟大创造精神、伟大奋斗精神、伟大团结精神和伟大梦想精神，栉风沐雨、砥砺奋进，凝聚彰显的中国科学家精神深深汲取了世界科学文明的养分，镌刻着中华优秀传统文化的烙印，承载历史并昭示未来，必将感召和激励后人接力精神火炬，奋进新的长征。

“苦干惊天动地事，甘做隐姓埋名人”是老一辈科学家们的集中写照。新中国成立以来，在中国共产党的领导下，以钱学森、邓稼先、郭永怀、袁隆平、黄旭华、屠呦呦、赵忠贤等为代表的老一辈科技工作者，以忠诚和担当、智慧和才能、奉献和牺牲，谱写出一首首爱国奋斗的英雄赞歌，铸就了“两弹一星”“载人航天”“西迁精神”等光照千秋的精神丰碑。

在改革开放和创新型国家建设的伟大征程中，李保国、黄大年、南仁东、钟扬、王逸平等当代科技工作者，把论文写在祖国大地上，以丰硕的创新争先成果，诠释了心有大我、至诚报国的浓烈情怀，不愧为国家栋梁、民族脊梁、人民赤子。

科学家都是一个个有血有肉的平凡人，特别是不少人经历过在西方发达国家的学习生活，更能充分认识到回国意味着什么，他们中许多人也曾有激烈的思想斗争和彷徨犹豫，但依然义无反顾地回来了。老一辈科学家们如此，黄大年、南仁东等当代科学家们亦如此。黄大年曾对自己的学生说："你们一定要出去，出去了一定要回来；你们一定要有出息，出息了一定要报国！"

"北筑鸟巢迎圣火，南修窝凼落星辰。"南仁东将20多年时间和毕生心血炼成了傲视苍穹的天眼。当天眼工程赢得举世赞誉时，南仁东却谦称，"我不是一个战略大师，我是一个战术型的老工人"，他的夫人郭嘉珍女士在南仁东被授予"时代楷模"称号时，在写给国家天文台的短信中表示："我的先生南仁东一定不曾奢望会得到这样一份至高的荣誉称号。他就是千千万万中国知识分子当中的普通一员，普通得不能再普通；他不曾有过任何豪言壮语，宏图大志……是无数科技泰斗教育和影响了他，给予他渊博的学识，铸就他敢为人先、迎难而上、坚韧不拔的科学精神。他就是您的邻居、朋友或同事。他身体力行的不过是这个伟大时代赋予每一个中国人的职责……"

习近平总书记在谈及中华民族精神时指出，这种伟大精神是一代一代中华儿女创造和积淀出来的，也需要一代一代传承下去。在建设创新型国家和世界科技强国的征途中，中国科学家精神以其强大感召力薪火相传并愈加焕发出勃勃生机。我们要以习近平新时代中国特色社会主义思想为指引，大力弘扬中国科学家胸怀祖国、服务人民的爱国精神，勇攀高峰、敢为人先的创新精神，追求真理、严谨治学的求实精神，淡泊名利、潜心研究的奉献精神，集智攻关、团结协作的协同精神，甘为人梯、奖掖后学的育人精神，为建设科技强国汇聚强大精神动力。

坚持敦品励学积厚成器，引导青年创新建功新时代

中国正在向世界科技强国进军的征程中。实现这个伟大的梦想，归根到底要靠青少年一代。在青少年心中埋下科学的种子，为他们插上科学的翅膀，国家的创新发展才能获得源源不断的动力。

开阔视野是青年人开拓格局的重要前提。视野决定格局，格局决定人生和事业的高度。青年人要以坚定自信敢为天下先、善为天下先，要以开放胸襟广交天下友、广聚天下才，勇做开放合作新格局的开拓者。青年人有大视野、大格局，事业才会有大舞台、大成就，未来才有能力共同应对人类面临的科技挑战。

严格自律是青年人守正创新的重要基础。加强科学道德自律是完善人格的需要。唯实求真是自律的重要准则。科学研究要探索基于事实的真理。巴甫洛夫说，要学会做科学中的粗活，研究事实，对比事实，积聚事实。科学研究来不得半点虚假。费尔巴哈说，诚实是科学家的主要美德。对于仰望星空的人，应当奉科研诚信和科技伦理为至上宝典。青年人要以科学道德自律涵养精神气质，培育高尚情操，坚守道德底线，远离科研不端。自律不仅限于道德操守，更是责任担当的起点。青年人以自律开拓负责任的研究与创新境界，才能涵养更宏阔的社会责任和人文情怀。

大胆想象是激发青年人创造活力的重要源泉。爱因斯坦说，想象力比知识更重要。立足科学、大胆假设、敢于猜想，激发最新奇的科学发现，催生最绚丽的技术发明，青年人的想象不能受制于传统、止步于现实，而泯灭理想之光。想象力的培养也离不开批判性思维的训练，要倡导平等争鸣，敢于理性质疑。年轻人葆有好奇之心，敢于想象不可想象之事，坚守创新意愿，培养创新能力，必将有所发现、有所创造、有所贡献。

心怀梦想是青年人砥砺奋进的重要动力。有梦想才有未来。习近平总书记指出，中国梦是历史的、现实的，也是未来的；是我们这一代的，更是青年一代的。青年人要敢于有梦、勇于追梦、勤于圆梦。要把科学梦想、人生理想同国家的梦想、人民的梦想紧密结合起来。只要树立报国志向，沐浴科学的星光，放飞青春梦想，立志创新建功，就一定能应对挑战、创造未来。

在改革开放和创新型国家建设的壮阔征程中，伟大的精神以其强大感召力薪火相传并将愈加焕发出勃勃生机。让我们在习近平新时代中国特色社会主义思想指引下，弘扬爱国奋斗的主旋律，唱响创新建功、务实担当的时代最强音，激励广大青年释放青春激情、尽展奋斗理想，为实现中华民族伟大复兴的中国梦谱写青春华章！

◆ 资料来源：怀进鹏．以中国科学家精神引领青年创新建功新时代．光明日报，2018-12-27（13），有改动 ◆

知识测试

第五专题

崇尚英雄：培育和践行社会主义核心价值观

视频点睛

《这就是中国》第13集："普世价值"面临的困境
（东方卫视，学习强国）

勿忘历史！2分15秒南京大屠杀真实影像
（央视新闻，央视影音）

教学靶向

引导青年学员深刻理解培育和践行社会主义核心价值观的重大意义、丰富内涵及其历史底蕴、现实基础和道义力量；把社会主义核心价值观内化为自己的精神追求，外化为自觉的实际行动；铭记英烈不朽功勋，树立崇尚英雄、缅怀先烈的良好风尚，大力弘扬革命英雄主义精神，争做新时代打赢先锋，争当弘扬社会主义核心价值观最积极、最活跃、最充分的青年先进代表。

核心问题

1. 社会主义核心价值观是凝聚人心、汇聚民力的强大力量。习近平总书记在党的二十大报告中对"广泛践行社会主义核心价值观"作了专门阐述，为新时代新征程培育和践行社会主义核心价值观指明了方向、提供了遵循。结合实际，思考培育和践行社会主义核心价值观的重大意义。

2. 世界上有"普世价值"吗？如何认识"普世价值"思潮？

3. 结合自身实际，思考如何做社会主义核心价值观的积极践行者。

案例一

宰相张廷玉与六尺巷

清朝时的宰相张廷玉与一位姓叶的侍郎都是安徽桐城人。两家毗邻而居，都要起房造屋，为争地皮，发生了争执。张老夫人便修书一封寄往北京，要张宰相出面干预。

这位宰相到底见识不凡，看罢来信，立即作诗劝导张老夫人："千里家书只为墙，再让三尺又何妨？万里长城今犹在，不见当年秦始皇。"张老夫人见书明理，立即把墙主动退后三尺；叶家见此情景，深感惭愧，也马上把墙让后三尺。这样，张、叶两家的院墙之间，就形成了六尺宽的巷道，成了有名的"六尺巷"。张廷玉失去的是祖传的几尺宅基地，换来的却是邻里的和睦及流芳百世的美名。

案例解读：

传统家训家风以家庭伦理为主要内容，强调尊祖宗、孝父母、和兄弟、严夫妇、训子弟、睦宗族、厚邻里、勉读书、崇勤俭、尚廉洁等。比如，颜氏家训主张"夫风化者，自上而行于下者也，自先而施于后者也"，重视榜样作用，重视家庭道德教育的潜移默化作用。金华胡氏家训强调"为官当以家国为重，以忠孝仁义为上"等，张氏家训强调"一言一行，常思有益于人，唯恐有损于人"等，这些家训家风体现着人们认可的行为准则和价值标准。社会主义核心价值观是社会主义先进文化的精髓，是当代中国精神的集中体现，凝结着全体人民共同的价值追求。社会主义核心价值观中的一些内容，是对中华优秀传统文化和伦理观念的传承和弘扬。我们可以对历史上有代表性、有影响力的家训家风文本进行梳理和归纳，吸收其中与社会主义核心价值观相符合的思想观念、人文精神、道德规范等，发挥其促进社会主义核心价值观培育和弘扬的积极作用。

习近平总书记指出："我们生而为中国人，最根本的是我们有中国人的独特精神世界，有百姓日用而不觉的价值观。"一个缺乏价值自信的民族，必将失去"精神自我"，难以自立于世界民族之林。作为一个生长于5000多年文明沃土上的古老国度，中国不能成为一个物质崛起、精神塌陷的"跛脚国家"，更不能成为失去精神追求甚至是依附于西方的附庸国家。我们的价值观自信来源于绵延几千年的中华文明。每一社会的核心价值观都有固有的文化根脉。社会主义核心价值观具有鲜明的内生特质和遗传基因，它根植于中华文化的沃土，潜藏于中华民族的文化血脉之中，是中华优秀传统文化基因的崭新呈现。中华文明是涵养社会主义核心价值观的重要源泉，是中华民族区别于其他民族的独特标识，是中华儿女的独特精神世界，是亿万华人须臾不可分离的精神家园。①

案例二

践行社会主义核心价值观："扣子论""凿井论""食盐论""空气论"

"扣子论"与"凿井论"

我为什么要对青年讲讲社会主义核心价值观这个问题？是因为青年的价值取向决定了未来整个社会的价值取向，而青年又处在价值观形成和确立的时期，抓好这一时期的价值观养成十分重要。这就像穿衣服扣扣子一样，如果第一粒扣子扣错了，剩余的扣子都会扣错。人生的扣子从一开始就要扣好。"凿井者，起于三寸之坎，以就万仞之深。"青年要从现在做起、从自己做起，使社会主义核心价值观成为自己的基本遵循，并身体力行大力将其推广到全社会去。

◆ 资料来源：习近平．青年要自觉践行社会主义核心价值观——在北京大学师生座谈会上的讲话．新华网，2014-05-04 ◆

"食盐论"与"空气论"

好的思想政治工作应该像盐，但不能光吃盐，最好的方式是将盐溶解到各种食物中自然而然吸收。

◆ 资料来源：习近平．在全国高校思想政治工作会议上的讲话．光明网，2016-12-07 ◆

我们要在全社会大力弘扬和践行社会主义核心价值观，使之像空气一样无处不在、无时不有，成为全体人民的共同价值追求，成为我们生而为中国人的独特精神支柱，成为百姓日用而不觉的行为准则。要号召全社会行动起来，通过教育引导、舆论宣传、文化熏陶、实践养成、制度保障等，使社会主义核心价值观内化为人们的精神追求、外化为人们的自觉行动。

◆ 资料来源：习近平．在文艺工作座谈会上的讲话．新华网，2014-10-15 ◆

案例解读：

核心价值观，承载着一个民族、一个国家的精神追求，体现着一个社会评判是非曲直的价值标准。社会主义核心价值观集中体现社会主义的本质属性，代表全体人民共同的价值追求。党的十八大提出，要倡导富强、民主、文明、

---

① 陈曙光．价值观自信是保持民族精神独立性的重要支撑［J］．求是，2016（4）：47-49.

和谐，倡导自由、平等、公正、法治，倡导爱国、敬业、诚信、友善，积极培育和践行社会主义核心价值观。社会主义核心价值观的提出，鲜明确立了当代中国的核心价值理念，生动展现了中国共产党和中华民族高度的价值自觉与价值自信。习近平总书记关于培育和践行社会主义核心价值观的思想内涵丰富、博大精深。正确把握他关于培育和践行社会主义核心价值观的基本思路，对进一步推进社会主义核心价值观建设、提升中国文化软实力、建设社会主义文化强国，具有十分重要的现实意义和深远的历史意义。

青年时期是价值观形成和确定的关键时期，要通过社会主义核心价值观教育引导青少年扣好人生第一粒扣子；同时广泛开展先进模范学习宣传活动，营造崇尚英雄、学习英雄、捍卫英雄、关爱英雄的浓厚氛围，树立价值标杆，让人们学有榜样。把社会主义核心价值观融入社会发展各方面，既要提高融入的质量，也必须注重方法。

大处着眼，小处着手。大处着眼，要求我们从基础性和战略性的高度认识社会主义核心价值观融入社会发展各方面的重要性，从而增强把社会主义核心价值观融入社会发展各方面的自觉性、主动性；小处着手，就是必须在落细、落小上下功夫，让社会主义核心价值观“化”进人们的日常生活，化成家风、民风、乡风，达到像空气一样“百姓日用而不知”的境界，使社会主义核心价值观凝魂聚气、强基固本的底色力量充分生发出来，为中国特色社会主义建设提供最深沉、最持久的精神力量。

虚事实做，知行合一。社会主义核心价值观只有转化成人们的实际行动，才能产生改造客观世界的力量。当然，虚事实做并不是不要“虚”，没有主观世界的改造，没有先进理论的指导，实做就没有方向和灵魂。但是，重点应放在实做上。要发挥政策导向作用，使经济、政治、文化、社会等方方面面政策都有利于社会主义核心价值观的培育，使符合社会主义核心价值观的行为得到鼓励、违背社会主义核心价值观的行为受到制约。要坚持联系实际，找准社会主义核心价值观与人们思想的共鸣点、与群众利益的交汇点，把社会主义核心价值观融入人民群众的日常生活。要把社会主义核心价值观融入各行各业的实际工作，形成一种各行各业工作与社会主义核心价值观建设同频共振、同向同行的强大效应。

全面协调，重点突出。所谓全面，要求把社会主义核心价值观融入社会发展各方面，融入改革开放和社会主义现代化建设的全过程和各领域。所谓协调，要求各部门要步调一致、协同发力，共同推进社会主义核心价值观的融入工作。为此，在工作中要把握好“两点论”和“重点论”的统一，在社会主义核心价值观融入社会发展各方面的关键处、要害处下功夫，切实提高社会主义核心价值观融入社会发展各方面的质量和水平。①

“一种价值观要真正发挥作用，必须融入社会生活，让人们在实践中感知它、领悟它。”② 这就要求在培育和弘扬社会主义核心价值观的过程中，做好落细、落小、落实的功夫，要切实做到勤学、修德、明辨、笃实，使社会主义核心价值观成为一言一行的基本遵循。

1. 勤学

知识是树立社会主义核心价值观的重要基础。青年学员正处于学习科学知识的黄金时期，要下得苦功夫，求得真学问，把学习作为一种精神追求、一种生活方式，以韦编三绝、悬梁刺股的毅力，以凿壁借光、囊萤映雪的劲头，努力扩大知识半径，既读有字之书，也读无字之书，砥砺道德品质，掌握真才实学，练就过硬本领。要努力掌握马克思主义理论，突出学好党的理论特别是党的军事指导理论，形成正确的世界观和科学的方法论，深化对社会主义核心价值观的认知认同。要注重把所学知识内化于心，形成自己的见解，专攻博览，努力掌握为祖国、为人民服务，为国防和军队建设做贡献的真才实学，让勤于学习、敏于求知成为青春远航的动力。

2. 修德

“德者，本也。”蔡元培曾经说过：“若无德，则虽体魄智力发达，适足助其为恶。”道德之于个人、之于社会，都具有基础性意义，做人做事第一位的是崇德修身。“核心价值观，其实就是一种德，既是个人的德，也是一种大德，就是国家的德、社会的德。”③ 一个人只有明大德、守公德、严私德，其才方能用得其所。修德，既要立意高远，又要立足平实。要立志报效祖国、服务人民，这是大德，养大德者方可成大业。同时，还得从做好小事、管好小节开始起步，“见善则迁，有过则改”，踏踏实实修好公德、私德，学会劳动、学会勤俭，学会感恩、学会助人，学会谦让、学会宽容，学会自省、学会自律。

3. 明辨

培育和践行社会主义核心价值观，要增强自己的价值判断力和道德责任感，辨别什么是真善美、什么是假恶丑，自觉做到常修善德、常怀善念、常做善举。当前，在一些领域和一些人当中，价值判断没有了界限、丧失了底线，甚至以假乱真、以丑为美、以耻为荣。青年学员一定要正视价值观选择和道德责任感，强化判断，善于明辨是非，善于决断选择，旗帜鲜明地弘扬真善美、

① 张学森．把社会主义核心价值观融入社会发展各方面［N］．解放军报，2018-12-07（7）．
② 习近平．习近平谈治国理政：第1卷［M］．北京：外文出版社，2018：165.
③ 习近平．习近平谈治国理政：第1卷［M］．北京：外文出版社，2018：168.

贬斥假恶丑，树立正确导向，澄清模糊认识，匡正失范行为，形成激浊扬清、抑恶扬善的思想道德舆论，自觉做良好道德风尚的建设者、社会文明进步的推动者。

4. 笃实

道不可坐论，德不能空谈。于实处用力，从知行合一上下功夫，核心价值观才能内化为人们的精神追求，外化为人们的自觉行动。《礼记》中说："博学之，审问之，慎思之，明辨之，笃行之。"有人说，圣人是肯做功夫的庸人，庸人是不肯做功夫的圣人。青年有着大好机遇，关键是要迈稳步子、夯实根基、久久为功。心浮气躁，朝三暮四，学一门丢一门，干一行弃一行，无论为学还是创业，都是最忌讳的。青年学员要把艰苦环境作为磨炼自己的机遇，把小事当作大事干，一步一个脚印往前走。只要坚韧不拔、百折不挠，成功就一定在前方等你。

案例三

践行社会主义核心价值观 到祖国最需要的地方去

农历新年的脚步越来越近，陆军工程大学研究生院学员杨殷豪却离家越来越远。

从江苏南京到新疆某地，4000 多千米距离，50 多个小时的旅途辗转，杨殷豪望着眼前的景色从繁华到荒凉，心里有一种说不出的滋味。

到了部队营区，几名小战士洪亮地喊着："排长好!"他们争先恐后地帮着杨殷豪提行李。接待干部一见面，就给了他一个大大的拥抱。

这一切，让杨殷豪有种似曾相识的感觉。几天前，在"温暖的拥抱——2020 届毕业研究生离队仪式"上，同样是这样的拥抱，让他泪流满面。

如果说，军校校园里的拥抱是对战友的不舍，那么边关军营里的拥抱是对战友的欢迎。这一送一迎之间，饱含着军人对初心的诠释和对祖国的赤诚。

新年伊始，又一批学业有成的军校学子告别母校，义无反顾地做出选择：到边疆去、到海岛去、到祖国最需要的地方去。艰难方显勇毅，磨砺始得玉成。品味他们的选择，或许能让我们重温什么是理想，读懂什么是奋斗。

拥抱战友——总有一些时光片段会跟青春、信仰和梦想长久相连

再回首，满眼岁月；再回首，满目泪光。几年的军校研究生生活，仿佛一瞬，匆匆而过。

那天晚上，陆军工程大学研究生队队长刘臣接到了 2020 届毕业研究生分配命令通知。他连夜带着几名研究生骨干布置场地、预订鲜花、制作绶带……

他们在秘密准备第二天送给毕业学员的“礼物”。

这是怎样一份“礼物”？他们在宿舍楼前挂上了火红的灯笼，国旗迎风飘扬，一束束鲜花吐露芬芳，鲜红的绶带静静等待着它们的主人——5名赴四类以上艰苦边远地区的毕业学员。

“刚得知我去西藏时，很多战友眼圈都红了。”赴边学员韩林说，“说实话，我的选择出乎大家意料，战友们都担心我的身体不能适应高原。但我想和大家说，是雄鹰就要到广阔的天地去摔打历练，请你们放心——我能行!”

毕业离队仪式下午3点准时开始。金色的阳光，洒在站立排头的赴边学员身上。随着一曲《一路顺风》响起，院首长为毕业学员披绶带、献鲜花，战友们与毕业学员一一拥抱。

“每拥抱一个战友，脑海里就闪现出与他在学校生活的点点滴滴。”赴边学员席俊鹏说，“一个个拥抱都那么温暖，一个个拥抱都那么不舍。”

“学长们是我们学习的榜样，让我们看到了信仰与信念的力量。”席俊鹏的学弟张树财说。

在与战友拥抱前，韩林特意跑到角落搓了搓脸、深呼吸，想调整好心情，笑着拥抱战友。但随着音乐的响起，韩林微红的眼眶泛起了泪花，与战友朝夕相处的一幅幅画面扑面而来：拉练时的狼狈不堪，讨论问题时的面红耳赤，外出吃火锅时的狼吞虎咽……终于，泪水“不争气”地夺眶而出，他伏在战友背上久久不愿直身。

都说男儿有泪不轻弹，情到深处泪自流。拥抱时，学弟们拍拍学长的肩，队干部帮毕业学员整理军装，战友们在耳边轻轻地说一句：“加油!”一个又一个拥抱，是留恋、是不舍，更是希冀。

是啊，总有一些时光片段会跟青春、信仰和梦想长久相连。在这场毕业仪式上，我们看到了微红的眼眶，也看到了满眼的敬佩，满目的期许。多年以后，当我们再次回望军校生涯时，那个军礼，那束鲜花，那一个个饱含深情的拥抱，定将成为青春岁月里不可磨灭的记忆。

拥抱寂寞——熬过千般孤苦，走向星辰大海

赴边学员杨殷豪在北京长大，祖孙三代都有从军经历。从小耳濡目染的他对军人职业有着天然的亲切感。这次即将远赴新疆的他对毕业前的拥抱有着一番别样的理解。

“我觉得我们在拥抱战友，更是在拥抱过往和战友们一起并肩学习、战斗的瞬间。”杨殷豪给记者讲述了去年的一段经历。受疫情影响，本该在当年年初进行的一项试验一直拖到8月才进行。留给他们的时间，连往年的三分之一都不到。

杨殷豪研究的是动态冲击相关试验，对试验用到的系统有着较高的精度要求。一开始，光调试就花了他一周多时间。“每每以为可以开展试验时，却总是出现这样那样的问题，有时一调就需要十几个小时。”

不知道有多少个夜晚，他们都是奋战到“东方既白”；也不知道多少次，历经千难万苦，他们在“兜兜转转”中又回到了起点。杨殷豪想过放弃，但身边的战友为他鼓劲：“学会拥抱寂寞和失败，才可能拥抱成功。”就这样，他们不断地重复、失败，再重复、再失败——直至有一天，他们迎来了一个胜利的黎明。

“钻研的过程，是不断挑战过往，拥抱未来的过程。”杨殷豪说，“这个过程中，常常以寂寞为伴，与孤独为伍。这个时候，我就告诉自己，要眼里有光，心怀战场，坚持到底。”

杨殷豪的同学、同样选择赴边的学员罗棕木的微信签名是“鲲之大，不知其几千里”。他希望自己像鲲鹏一样，有远大志向。

毕业前夕，罗棕木坚持长跑，每晚做力量练习，为的就是能尽快适应高原环境、部队生活。罗棕木分配到新疆某边防团。他说，对于用所学专业服务部队，自己信心十足。

信心源于日常的积累。罗棕木给记者展示了一组他们总结出的试验数据：子弹冲击速度数值精密列阵，仿佛一个个等待召唤的士兵。罗棕木研究的专业方向是建筑与土木工程专业，平时做得较多的是某冲击荷载试验。“冲击荷载试验最重要的部分就是轨道校准和测试调试，这尤其锻炼我们精益求精的较真精神，任何一个环节出问题都会导致结果不理想。”

主动拥抱寂寞、不惧拥抱失败，背后是对事业的追求、对理想的坚守。如果说，拥抱的前奏是蛰伏，那么熬过千般孤苦，跨过万般艰难，他们终将走向星辰大海，点亮未来希冀。

拥抱祖国——艰难方显勇毅，磨砺始得玉成

江苏镇江，湖北江陵，新疆某地。如果在中国版图画上一条线，这是祖国从东南到西北的距离，而对于毕业学员陈顺来说，这是父母、爱人与他所分配单位的距离。

这个距离，加上中途转机，陈顺飞了7个多小时，这是他坐过最久的一次飞机，也是跨越距离最远的一次旅途。他说：“从天上看，由东向西，视野里的绿色越来越少，山地越来越多，到最后全变成土灰的戈壁，我知道，这是我将要坚守的边防。”

坐着军车，看着窗外，陈顺感觉印象最深的是和老家一样土灰色的房子，似乎有种特别的亲切感。陈顺出生在湖北一个贫困县，父母都以务农为生。随着国家精准扶贫政策的红利释放，陈顺的家乡也逐步摘掉了贫困县的帽子，乡亲们的生活一天天富裕起来。在陈顺的记忆里，每次父母埋头种地收工前，总不会忘记抬头看一看天。

“父母抬头看天，是盼望着我们的日子一天天过好；而对于我们军人来说，抬头仰望，仰望的是如山的使命和重托。”陈顺说，“从穿上这身军装起，我已做好将自己的未来交给国家的准备，做好随时接受祖国选择的准备。”

毕业前夕，陈顺特意到校园里的思源亭下拍照留念。他特别喜欢思源亭的那副对联：饮水思源恩师训，精忠报国父母心。

拥抱边防，拥抱祖国，韩林以“奔跑”的姿势开始起步。刚开始上研究生时，韩林加入了大队的跑步小组，和战友们一起奔跑在校园里、中山陵、玄武湖。他印象最深的是夕阳下和战友们一起跑“半马”的情景，“我觉得那是我内心世界的一个写照。”韩林说，“晚霞虽美，但稍纵即逝。不论是在晚霞的美景中，还是在降临的黑夜里，我们都在全力奔跑。如同求学路上的这些年，顺利也好，坎坷也罢，我一直在成长路上坚持不懈地奔跑。”

思尔为雏日，高飞背母时。当新年万家团圆时，总有那么一群人坚守万里山河，他们整装、启程、跋涉、落脚，把对母亲的爱藏于心底，用满腔赤诚去拥抱祖国母亲，用最朴实的行动去坚守初心，因为他们知道：艰难方显勇毅，磨砺始得玉成。

◆ 资料来源：朱桁冈．毕业前那温暖的拥抱．解放军报，2021-02-02（11），有改动 ◆

案例解读：

面对毕业分配这道人生重要“选择题”，广大毕业学员义无反顾作出抉择，志愿去边远艰苦地区逐梦奋斗、到一线作战部队建功立业、为新质战斗力建设贡献力量。他们身上，闪耀着敢于担当、乐于奉献的新时代革命军人的光芒。

从案例可以看出，在培育和践行社会主义核心价值观的过程中，要真正下好落细、落小、落实的功夫，将小我融入大我，到边疆去、到海岛去、到祖国最需要的地方去，磨炼意志、增长才干，建功立业、报效祖国，以自己的切实行动不断汇入建设祖国、服务人民的时代洪流中去。

在此基础上，广大青年学员应自觉践行社会主义核心价值观，在勤学、修德、明辨、笃实上下功夫，使社会主义核心价值观成为一言一行的基本遵循，勤学以增智、修德以立身、明辨以正心、笃实以为功，扎扎实实干事、踏踏实实做人。

难点解惑

1. 如何理解社会主义核心价值观的历史底蕴？

任何一种价值观都不可能凭空产生，总是有其特定的历史底色和精神脉络。抛弃传统、丢掉根本，就等于割断了自己的精神命脉。社会主义核心价值观不是无源之水、无本之木。它深深地根植于中华优秀传统文化，是社会主义核心价值观历史底蕴的集中体现。

中华优秀传统文化是涵养社会主义核心价值观的重要源泉，是中华民族的精神命脉。在世界几大古文明中，中华文明之所以能够没有中断并延续发展至今，一个重要原因就是中华民族有一脉相承的精神追求、精神特质、精神脉络。两千多年前，中国就出现过诸子百家的盛况，老子、孔子、墨子等思想家广泛探讨人与人、人与社会、人与自然的关系，提出了包括孝悌忠信、礼义廉耻、仁者爱人、与人为善、天人合一、道法自然、自强不息等很多理念，至今仍然深深影响着中国人。中华优秀传统文化强调“民为邦本”“天人合一”“和而不同”；强调“天行健，君子以自强不息”“大道之行也，天下为公”；强调“天下兴亡，匹夫有责”，主张以德治国、以文化人；强调“义然后取”“君子坦荡荡”“君子义以为质”；强调“人而无信，不知其可也”；强调“德不孤，必有邻”“己所不欲，勿施于人”“出入相友，守望相助”“老吾老以及人之老，幼吾幼以及人之幼”“扶贫济困”“不患寡而患不均”；等等。像这样的思想和理念，不论过去还是现在，都有其鲜明的民族特色，都有其永不褪色的时代价值。要“深入挖掘和阐发中华优秀传统文化讲仁爱、重民本、守诚信、崇正义、尚和合、求大同的时代价值，使中华优秀传统文化成为涵养社会主义核心价值观的重要源泉”①。

培育和践行社会主义核心价值观，必须从中华优秀传统文化中汲取丰富营养，深入中华民族历久弥新的精神世界，把长期以来我们民族形成的积极向上、向善的思想文化充分继承和弘扬起来，坚持历史唯物主义立场，坚持古为今用、推陈出新，有鉴别地加以对待，有扬弃地予以继承；推动中华优秀传统文化创造性转化和创新性发展，激活其生命力，增强其影响力和感召力。

2. 如何理解社会主义核心价值观的现实基础？

“一个民族、一个国家的核心价值观必须同这个民族、这个国家的历史文化相契合，同这个民族、这个国家的人民正在进行的奋斗相结合，同这个民

---

① 习近平．习近平谈治国理政：第 1 卷［M］．北京：外文出版社，2018：164.

族、这个国家需要解决的时代问题相适应。”① 我们所积极弘扬和践行的社会主义核心价值观，不仅与中华民族悠久灿烂的历史文化相契合，具有深厚的历史文化底蕴，而且同我们正在进行的奋斗相契合，同我们所要解决的时代问题相适应，具有坚实的现实基础。

中国特色社会主义建设是社会主义核心价值观的实践根据。建设富强民主文明和谐美丽的社会主义现代化强国，实现中华民族伟大复兴，是鸦片战争以来中国人民最伟大的梦想，承载着几代中国共产党人的理想和探索，寄托着无数仁人志士的意愿和期盼，凝聚着千千万万革命先烈的奋斗和牺牲，是近代以来中国社会发展的必然选择，是历史和人民的选择，凝聚着全国各族人民的奋斗和实践。社会主义核心价值观生成于中国特色社会主义建设实践，同当今中国最鲜明的时代主题相适应，是当代中国精神的集中体现，是中国特色社会主义本质规定的价值表达。它从价值观的层面，清晰地展现了我们所推进的中国特色社会主义建设的基本特征和根本追求，引领着中国特色社会主义建设铿锵前行。

中国特色社会主义建设也以无可辩驳的事实生动展示着社会主义核心价值观的生机活力。改革开放以来，我们坚持走中国特色社会主义道路，在复杂的国际国内形势下，抓住和用好了我国发展的战略机遇期，我国的综合国力、人民的生活水平、国际竞争力和国际影响力都迈上了新台阶，彰显了中国特色社会主义的巨大优越性和强大生命力。许多国家沿袭反映资本主义核心价值观的西方模式，“被动学习”“邯郸学步”，非但没有呈现所谓的“民主盛景”“发展盛景”“繁荣盛景”，反而党争纷起、社会动荡、民不聊生，至今都难以稳定。社会主义核心价值观之所以彰显出强大的生命力、吸引力和感召力，正因其深深地扎根于中国特色社会主义建设的生动实践之中。

3. 如何理解社会主义核心价值观的道义力量？

真理的力量加上道义的力量，才能行之久远。社会主义核心价值观以其先进性、人民性和真实性而居于人类社会的价值制高点，具有强大的道义力量。

其一，社会主义核心价值观的先进性体现在它是社会主义制度所坚持和追求的核心价值理念。社会主义制度建立在生产资料公有制的基础之上，消灭了剥削制度，劳动人民成为国家的真正主人，是人类社会迄今为止最先进的社会制度。社会主义核心价值观反映着我国社会主义基本制度的本质要求，渗透于经济、政治、文化、社会、生态建设的各个方面，是我国社会主义制度的内在精神之魂。作为人类社会最为先进社会制度的本质规定在价值层面的集中反

① 习近平．习近平谈治国理政：第1卷［M］．北京：外文出版社，2018：171.

映，社会主义核心价值观代表着当今时代人类社会的价值制高点。

其二，社会主义核心价值观的人民性体现在它所代表的最广大人民的根本利益，反映的是最广大人民的价值诉求，引导着最广大人民为实现美好社会理想而奋斗。马克思主义最根本的政治立场，就是始终站在广大劳动人民的立场上，以广大劳动人民的解放为旨归，竭尽全力为人民求福利、谋利益。与此相应，人民性也是以马克思主义为理论基础、以社会主义运动为实践根据的社会主义核心价值观的根本特性。中国共产党反复强调，人民是历史的创造者，要践行全心全意为人民服务的根本宗旨，坚持以人民为中心、坚持人民当家作主，把人民对美好生活的向往作为奋斗目标。鲜明的人民性，使得社会主义核心价值观具有强大的道义感召力。

其三，社会主义核心价值观的道义力量还源于它的真实性。在人类社会发展进程中，许多统治阶级都曾提出了不少看上去非常美好的价值理念，其中有些在历史上也发挥了很大的积极作用，但由于其阶级性和历史局限性，这些美好的价值理念并未能彻底地、真正地实现。民主、自由、博爱等便是资产阶级时刻挂在嘴边的价值主张。但正如列宁所指出的那样："资产阶级民主同中世纪制度比较起来，在历史上是一大进步，但它始终是而且在资本主义制度下不能不是狭隘的、残缺不全的、虚伪的、骗人的民主，对富人是天堂，对被剥削者、对穷人是陷阱和骗局。"① 人民当家作主的社会主义制度，则为社会主义核心价值观的真正实现奠定了根本的制度前提和制度保障，使得自由、民主、公正等价值观"不是装饰品，不是用来做摆设的，而是要用来解决人民要解决的问题的"②，成为真切、具体、广泛的现实。

拓展阅读

材料一　彰显生命力　坚定社会主义核心价值观自信

2016年5月17日，习近平总书记在哲学社会科学工作座谈会上强调："我们说要坚定中国特色社会主义道路自信、理论自信、制度自信，说到底是要坚定文化自信。文化自信是更基本、更深沉、更持久的力量。"这一重要论述，揭示了文化自信与道路自信、理论自信、制度自信之间的逻辑关系，强调了文化自信的特殊地位和重要价值，为我们坚定文化自信和价值观自信，培育和践行社会主义核心价值观提供了纲领性指导。

---

① 中共中央马克思恩格斯列宁斯大林著作编译局．列宁专题文集：论资本主义［M］．北京：人民出版社，2009：238.

② 习近平．在庆祝中国人民政治协商会议成立65周年大会上的讲话［N］．人民日报，2014-9-22（2）.

核心价值观自信是文化自信的根本要求和集中体现，是核心价值观功能作用得以发挥的前提条件。习近平总书记指出：“核心价值观是文化软实力的灵魂、文化软实力建设的重点。这是决定文化性质和方向的最深层次要素。一个国家的文化软实力，从根本上说，取决于其核心价值观的生命力、凝聚力、感召力。”因此，坚持文化自信，从根本意义上说，就是要坚持价值观自信。

对于当今中国公民来说，价值观自信即社会主义核心价值观自信。社会主义核心价值观，是社会主义社会倡导的价值观念的集中体现，是社会主义核心价值体系的高度凝练，承载着中华民族深层次的精神追求，体现着社会主义社会评判是非曲直的价值标准。充分发挥社会主义核心价值观的应有功能和独特作用，价值观自信是前提和关键。人们只有对自己的价值观充满自信，在情感上认同、在心理上敬畏，才能在实践中更加笃定地践行。

社会主义核心价值观自信，源自其实践性和科学性

从根本上说，一种价值观能否被价值主体坚信，取决于价值观自身的品格和特性。社会主义核心价值观自信，来源于社会主义核心价值观正确反映了中国特色社会主义建设成功实践的优秀品格。党的十八大提出的社会主义核心价值观，是党中央在广泛调研的基础上，坚持社会主义核心价值观必须反映中国特色社会主义伟大实践创造、必须依据改革开放以来广大人民群众的切身实践体验这一基本原则，吸纳社会各方的意见和建议，融会哲学社会科学诸多学科的理论智慧提炼而成。依据一直以来我国社会主义现代化国家建设的目标追求和在实践中积累的基本经验，我们把中国特色社会主义国家的基本价值理念凝练为“富强、民主、文明、和谐”；依据改革开放以来特别是党的十六届六中全会以来，党领导全国人民建设社会主义和谐社会的伟大实践和基本遵循，我们把中国特色社会主义社会的基本价值理念凝练为“自由、平等、公正、法治”；依据党不断加强社会主义道德建设的历史经验，尤其是2001年中央印发《公民道德建设实施纲要》以来我国公民道德建设领域取得的突破性进展，我们把社会主义公民的基本价值理念凝练为“爱国、敬业、诚信、友善”。

作为社会主义意识形态本质体现的社会主义核心价值观，是从价值的维度对中国特色社会主义本质属性的把握，是用基本价值理念的形态对中国特色社会主义建设实践的反映，其科学性及其被认同的程度只有在它所反映的实践中才能得到印证。改革开放30多年来，我们坚持走中国特色社会主义道路，在复杂的国际国内形势下，抓住和用好了我国发展的战略机遇期，我国的综合国力、人民的生活水平、国际竞争力和国际影响力都迈上了新台阶，彰显了中国特色社会主义的巨大优越性和强大生命力。中国特色社会主义建设，离不开社会主义核心价值观的支撑和引领，同时中国特色社会主义建设的成功经验，也是对社会主义核心价值观正确性、可信性的检验，为当今中国核心价值观自信提供了坚实的实践基础和科学依据。

社会主义核心价值观自信，源自其民族性和时代性

中华民族在几千年的历史发展中积淀了博大精深的文化传统，形成了富有特色的思想体系，体现了中国人的知识智慧和理性思辨。这是我们国家和民族的精神血脉和独特优势，是社会主义先进文化的本源，也是培植中国特色社会主义的沃土，它同社会主义核心价值观一脉相承，是社会主义核心价值观的固有之本，具有涵养社会主义核心价值观的特殊功能和重要作用。习近平总书记指出："要加强对中华优秀传统文化的挖掘和阐发，使中华民族最基本的文化基因与当代文化相适应、与现代社会相协调，把跨越时空、超越国界、富有永恒魅力、具有当代价值的文化精神弘扬起来。要推动中华文明创造性转化、创新性发展，激活其生命力，让中华文明同各国人民创造的多彩文明一道，为人类提供正确精神指引。"这为我们继承和弘扬中华优秀传统文化，积极培育和践行社会主义核心价值观，提供了思想引导和基本遵循。

在加强中华优秀传统文化教育的实践中，我们既要反对文化复古主义，反对历史虚无主义，反对资产阶级、封建主义的腐朽文化；又要坚持继承和弘扬中华优秀传统文化与学习国外优秀文化成果相结合，与坚持中国共产党人在革命、建设和改革时期进行文化建设的基本经验相结合，在建设中国特色社会主义的伟大实践中，赋予带有中华民族精神印记的基本价值理念以鲜活的时代内容。这样，21 世纪的社会主义核心价值观，就会融会于人类价值文明之中，既反映中国特色社会主义的根本价值诉求，又体现人类共同的美好向往。

社会主义核心价值观自信，源自其人民性和创新性

社会主义核心价值观，属于哲学社会科学范畴，是运用马克思主义基本观点和立场研究价值问题的学问，是 21 世纪中国马克思主义的重要内容。习近平总书记强调："坚持以马克思主义为指导，是当代中国哲学社会科学区别于其他哲学社会科学的根本标志，必须旗帜鲜明加以坚持。"以马克思主义为指导的社会主义核心价值观具有人民性，它把人的自由全面发展作为最高价值诉求，其出发点和落脚点是实现好、维护好、发展好最广大人民的根本利益。社会主义核心价值观直接服务于富强、民主、文明、和谐的社会主义现代化国家建设，其最终的价值目标是实现共产主义，这是社会主义核心价值观区别于资本主义核心价值观的根本所在，也是社会主义核心价值观优越于其他"主义"核心价值观的集中体现。同时，马克思主义强调"问题是时代口号"。因此，创新性也是社会主义核心价值观的鲜明品格，它坚持问题导向，回应时代呼唤，为我国发展和我们党执政面临的重大理论和实践问题贡献了正确思路和有效办法，提供价值力量的支撑。

新形势下，坚定社会主义核心价值观自信，要揭示社会主义核心价值观所反映的中国特色社会主义的特殊价值诉求，从根本上把社会主义核心价值观同资本主义核心价值观区别开来，使人们在心灵深处认知认同社会主义核心价值观的中国特色、中国气派和中国风格，认知认同社会主义核心价值观的先进性、科学性和崇高性。

◆ 资料来源：吴潜涛．彰显生命力　坚定社会主义价值观自信．光明日报，2016-11-17（16），有改动 ◆

材料二　掀开西方“普世价值”的面纱　认清西方价值渗透的实质

意识形态工作是一项极端重要的工作，意识形态安全关系党的长期执政，关乎国家主权、政权安全，关乎人民福祉，必须高度重视。少数西方发达资本主义国家、西方敌对势力对外采取不同的方式、载体，特别是借用网络媒体传播、渗透所谓“普世价值”。“这些人真的是要说什么‘普世价值’吗？根本不是，他们是挂羊头卖狗肉，目的就是要同我们争夺阵地、争夺人心、争夺群众，最终推翻中国共产党领导和中国特色社会主义制度。”（习近平：《习近平关于社会主义文化建设论述摘编》，中央文献出版社，2017，第27页）我们应以马克思主义的立场、观点、方法来分析、阐明、揭示、批判西方“普世价值”渗透的实质，这对于我们有效推进意识形态斗争，切实维护意识形态安全有着重要意义。

一

“凡是要推翻一个政权，总要先造成舆论，总要先做意识形态方面的工作。”（中共中央文献研究室编《毛泽东年谱（一九四九——一九七六）》第5卷，中央文献出版社，2013，第153页）西方进行“普世价值”的渗透试图瓦解别国的文化根基和价值观基础，为进一步颠覆别国政权做思想价值观方面的准备。

“普世价值”蕴含西方资产阶级的价值观念，承载资产阶级的利益取向。从资本主义的发展历史来看，新兴资产阶级曾在反对封建地主阶级利益，反对封建主义的价值观方面起过积极的作用。而资产阶级掌握政权后，资本主义的思想、价值观念只为资产阶级的特殊利益做论证，为资产阶级的私利服务。从一定意义上说，资本主义的价值观是基于人的自私本性建立起来的。西方所谓“民主”“自由”，其实践表明是虚伪的：资本主义社会的政治民主从来就没有脱离资产阶级，而广大的工人阶级总是徘徊在政治民主之外。从资本主义的金钱选举可以看出，民主是资产阶级内部的民主，是“钱主”。资本主义的自由也只是资产阶级的自由。

在国际上，为了使“普世价值”获得别国的信服，西方常常依托强大的经济实力、科技实力和生态实力等来进行“论证”。西方对外宣传他们的经济、科技、文化、生态等方面的成就是缘于资本主义的价值思想和精神，而对其自身罪恶的发家史、致富史则避而不谈。西方借用网络资源和技术优势，在网上“包装”西方的经济繁荣、科技进步、资产阶级“博爱”，以及传播西方的信息资讯，加深“普世价值”的影响力，营造氛围和环境，使别国民众不知不觉受此熏陶、感染。一些国家的执政者和民众便看低自己，抬高西方，迷信西方。苏联的悲剧，就是如此。针对中国，西方则宣称中国特色社会主义核心价值观就是西方的“普世价值”。西方试图通过模糊二者的实质精神，制造思想价值观的混乱，解构中国的精神支柱和核心价值追求。我们应对此给予警醒和警惕。

二

“普世价值”蕴含西方资产阶级的基本理论。资本主义的理论家如亚当·斯密、大卫·李嘉图、凯恩斯、佛利民、哈耶克等，其理论的基本精神内容包括资产阶级的私有价值取向和精神意识等。从某种意义上讲，资产阶级为了掩盖私有财产原始积累的罪恶，永久性地、合法性地拥有私有财产，便对私有财产通过国家立法，强调私有财产神圣不可侵犯。出于对人性“本恶”的偏见，西方资本主义社会的逻辑是：如要普通的人行善，必须用冰冷的“法制”来规范、要求。西方文化理论强调自由是人的天性，不应受到约束和制约。实际上，人们生活的自由首先受物质生产条件、物质生活水平的制约，否则自由就是抽象的，不现实的。

西方通过“普世价值”的渗透图谋销蚀别国的“理论基础”。一方面，西方吹嘘其在保护人的私有财产、思想言论、宗教信仰等方面是何等的有为；西方的法制是何等健全；社会是何等公平，等等，以此说服、感染别国，从而使其构成对别国的吸引力，赢得别国的好印象。另一方面，西方又对别国的指导思想、理论给予诋毁、污蔑，指责他国在思想政治、言论舆论、宗教信仰、游行示威等方面不自由，批判他国在保护所谓人权方面的失策和不力。就中国而言，西方对今天中国在经济、政治、文化、社会、生态等方面所取得的巨大成就视而不见，不以为然，反而大力指责中国的一大堆不是。可见其指责、批评是另有他意，别有用心的。西方通过“普世价值”的渗透，试图改变中国马克思主义的指导思想地位，促使我国指导思想变色、变质。

三

科学、合理、先进的国家制度及其功能的发挥，对确保国家价值追求、理想目标的实现具有至关重要的作用。制度是否适合，“第一是看国家的政局是否稳定；第二是看能否增进人民的团结，改善人民的生活；第三是看生产力能否得到持续发展。”（邓小平：《邓小平文选》第3卷，人民出版社，1993，第213页）“普世价值”涵盖西方三权分立、多党制、议会制等政治制度。基于“启蒙价值”的现代西方资本主义价值、制度本身不具有普世性，但一些西方国家基于私利，硬把这种代表现代西方社会的价值、制度说成“普世价值”。

当今世界经济全球化不断推进，世界政局格局深刻变化，带有全球性、普遍性的难题更加凸显，如治理赤字、信任赤字、和平赤字、发展赤字，全世界急需寻找共同的价值遵从，达成价值共识。以虚假的“人权”“博爱”“民主”“自由”为由头，西方利用资本输出、文化输出等途径或方式推行“普世价值”，以此否定一些国家的政治制度，消解一些国家民众的价值追求。西方借助网络平台、媒体大肆宣扬资本主义的政治制度，以贬低他国的政治制度和模式，试图使别国民众逐渐丧失对自身国家政治制度的认同。

面对中国的快速发展，西方极力散布“中国威胁论”“中国崩溃论”“中国搭便车论”“中国掠夺论”等，以此引起世人的关注或不满，为颠覆中国社会主义制度营造声势或影响力。西方图谋用西方多党制、三权分立取代中国共产党领导的多党合作和政治协商制、人民代表大会制；用资本主义私有制取代中国以公有制为主体的基本经济制度，进而瓦解中国特色社会主义制度。而一些“网络大V”“公知”取媚西方，传播西方“宪政”“新自由主义”，也给我国人民群众正确认知、坚持中国特色的社会主义制度带来负面影响。

四

从理论上看，当今世界存在两大“道路”，即资本主义道路和社会主义道路。“普世价值”的渗透涉及社会发展“道路”的斗争。两大政治发展“道路”，谁是执政阶级，代表谁的利益，一目了然。在西方“道路”陷入困境而社会主义道路蓬勃发展的境况下，一方面，西方想方设法对内增加工人阶级的福利，缓和因工人阶级抗争而带来的社会动荡和矛盾。另一方面，西方对外输出西方资产阶级的价值观念、意识形态，宣扬西方资本主义道路是“科学的”“先进的”，而贬低、唱衰社会主义道路，以转移自身内部矛盾和人们的关注焦点，以此试图在“道路”“主义”竞争方面获得更大更多的意识形态方面的话语权和影响力。

从“普世价值”的实践看，西方走双重标准掩盖下的霸权路径：一方面，西方处处兜售“博爱”“人权”“自由”“民主”等资产阶级的政治理念和发展道路，对别国施加影响，并屡屡得逞。像“阿拉伯之春”的出现、“拉美陷阱”的发生，其背后总有“普世价值”渗透的深刻影响。另一方面，西方在向外推行“普世价值”的过程中，为了迫使他国改变自身政治发展道路，不惜通过武装、战争的方式干涉他国内政，以达到自己的政治目的，像伊拉克战争，利比亚战争等便是例证。对中国而言，西方一直没有忘记、停止对中国特色社会主义道路的“演变”活动。西方通过渗透“普世价值”，发展、煽动、资助“藏独”“台独”“东突”等势力，策谋分裂中国，使中国政治道路“改向”。对此，我们不能掉以轻心。

面对新时代意识形态领域复杂矛盾和严峻斗争的现实，我们必须坚持以习近平新时代中国特色社会主义思想为指引，从讲政治的高度、防风险的高度、巩固执政地位的高度来认识、化解意识形态领域的风险。从理论上研究西方“普世价值”渗透的新特点、新变化、新表现、新趋势，探索有效应对的方法和机制，打赢这场持久的没有硝烟的战争。

◆ 资料来源：宋小红．认清西方“普世价值”渗透的实质．红旗文稿，2019（9），有改动 ◆

知识测试

第六专题

德行天下：明大德守公德严私德

视频点睛

穿越时空　战士潘瑜安致敬为人民服务的典范张思德
（军事报道，中国军视网）

邓清明：不忘初心 20 年飞天逐梦
（新闻直播间，央视网）

教学靶向

帮助青年学员充分认识道德的含义、作用，认真领会、继承、弘扬中华民族优良道德传统和中国革命道德，正确理解社会主义道德建设的核心和原则，在新时代积极投身崇德向善的道德实践，引领道德风尚。

核心问题

1. 社会主义道德是人类道德发展史上一种崭新的道德，为什么社会主义道德要以为人民服务为核心、以集体主义为原则？

2. 中华传统美德是社会主义道德建设的源头活水，中国革命道德是社会主义道德的红色基因，新时代军校学员应如何传承中华传统美德和弘扬中国革命道德？

3. 社会公德、职业道德、家庭美德、个人品德是新时代公民道德建设的着力点，如何理解社会公德、军人职业道德、家庭美德、个人品德的基本要求？

案例一

习近平总书记谈“家风”

2022 年 6 月 8 日，习近平总书记在四川眉山三苏祠考察调研时指出，家风家教是一个家庭最宝贵的财富，是留给子孙后代最好的遗产。

位于四川省眉山市中心城区的三苏祠，是北宋著名文学家苏洵、苏轼、苏辙父子三人的故居。父亲苏洵悉心教导两个儿子读书做人，做文章要“有意而言”“有为而作”，为人处世方面“事父母极于孝，与兄弟笃于爱，与朋友笃于信……薄于为己而厚于为人”。习近平总书记在四川考察时曾来到三苏祠，了解三苏生平、主要文学成就和家训家风，强调指出，“党员、干部特别是领导干部要清白做人、勤俭齐家、干净做事、廉洁从政，管好自己和家人，涵养新时代共产党人的良好家风”。

家庭是人生的第一所学校

家庭是孩子的第一个课堂，父母是孩子的第一个老师。家长要时时处处给孩子做榜样，用正确行动、正确思想、正确方法教育引导孩子。要善于从点滴小事中教会孩子欣赏真善美、远离假丑恶。要注意观察孩子的思想动态和行为变化，随时做好教育引导工作。

——2014 年 5 月 30 日，习近平在北京市海淀区民族小学主持召开座谈会时的讲话

家庭是社会的基本细胞，是人生的第一所学校。不论时代发生多大变化，不论生活格局发生多大变化，我们都要重视家庭建设，注重家庭、注重家教、注重家风，紧密结合培育和弘扬社会主义核心价值观，发扬光大中华民族传统家庭美德，促进家庭和睦，促进亲人相亲相爱，促进下一代健康成长，促进老年人老有所养，使千千万万个家庭成为国家发展、民族进步、社会和谐的重要基点。

——2015 年 2 月 17 日，习近平在 2015 年春节团拜会上的讲话

家庭是人生的第一个课堂，父母是孩子的第一任老师。孩子们从牙牙学语起就开始接受家教，有什么样的家教，就有什么样的人。家庭教育涉及很多方面，但最重要的是品德教育，是如何做人的教育。也就是古人说的“爱子，教之以义方”，“爱之不以道，适所以害之也”。

——2016 年 12 月 12 日，习近平在会见第一届全国文明家庭代表时的讲话

推动全社会注重家庭家教家风建设

家风是社会风气的重要组成部分。家庭不只是人们身体的住处，更是人们

心灵的归宿。家风好，就能家道兴盛、和顺美满；家风差，难免殃及子孙、贻害社会，正所谓“积善之家，必有余庆；积不善之家，必有余殃”。

——2016 年 12 月 12 日，习近平在会见第一届全国文明家庭代表时的讲话

家庭是社会的细胞。家庭和睦则社会安定，家庭幸福则社会祥和，家庭文明则社会文明。历史和现实告诉我们，家庭的前途命运同国家和民族的前途命运紧密相连。我们要认识到，千家万户都好，国家才能好，民族才能好。国家富强，民族复兴，人民幸福，不是抽象的，最终要体现在千千万万个家庭都幸福美满上，体现在亿万人民生活不断改善上。

——2016 年 12 月 12 日，习近平在会见第一届全国文明家庭代表时的讲话

家风家教是一个家庭最宝贵的财富，是留给子孙后代最好的遗产。要推动全社会注重家庭家教家风建设，激励子孙后代增强家国情怀，努力成长为对国家、对社会有用之才。

——2022 年 6 月 8 日，习近平在四川考察时的讲话

涵养新时代共产党人的良好家风

这里，我还要强调一下家风问题。从近年来查处的腐败案件看，家风败坏往往是领导干部走向严重违纪违法的重要原因。不少领导干部不仅在前台大搞权钱交易，还纵容家属在幕后收钱敛财，子女等也利用父母影响经商谋利、大发不义之财。有的将自己从政多年积累的“人脉”和“面子”，用在为子女非法牟利上，其危害不可低估。古人说：“将教天下，必定其家，必正其身。”“莫用三爷，废职亡家。”“心术不可得罪于天地，言行要留好样与儿孙。”

——2016 年 1 月 12 日，习近平在第十八届中央纪律检查委员会第六次全体会议上的讲话

所有党员、干部都要戒贪止欲、克己奉公，切实把人民赋予的权力用来造福于人民。要把家风建设摆在重要位置，廉洁修身，廉洁齐家，防止“枕边风”成为贪腐的导火索，防止子女打着自己的旗号非法牟利，防止身边人把自己“拉下水”。

——2018 年 3 月 10 日，习近平在重庆代表团参加审议时的讲话

领导干部特别是高级干部一定要重视家教家风，以身作则管好配偶、子女，本分做人、干净做事。

——2022 年 1 月 18 日，习近平在第十九届中央纪律检查委员会第六次全体会议上的讲话

案例解读：

“家之兴替，在于礼义，不在于富贵贫贱。”自古以来，孝悌、勤俭、清廉的家庭风尚深深根植于中华民族的文化传统之中。唐代诗人罗隐有诗云：“国计已推肝胆许，家财不为子孙谋。”诸葛亮教诲儿子修身养性，“非淡泊无以明志，非宁静无以致远”。岳母姚氏在岳飞背上刺下“精忠报国”四个大字，鼓励儿子报效国家。林则徐更是直白地告诉后人：“子孙若如我，留钱做什么？贤而多财，则损其志；子孙不如我，留钱做什么？愚而多财，益增其过。”

习近平总书记强调：“不论时代发生多大变化，不论生活格局发生多大变化，我们都要重视家庭建设，注重家庭、注重家教、注重家风。”普通百姓家风好，能够使家庭和顺、家道兴盛；对党员干部尤其是领导干部来说，家风还连着党风政风，好家风能促进好政风、引领好社风。“不带私心搞革命，一心一意为人民”，这是谷文昌一生的信仰，习近平总书记称赞他“在老百姓心中树起了一座不朽的丰碑”。除了严于律己，谷文昌还教育子女勤奋刻苦、生活质朴、待人以诚。二女儿结婚，想让谷文昌批点木材做家具，他严词拒绝，“我管林业，如果我做一张桌子，下面就会做几十张、几百张，我犯小错误，下面就会犯大错误”。反观一些腐败案件中的落马官员，其身不正和家风不良，是最终导致他们身败名裂、家庭分崩离析的重要原因。

党的二十大报告明确提出，实施公民道德建设工程，弘扬中华传统美德，加强家庭家教家风建设。贯彻落实这一重要部署，党员干部在家风建设上要走在前列，持续涵养共产党人的良好家风。要自觉传承中华民族优秀家风，学习古人修身齐家的人生智慧，以中华民族传统美德营造向上向善好家风，让中华优秀传统文化成为培育家风的“基石”；要继承老一辈无产阶级革命家红色家风这一“传家宝”，把红色基因融入家风建设，在深化党史学习教育中厚植家国情怀、涵养良好家风；要在日常生活中以身作则，用清正廉洁的作风潜移默化地影响家人，引导家庭成员清白做人、干净做事。①

“积善之家，必有余庆；积不善之家，必有余殃。”诸葛亮诫子格言、颜氏家训、朱子家训等，都是倡导优良家风的典范。新时代青年学员要自觉继承和弘扬优良家风，以优良家风促家庭和睦，以和睦家庭促社会安定，以安定社会促民族复兴。

① 王东．持续涵养共产党人良好家风［N］．解放军报，2022-11-28（7）．

案例二

张思德：为人民服务的平凡英雄

张思德，四川仪陇县人，1933 年加入中国工农红军第四方面军。1935 年，他随红四方面军长征，1937 年加入中国共产党。1944 年，张思德积极响应大生产运动号召，主动到安塞县办生产农场，担任副队长。9 月 5 日，他带领战士们在安塞县执行任务时，窑洞突然塌方而牺牲，年仅 29 岁。

枯“谷”喜逢甘霖

1915 年，张思德出生于四川省仪陇县六合场韩家湾内的一户穷苦人家。由于张思德的母亲产后虚弱没有奶水，张思德的父亲张行品只得向邻居要来谷米，捣碎熬成糊喂给张思德吃，因此还给他取了个乳名“谷娃子”。张思德还不足 7 个月，他的母亲便去世了。最终，张行品只得将幼小待哺的张思德送到叔叔家寄养。虽然叔叔家的日子过得也十分艰辛，但叔娘很善良，她含辛茹苦地养育着这个幼小的生命。

1933 年 8 月至 10 月，中国工农红军第四方面军在仪陇、南部间，营山、渠县间，宣汉、达县间发动 3 次战役，并开辟了一些新区。红军的到来，给仪陇的穷苦百姓带来了希望。乡政府、赤卫队、儿童团一个个组织在红军的帮助下建立起来。在革命的洪流中，张思德加入了儿童团，他手执一杆梭镖在村头路口站岗放哨，查奸防特。

11 月，四川军阀刘湘纠集 20 万人的兵力，对川陕根据地发动六路围攻。为痛击敌军，保卫红色政权，乡亲们纷纷参战支前，张思德也参加了红军。在金山场战斗中，他借浓雾的掩护，听到敌军的报数声，由此判断出敌人的兵力。这一重要情报，使我军一举歼灭敌人。在关口梁激战中，张思德和尖刀班一起，身背大刀，搭成人梯，攀上寨顶，炸开寨门，为部队打开了通路……

平凡中见伟大

1935 年，张思德随红四方面军长征。在长征途中，由于草地无边无际，干粮吃完后，大家不得不采野菜充饥。但吃野菜中毒的事情却时有发生。随即，党组织向共产党员发出了“尝百草”的号召。共产党员不顾个人安危，在草地里试吃杂草、野菜，有的人甚至献出了宝贵的生命。

在共产党员行动的感召下，张思德也积极地投入到“尝百草”的行列中。一天中午，部队行进到一片洼地休整，周围水草、野菜十分茂盛。在水塘边，张思德发现一种形似萝卜缨的阔叶野菜，急忙上前拽下一片放进嘴里咀嚼，一丝甜味在口中蔓延开。他拔了些留作样本，继续找其他野菜。突然，张思德胃里一阵绞痛，便昏倒在地。战士们发现后，急忙给他喂下解毒的草药。张思德醒来后，第一件事就是向组织报告了毒草的形状。

走过茫茫的草地，红四方面军在党中央的领导下，完成了长征。此时，张思德的身体已极度虚弱。1937 年初春，组织经过反复考虑、再三劝说，派他前往云阳荣军学校休整。在这里，张思德以疗养员的身份，主动担起了“护理员”的工作。同年，他光荣地加入了中国共产党。

1940 年春，张思德被分配到中央军委警卫营任通信班长，担负起重要的通信任务。当时，虽然通信条件极差，但他带领通信班的战士们，克服重重困难，仍能按时完成任务。随着抗战形势的发展，他们的通信任务越来越繁重，中央的指示、来往的信件也越来越多。通信班的战士们常常顾不上休息、吃饭，刚刚从一个目的地回来，带上些干粮便又出发了。

张思德视警卫营为家，稍有闲暇，就会帮炊事班劈柴、烧火，帮饲养班铡草、垫圈。战士们病了，他用津贴买鸡蛋，改善伙食。到了夏天，张思德怕战士们被蚊虫叮咬睡不好觉，就悄悄上山拢回蒿草捻成蒿绳驱蚊。

为人民利益而牺牲

1942 年，由于部队整编，部分干部需要下派。一天，教导员找到张思德说：“组织决定派你下去，做好准备。”他当即表示：“党叫我干啥就干啥。当班长，是革命需要；当战士，也是革命需要。”当晚，张思德回到班里召开了最后一次班务会后，便前往一连四班报到。不久，他被调至延安枣园，在毛泽东等中央领导同志工作的地方执行警卫任务。

1944 年初，张思德响应党中央大生产运动的号召，主动报名参加中央机关组织的生产小分队，到安塞县办生产农场，并被推选为农场副队长。刚一落脚，他们便开始了有条不紊的生产工作，同时还开展了打井、修路、挖窑、耕种等劳动竞赛。随着天气转凉，生产农场为了保证部队冬季取暖，决定抽调人员轮流进山烧炭，张思德主动接下了此项任务。9 月 5 日，他带着战士们照常进山赶挖新窑。在选定的地点，大家分成 3 个小组作业，其中张思德与战士小白一组。临近中午，一口新窑被他俩挖成。就在张思德用小镢头修整窑内时，窑顶掉下了一片土。“轰隆”一声，新窑发生崩塌。危急时刻，张思德一把将小白推到窑口，自己却被埋在坍塌的土里。战友们闻声赶来，只见小白大半个身子埋在里面，喘着粗气。大家一边拼命往外拽小白，一边用各种工具挖土。小白刚从土里脱身，就大声喊道：“快！快！里头还有张思德！”此时，在附近干活的老乡们也赶来帮忙，经过一番努力终于找到了张思德，只见他双眼紧闭，脸色乌紫，已经停止了呼吸。

一匹快马踏着泥泞的山路，向枣园飞奔而去，张思德牺牲的消息传遍了延安。9月8日，延安凤凰山脚的枣园一片肃穆，中共中央直属机关和中央警备团1000余人为张思德举行了追悼大会。毛泽东题写挽词："向为人民利益而牺牲的张思德同志致敬。"并在会上讲话，指出："张思德同志是为人民利益而死的，他的死是比泰山还要重的。"

◆ 资料来源：张文友，曹川河．为人民服务的平凡英雄张思德．中国档案报，2022-03-25（2），有改动 ◆

案例解读：

革命需要在枪林弹雨下抛头颅洒热血，也需要在平凡岗位上默默奉献。毛主席对张思德的牺牲做出了高度评价："张思德同志是为人民利益而死的，他的死是比泰山还要重的。""我们为人民而死，就是死得其所。"……1944年9月8日，毛泽东参加张思德追悼会，发表了题为《为人民服务》的著名演讲，号召全党向张思德同志学习。"为人民服务"也像一根红线贯穿于我们党的百年历史，激励着一代代中国共产党人前赴后继、英勇奋斗。

2017年8月13日，在以普通党员身份参加所在党支部的专题组织生活会时，习近平总书记号召全体党员以张思德、白求恩、焦裕禄、麦贤得为榜样，"这些人都是在普通的岗位上，但他们有一颗金子般发光的心，我希望同志们的参照系就是这些楷模"。他在陕西考察工作时曾指出："延安时期，毛泽东同志在追悼张思德同志时发表的《为人民服务》的演讲，深刻揭示了党群关系、干群关系、军民关系的真谛。"

张思德是为人民群众的事业而牺牲的，虽然他已经离开我们70多年了，但是他的精神一直鼓舞我们不断前进。弘扬张思德精神，就是要继承与发扬共产党员全心全意为人民服务的宗旨与准则。

弘扬张思德精神，需要我们不忘初心，不畏牺牲，将个人奋斗与人民群众的福祉紧密关联。张思德把自己的一生都献给了革命事业。1915年，他出生在四川省仪陇县一个穷苦农民家庭，1935年，他随红四方面军参加了长征。长征路上的艰难考验磨炼了他的意志，也让他更加坚信革命的光明未来。到达陕北后不久，张思德光荣地加入了中国共产党，从此他更加严格要求自己，处处起到模范带头作用。为响应中共中央大生产运动的号召，他主动报名参加中央机关组织的生产小分队，在带领突击队的战友们进山赶挖新窑时，突遭炭窑坍塌，千钧一发之际，他将战士小白推出窑口。虽然战友获救了，张思德却被埋在坍塌的土里，献出了年仅29岁的生命。正是因为有强烈的奉献精神与牺牲精神，张思德才能在危急时刻牺牲小我、成就大我，将自己的全部都献给了党和人民的事业。

弘扬张思德精神，需要我们坚定信念，不计得失，为人民群众站好每一班岗、守好每一份责。张思德跟随组织抵达陕北后，曾在中央军委警卫营担任通信班班长。1942年11月，由于部队整编合并，干部精减下派，一些连排干部要去当班长，多数班长、副班长要当战士。张思德服从组织安排，到中央警备团一连当了一名战士。从班长到战士，他没有丝毫怨言，从不计较职位高低，踏踏实实地做好每一项工作。他曾经说："当班长是革命的需要，当战士也是革命的需要。"张思德短暂的革命生涯，充分体现了忠诚于党和热爱人民的高度融合统一，他用实际行动彰显了人民利益至上的原则准则。

弘扬张思德精神，需要我们保持共产党员的纯洁性与先进性，发扬艰苦奋斗作风。张思德的一生，是奋斗的一生，也是不断克服困难的一生。不论是长征时的艰难险阻，还是在陕北生产建设时的辛苦磨炼，都考验着张思德的意志，但他从未退缩，在奋斗中燃烧全部的生命热量。1943年，党中央在修建八路军大礼堂时，警卫战士们都要去轮流参加义务劳动。在礼堂上大梁的时候，支架的一根木杆突然断裂，导致整个架子都猛烈晃动，张思德赶忙冲上去，用肩膀顶住大梁，从而避免了一场事故的发生。张思德不畏困难、艰苦奋斗的精神，在今天依然发挥着巨大的精神感召力，鼓舞人们奋不顾身地迎接一个又一个挑战。

张思德的精神，始终激励着一代又一代共产党人不忘初心、奋勇前进。其中，有不少年轻人不畏艰险、冲锋在前、舍生忘死，交出了人民至上的合格答卷。在4.2万余名驰援湖北的医护人员中，"90后"超过了1.2万人，甚至有不少"95后"与"00后"都加入了抗疫工作，彰显了蓬勃的青春力量，以北京大学援鄂医疗队为代表的广大青年用行动证明，新时代的中国青年是好样的，是能堪当大任的。中国石油大学（北京）克拉玛依校区首届118名毕业生留在了新疆基层，立志同各族群众一起奋斗，努力成为可堪大用、能担重任的西部建设者，在祖国最需要的地方谱写青春华章。

"人固有一死，或重于泰山，或轻于鸿毛。"为人民群众的事业奉献与牺牲，生命的价值也因此得到彰显。在实现第二个百年奋斗目标的新征程上，前方的道路决不会一帆风顺，实现中华民族伟大复兴的中国梦需要一代一代青年矢志奋斗，当代中国青年生逢其时、肩负重任。在新时代，让我们更好地继承发扬以为人民服务为核心的张思德精神，为不断满足人民对美好生活的向往而接续奋斗！①

榜样的力量是无穷的，道德的力量也是无穷的。青年学员应当继承和弘扬张思德及一切革命者崇高的道德品质，全心全意为人民，为保障最广大人民的利益而工作，不断引领社会风尚，提升道德境界。

---

① 青平．坚持人民至上　让张思德精神薪火相传［N］．中国青年报，2021-11-9（1）．

案例三

假如你可以“隐身”……

柏拉图在《理想国》中借助格劳孔之口讲了这样一个故事：有一个牧羊人，偶然得到了一枚可以隐身的戒指，于是这个牧羊人在“隐身”的遮蔽下，窃国篡位。在中国古代思想中，也有和“隐身”类似的探讨或者怪谈。在我国最早的笑话专书《笑林》中讲了一个有趣的故事：楚人贫居，读《淮南方》，得“螳螂伺蝉自障叶，可以隐形”，遂于树下仰取叶，螳螂执叶伺蝉，以摘之。叶落树下，树下先有落叶，不能复分别。扫取数斗归，一一以叶自障，问其妻曰：“汝见我不？”妻始时恒答言“见”，经日，乃厌倦不堪，绐云“不见”，嘿然大喜。赍叶入市，对面取人物，吏遂缚诣县。

隐身的隐喻很容易让人浮想联翩，这是一个极具诱惑力的假设。我们自诞生之日开始，就一直在进行着从自然人到社会人的转变。在这个过程中，始终有目光在注视着我们，每个人生活于社会，融入人群，就这样度过各自的一生，没有意外的话——比如突然的战乱、灾害或自愿选择带来的与世隔绝——这几乎是全人类共同的命运。有人群或者社会，就会形成人类的规范和准则，关于隐身，表面看来只是简单的神话或者传说，其实是单独的个人在内心深处的一个绮丽的幻梦、对规范和准则的挑战与独白，即如果我做坏事不被发现的话，如果所有的规范准则更确切地说是道德对我来讲都是例外的话，那我还需要做一个有道德的人吗？如果违背道德并不直接带来恶劣的冲突或后果的话，如果这种冲突或者后果不对我这一个人产生负面作用的话，那我还需要做一个道德的人吗？

◆ 资料来源：柳建营．“思想道德修养与法律基础”问题链教学详案．北京：中国人民大学出版社，2017：181-184，有改动．◆

案例解读：

现实生活中，虽然人们可能会有楚人那样滋长的贪念，但是当然不会有人像楚人那样愚笨。笑话之所以引人发笑，是因为它发掘了不可能的荒谬，让人感到现实和梦想之间的错位，这种落差让人会心一笑。所谓认知上觉察到的荒谬，是靠人类的理性判断，理性认为是错的，便不会去做错误的事。这是苏格拉底式的“知识即美德”和“美德即知识”一致的论述：一个在理性上建构起正确的道德观的人，便能行正义之事，人之所以不义，乃是由于没有健全道德知识的关系，知识与德性是合一的。同时，也有科学家相信人的道德判断是直觉式的、感性的快速判断，认为人类天生存在类似于道德感官（moral sense)，或者说，人类的道德思想不是临时理性计算的结果，而是在一定程度上由基因决定的。

以上两种关于道德由来的解释，是另一个层面的探讨，它们不一定构成正反相对的两端，也就是说，不能简单将道德归于理性或感官的、感情的和感性的。神话故事和寓言的隐喻是对当时人类社会生产和生活实践的最生动的描摹和记录，从神话和故事源头中去寻找和体会一个人隐身的原由和行为，可以充分体现出道德来自人内心深处对欲望的克制和对规则在公私两面的考量，以及道德本身与风俗习惯和文化的密切关系。

现实生活中，随时随地全然地隐身当然不可能，但是片刻地隐匿和不被觉察的瞬间却常常出现。

人固然在人群中生活，而人总有偶尔逃离人群和独处的罅隙，这个时候没有被旁人目光审视的个体就完成了新形式的“隐身”，个体仿佛真正消失了，成为一个不被注意和观察的全新主体。在这样的类似“隐身”的环境下，《中庸》有云：“莫见乎隐，莫显乎微。故君子慎其独也。”越是隐蔽的地方越是明显，越是细微的地方越是显著。所以，品德高尚的人在一人独处的时候也是谨慎的。意思是当独自一人而无别人监视时，人也要表里一致，严守本分，不做坏事，不自欺，即“慎独”。“慎独”意思虽简单，做起来却相当困难，我们很容易在公众面前行善或者遵规守矩，但是独处时守住这颗向善的心却需要很高的道德修养。在儒家的语境中，慎独是“君子”的行为，普通人需要去学习和模仿，最后内化于心。

当脱离了古典的“隐身”说，我们会发现，随着科技的发展，熟人社会逐步分崩离析成为陌生人社会的时候，“隐身”仿佛已经在一定意义上实现了。最简单的例子就是在开放的网络世界、在虚拟的空间中，人人都可以匿名存在，无人知晓你的具体社会身份、职业、真实的人际关系、性格和爱好，人人都可以随意披上隐身衣，在虚拟世界自由穿梭。

如果这样的隐身衣，人人都能即时披上的话，这个世界最后会是什么样子？你更喜欢这个人人都有隐身衣的世界吗？我们会看到有趣的答案，大家都希望拥有或者至少不反感拥有一件隐身衣，但是如果隐身衣普及的话，结果可能就不一样了。这是为什么呢？

“隐身”意味着规避了法则或道德，由于有了它的保护，就可以不用时时提防舆论、法律，反省良心，言行可以松弛，甚至肆无忌惮、为所欲为。当你不再是可以规避所有规则的那个特例，世界便开始杂乱无章，或者可能更加糟糕。人们会开始呼吁一种新的规范或准则的出现，道德仍然是人们无法逃离的东西。

今天，在虚拟的网络社会中，更加需要我们遵守伦理和法律的限度。互联网时代带来的对道德规范的冲击之大前所未有。网络将人类行为抽象化、模糊化和虚拟化，道德主体不再明确，人们仿佛隐匿了。当我们论证互联网经济的好处时，我们秉持的是一种功利主义的视角，然而还应当思考另一种价值取向，即我们想要什么样的交往形式，进而言之，我们需要一个什么样的网络生活，它不单单应给我们带来实际的能看见的好处，还应当具备内在的价值。

网络也是公共生活的一部分，是它的自然延伸，甚至反过来影响了公共生活的健康运行。网络让人们更容易连接在一起，如微博、微信等网络平台，像是一个又一个虚拟的、小小的兴趣共同体、社区和沙龙。它的门槛低，容量大，更新快。网络在给我们提供便利的同时，也在发生着马克思所指出的“异化”问题，我们的脸孔在现实中变得冰冷，在网络中极化，我们的感情在现实中变得吝啬，在网络中井喷，我们逐渐被网络“制造”成了不完整的人。

如何在互联网中实现真正的自由和美好？在网络虚拟世界中，应遵循现实生活中的道德标准，不因身份的匿名而改变基本的道德行为准则；应提升网络讨论的质量；诚信是降低网络交易成本的不二法门；理性、宽容、平和地对待社会热点问题；以公民和大学生自身人文素质和科学素养来抗拒网络“异化”，回归“人之常情”的现实生活。①

难点解惑

1. 为什么为人民服务是社会主义道德的核心？

为人民服务作为社会主义道德的核心，是社会主义道德区别和优越于其他社会形态道德的显著标志。为人民服务是中国共产党人把马克思主义基本原理与中国革命、建设、改革的具体实践相结合的伟大创造。为人民服务，不仅是坚持历史唯物主义的必然要求，是中国共产党践行的根本宗旨，也是社会主义道德观的集中体现，是全体中国人民共同遵循的道德要求。

其一，为人民服务是社会主义经济基础和人际关系的客观要求。在社会主义社会，每个劳动者和建设者都在为社会、为他人同时也是为自己而劳动和工作。各行各业的劳动者和建设者，只是社会分工不同，没有高低贵贱之分。权利和义务不再分属于两个对立的阶级，而是统一于人民自己身上，每个人都是服务对象，又都为他人服务，全体人民通过社会分工和相互服务来实现共同利益。在我国，以公有制为主体的基本经济制度和以按劳分配为主体的分配制

① 柳建营．“思想道德修养与法律基础”问题链教学详案［M］．北京：中国人民大学出版社，2017：181-184.

度，是为人民服务的根本制度保证，在此基础上逐步形成的团结互助、平等友爱、共同进步的人际关系，是为人民服务的基础。

其二，为人民服务是社会主义市场经济健康发展的要求。在社会主义市场经济条件下，市场主体必须通过向社会和他人提供一定数量和质量的产品，建立满足社会和他人需求的良好信誉。换句话说，社会主义市场经济，不仅不排斥为社会和他人服务，而且需要通过服务甚至是优质服务，才能实现市场主体的利益。社会主义市场经济本质上要求为人民服务，不仅在于人们在一切经济活动中，应正确处理个人与社会、竞争与协作、效率与公平、先富与共富、经济效益与社会效益等的关系，形成健康有序的经济和社会生活规范；更在于强调在社会主义物质文明和精神文明的引导下，每个市场主体都要有为人民服务的思想，自觉积极地为人民服务、为社会服务，更好地使市场主体把自身的特殊利益同国家和人民的共同利益结合起来。

其三，为人民服务是先进性要求和广泛性要求的统一。为人民服务，既伟大又平凡，既高尚又普通，它并非高不可攀、远不可及，而是可以通过不同层次、不同形式表现出来。“每个人的力量是有限的，但只要我们万众一心、众志成城，就没有克服不了的困难；每个人的工作时间是有限的，但全心全意为人民服务是无限的。”① 在今天，毫不利己、专门利人、无私奉献是为人民服务，顾全大局、先公后私、爱岗敬业、办事公道是为人民服务，同志间、师生间、同学间互相关心、互相爱护、互相帮助是为人民服务，热心公益、助人为乐、见义勇为、扶贫帮困、扶残助残也是为人民服务，遵纪守法、诚实劳动并获取正当的个人利益同样也是为人民服务。那种认为为人民服务只适于党员干部而不能推广到全体人民的看法是一种误解。一个有道德的人、一个具有为人民服务意识的人，必定会有为他人服务、为社会献身的精神，会时时处处想到别人，想到社会，想到国家，从而能够推己及人、与人为善，服务他人、奉献社会，使他人能够因自己的所作所为而得到益处，使社会可以因自己的努力而发生积极改变。只要一个人对社会、对他人尽了心、尽了力、尽了职，他的言行就具有道德价值。

2. 为什么集体主义是社会主义道德的原则？

在我国，国家利益、社会整体利益和个人利益根本上的一致性，使得集体主义应当而且能够在全社会范围内贯彻实施。长期以来，集体主义已经成为调节国家利益、社会整体利益和个人利益三者之间关系的基本原则。

其一，集体主义强调国家利益、社会整体利益和个人利益的辩证统一。在

① 习近平．习近平谈治国理政：第1卷［M］．北京：外文出版社，2018：5.

社会中，人既作为个体而存在，又作为集体中的一员而存在，集体和个人是不能分割的。“一方面，个人离不开集体，集体把每个劳动者的智慧和力量凝聚在一起，形成巨大的创造力。另一方面，集体是由若干个人组成的，不调动个人的积极性，也就不会有集体的创造力。集体与个人，即‘统’与‘分’，是相互作用、相互依赖、互为前提的辩证统一关系。只有使二者有机地结合起来，才能使生产力保持旺盛的发展势头，偏废任何一方，都会造成大损失。”① 在社会主义社会中，国家利益、社会整体利益体现着个人根本的、长远的利益，是所有社会成员共同利益的统一。同时，每个人的正当利益，又都是国家利益、社会整体利益不可分割的组成部分。国家社会的兴衰与个人利益得失息息相关。在现实生活中，国家利益、社会整体利益和个人利益是相辅相成的，不是靠抑制一方来发展另一方，而是要力求做到共同发展、相互增益、相得益彰。

其二，集体主义强调国家利益、社会整体利益高于个人利益。在实际生活中，个人利益和国家利益、社会整体利益难免会发生矛盾。这种矛盾，有的是可以缓和、化解的，有的则会发生或大或小的冲突。集体主义强调，在个人利益与国家利益、社会整体利益发生矛盾冲突时，尤其是发生激烈冲突的时候，必须坚持国家利益、社会整体利益高于个人利益的原则，即个人应当以大局为重，使个人利益服从国家利益、社会整体利益，在必要时做出牺牲。集体主义要求个人为国家、社会做出牺牲并不是任意的，只有在不牺牲个人利益就不能保全国家利益、社会整体利益的情况下，才要求个人为国家利益、社会整体利益做出牺牲。集体主义之所以强调个人利益要服从国家利益、社会整体利益，归根到底，既是为了维护国家、社会的共同利益，也是为了维护个人的根本利益和长远利益。

其三，集体主义重视和保障个人的正当利益。集体主义促进和保障个人正当利益的实现，使个人的才能、价值得到充分的发挥。这不但与集体主义不矛盾，而且正是集体主义思想的应有之义。只有在国家、社会中个人才能获得全面发展，才可能有个人自由。那种把集体主义看作是对个人的压制、是对个性的束缚的思想，是与集体主义的本意相违背的。事实上，正是集体主义为培养个人的健全人格、鲜明个性和创新精神提供了道义保障。对于集体主义来说，只有个人的价值、尊严得到实现，个人的正当利益得到保证，集体才能有更强大的生命力和凝聚力。集体主义重视个人利益的实现，这是毫无疑义的，但这并不等于说，任何个人不分场合不分时间的利益需求，都应该无条件得到满

① 习近平．摆脱贫困［M］. 福州：福建人民出版社，1992：195-196.

足。集体主义所重视和保障的是个人的正当利益，而不是任何性质的个人利益，对于损人利己、损公肥私的行为，集体主义不但不保护，反而强烈反对和禁止。

集体主义离我们并不遥远，就存在体现于具体的学习、工作、生活之中。青年学员应正确认识和处理国家、集体、个人的利益关系，自觉坚持个人利益服从集体利益、局部利益服从整体利益、当前利益服从长远利益，反对小团体主义、本位主义和极端个人主义。

拓展阅读

材料一　中国共产党人道德的革命性

马克思说，“革命是历史的火车头”，革命的本质在于打破生产力束缚，推动社会进步。从这个意义上讲，“革命”内涵丰富，只要是解放了生产力、推动了社会进步就是革命。它可以是一个阶级推翻另一个阶级的暴力革命，也可以是对体制机制的改革，还可以是其他促进社会进步、人类解放的重大举措。中国共产党领导中国人民在各个阶段进行的伟大斗争、形成的伟大精神，都体现出中国共产党人道德鲜明的革命性。

革命性是中国共产党人道德的重要特征

列宁指出：“一切革命的根本问题是国家政权问题。”无产阶级进行革命的目的就是要消灭资本主义及一切剥削制度，解放全人类，实现共产主义，这种革命最彻底。正因如此，共产党人才能将革命进行到底，革命性是共产党人道德的天然属性。

马克思主义传入中国，成为摧毁旧道德、建设新道德的有力思想武器。在中国共产党领导下，中国人民从此觉悟了，“要做人、不做牛马”成为工人运动的口号，封建伦理思想受到批斗和冲击，一种新型道德——中国革命道德逐渐形成。这是中国共产党人、人民军队、一切先进分子和人民群众在革命、建设和改革百年奋斗进程中形成的优良道德，其核心是为人民服务。这是区别革命道德和一切剥削阶级道德的根本分界线，因为“为什么人的问题，是个根本的问题、原则的问题”，以往旧道德都是为剥削阶级和统治者服务的。中国革命道德以共产主义理想和为人民服务引领社会发展，占领了道义制高点，是马克思主义伦理观与中国革命实践相结合的产物，是中国最先进的道德。

每当提起革命道德，人们往往只注意“革命”二字，却忽略了进行革命的根本动机，难以全面理解中国革命道德的丰富内涵和伟大意义。从革命的本质在于打破生产力束缚、推动社会进步这个意义上来说，中国共产党百年来一直领导中国人民进行持续不断的革命，只是不同阶段任务不同，锻造的道德品质也不同。新民主主义革命时期，革命充满艰辛和牺牲。党不仅要武装夺取政权，还要“打土豪、分田地”，实行“耕者有其田”，实现人民当家作主。这是对几千年来中国剥削制度的根本性变革，是对中国政治制度最深刻、最彻底的武装革命；新中国成立后，通过社会主义改造，消灭了私有制，实现了公有制，确立了社会主义制度，这是中国经济制度的根本性变革，大大解放了生产力。改革也是革命，邓小平同志说：“改革的性质同过去的革命一样，也是为了扫除发展社会生产力的障碍，使中国摆脱贫穷落后的状态。”习近平总书记指出：“改革开放是中国人民和中华民族发展史上一次伟大革命，正是这个伟大革命推动了中国特色社会主义事业的伟大飞跃！”中国特色社会主义进入新时代，面临的一项重要任务就是消除贫困、共同富裕，从这个意义上说，脱贫攻坚也是革命。

中国共产党人革命道德的丰富内涵

习近平总书记指出：“一百年来，在应对各种困难挑战中，我们党锤炼了不畏强敌、不惧风险、敢于斗争、勇于胜利的风骨和品质。这是我们党最鲜明的特质和特点。”世界上没有哪个党像我们党这样，遭遇过如此多的艰难险阻，经历过如此多的生死考验，付出过如此多的惨烈牺牲。正是这世间罕见的艰苦斗争锻造了中国共产党人革命道德的丰富内涵。

不怕牺牲、誓死向前。要革命就有流血牺牲，中国共产党人进行革命历经艰难曲折，但是他们信仰坚定、百折不挠、不怕牺牲、视死如归。他们中有“砍头不要紧，只要主义真”的夏明翰，有“敌人只能砍下我们的头颅，决不能动摇我们的信仰”的方志敏，有“怕死不当共产党”的刘胡兰，还有用血肉之躯去堵炮眼的黄继光、舍身炸碉堡的董存瑞等无数个英勇牺牲的烈士。从建党到新中国成立，仅留下姓名的革命烈士就有370多万，还有千千万万个无名英雄，是他们用鲜血和生命铸就了中国共产党人高尚的革命道德品质。

独立自主、自力更生。经过28年浴血奋战，中国共产党领导全国人民取得了革命斗争的胜利，建立了中华人民共和国。中国人民虽然站起来了，但国家百废待兴、一穷二白，还面临帝国主义的封锁，新中国建设之路异常艰苦。但是，中国共产党人将新民主主义革命时期排除万难、争取胜利的革命精神发扬到社会主义建设中，铁人精神、大庆精神、红旗渠精神、“两弹一星”精神、西迁精神等，都是在极其困难的情况下“没有条件创造条件也要上”的独立自主、自力更生的集中体现。

忘我工作、无私奉献。共产主义事业既需要轰轰烈烈的革命斗争，也需要在平凡的岗位上默默奉献。张思德就是为人民服务的平凡英雄代表；焦裕禄是心中装着全体人民、唯独没有自己、任何时候都不搞特殊化的好书记；雷锋是不怕苦、不怕累，干一行、爱一行、钻一行，将有限的生命投入到无限的为人民服务之中的好战士；还有永远听党的话，当一辈子掏粪工，宁可脏一人、服务千万家的环卫工人时传祥等，他们都是忘我工作、无私奉献的楷模。

自我革命是中国共产党人鲜明的道德品质

马克思、恩格斯指出，无产阶级政党必须“不间断地进行革命”，抛掉自身“一切陈旧的肮脏的东西”。中国共产党历来重视自我修养和完善。我们党之所以不断壮大，成为世界上最大的政党，关键在于有自我革命的勇气。习近平总书记指出：“我们党为什么能够在现代中国各种政治力量的反复较量中脱颖而出？为什么能够始终走在时代前列、成为中国人民和中华民族的主心骨？根本原因在于我们党始终保持了自我革命精神，保持了承认并改正错误的勇气，一次次拿起手术刀来革除自身的病症，一次次靠自己解决了自身问题。”勇于自我革命是中国共产党人最鲜明的道德品格、独特的政治优势。

历史反复证明，高扬自我革命的精神，就能在革故鼎新、守正出新上不断实现大的跨越，就能不断给党和人民的事业注入生机活力。八七会议纠正了陈独秀的右倾错误，遵义会议批判了博古、李德的“左”倾错误，延安整风以“坚持真理、修正错误”为原则，全面梳理党在历史上的“左”倾、右倾错误，实现了思想统一；党的七届二中全会提出“两个务必”，告诫全党在胜利面前要保持清醒头脑，经受住执政的考验。新中国成立后，开展“三反”“五反”运动，惩治以刘青山、张子善为首的一批党内腐败分子。党的十一届三中全会后，我们党以极大的自我革命勇气拨乱反正，纠正“文化大革命”严重错误，全面实行改革开放，开启了中国发展的新篇章。“改革是中国的第二次革命”，在这场革命中，中国共产党勇于向顽瘴痼疾开刀，敢于触及深层次利益关系和矛盾，坚决冲破旧思想观念束缚，破除利益固化藩篱，清除妨碍社会生产力发展的体制机制障碍，取得了举世瞩目的伟大成绩，中国特色社会主义制度优越性日益凸显。

中国共产党的伟大在于不讳疾忌医，敢于直面问题，勇于自我革命。全面从严治党、反腐倡廉是新时代我们党刀刃向内进行自我革命的突出表现。一方面加强党要管党的制度建设，从整治“四风”入手，严格执行中央八项规定及其实施细则精神，形成了反腐败斗争的压倒性态势。另一方面还大力开展自我教育活动，加强道德自律和舆论监督，如党的十八大以来，从党的群众路线教育实践活动要求“坚守共产党人精神追求”到“三严三实”专题教育强调“加强党性修养”，从“两学一做”学习教育明确“把思想政治建设摆在首位”到“不忘初心、牢记使命”主题教育强调“保持斗争精神”。如此软约束与硬约束有机结合，既能惩治腐败，增强党的团结统一，提高凝聚力、战斗力，又能深化认识，强化自律，形成良好的道德风尚。

◆ 资料来源：柴艳萍．中国共产党人道德的革命性．光明日报，2021-07-05（15）◆

材料二　新时代中华传统美德的传承与发展

中华传统美德是中华文化的精髓，也是新时代道德建设的不竭源泉。要以礼敬自豪的态度对待中华优秀传统文化，充分发掘中国历史中的丰厚道德资源，同时结合新的时代条件和实践要求继承创新，充分彰显其时代价值和永恒魅力，使之与现代文化、现实生活相融相通，成为我们精神生活、道德实践的鲜明标识。

礼敬自豪中华传统美德

中华传统美德是指在中华民族历史上存在过的、在今天仍有强大生命力的优秀道德规范、行为等的总和。我们要从文化自信高度认识中华传统美德的时代价值，从内心深处真正认可、从情感深处真正接受、从行动上真正践行，用蕴含其中的精髓精华滋养当代中国人的道德世界，守护当代中国人的精神家园。

中华传统美德积淀在中华民族的民族精神中。在长期的社会生活实践中，中华民族培育和形成了独特的思想观念和道德规范，有崇仁爱、重民本、守诚信、讲辩证、尚和合、求大同的思想，有自强不息、敬业乐群、扶正扬善、扶危济困、见义勇为、孝老爱亲的传统美德。这些观念和规范成为传统社会精神生活的标识，体现着传统中国人评判是非曲直的价值标准，也潜移默化地影响着世代中国人的行为方式。中华传统美德形成了以爱国主义为核心的团结统一、爱好和平、勤劳勇敢、自强不息的民族精神。

中华传统美德流淌在革命精神中。中国共产党人对国家独立富强的期盼、对人民群众幸福生活的追求、对中华民族命运的责任担当、对共产主义理想的不懈奋斗，体现着中华传统美德在新的道德实践中的继承和发展。同时，革命道德以无产阶级解放全人类的崇高使命为宗旨，以为人民服务为核心，以集体主义为道德原则，在长期的革命和建设实践中形成了无私奉献、顽强拼搏、艰苦奋斗、勤俭节约的道德规范，形成了极具时代特色的革命精神传承。革命道德是中华民族精神的宝贵财富，也是时代精神的重要来源。

中华传统美德凝聚在改革创新的时代精神中。中华传统美德不仅为以爱国主义为核心的民族精神提供价值支撑，也为以改革创新为核心的时代精神提供有益滋养，为新时代人们认识道德现象提供智慧启迪，为社会道德建设提供历史借鉴，为人们的道德教育和道德修养提供有益参照。

转化与发展传统美德

传统美德必须与现代社会相协调，与今天现实生活的需要相结合，要突出中华传统美德的时代价值，做到“创造性转化”与“创新性发展”。

我们要以自觉、积极、主动的文化实践，对重要的传统道德文化典籍加以研究。深入挖掘古代浩瀚书卷中有价值的文本，尤其是蕴含其中的思想观念、经典话语、道德理论、榜样模范，揭示其本来意义、引申意义及历史传承，同时探讨一些较为熟悉历史资料的时代意义；要对古人不直接明朗的语句意义，做出科学规范的解释和阐明，赋予、彰显其时代价值；要去除那些望文生义的曲解和误读，并使之向当代社会开放。

传统道德的许多原则、规范和精神是值得继承的，但其思想观念和方法方式必须与当代社会相一致。传统“天人论”认为人是自然的一员，人与天地合其德，人道与天道互为一致。这种以“道”为根，以生活实践为源头的道德资源具有强大的适应性和生命力。天人合一的道德观不仅适应传统农耕社会人们的需要，也能顺应现代社会生活的要求并继续发挥作用，为构建美好生活、实现人与自然和谐共生提供中国智慧。

传统儒家“人性论”以性善论为主流，认为“人皆可以为尧舜”。它表现出一种对人的乐观、信任的态度，肯定人人可以达到的至善境地；人之所以有不善，只是因为自己的迷误、自觉努力不够或环境的影响。今天我们对人性的理解当然出于唯物史观的视角，基于社会生产关系的角度考察人的现实性，但传统人性论对人性有一种善良的期待，重视道德教育和修养，倡导人的道德自觉和自律，这些在今天都具有现实意义。

传统“义利论”认为，明辨义利为人的第一要务，提倡义以为上、以义制利，义为利本、义以生利，兴天下利、利济苍生。今天我们在发展社会主义市场经济中，应正确处理义利关系，既要保障社会发展和个人各种正当利益，又需要用社会主义的道义原则，去引导、调节人们对利益的追求，同时与现代法治精神相一致。

传统“理欲论”认为，欲过为私、纵欲成害；欲不可去、节之为善；理欲相对、以理胜欲；理在欲中、以理导欲。理欲之辨实际上是义利之辨的深化和发展。今天我们当然要破除传统“理”的腐朽性和糟粕，为正当之“欲”正名。与此同时，敬畏自然、节制欲望、理性消费、可持续发展等新理念，体现了对传统理欲观念的传承与发展。

传统“公私论”坚持一种整体主义的公私观念，认为公重私轻、公而后私。今天则是坚持社会主义集体主义原则，即在制度正义的前提下，在民主法治的保障下，坚持社会生活中的先公后私、公私并举，并针对不同情况不同群体提出层次性的道德要求。

传统“人生论”认为，生死自然、唯义所在；义命有别、行义安命。儒家坚持人道乐观主义，提倡人生的意义与责任，高扬圣贤君子的道德理想人格。这种对生命意义的理解，成为我们民族精神中自强不息、厚德载物的思想基础，培育了无数志士仁人，激励他们创造出无数可歌可泣的事迹。今天我们仍然要大力倡导积极乐观向上向善的人生，在实现社会价值的同时实现人生价值。

传统“知行论”认为，知行相须、知行互发、知行互促。虽然某个时期的某些学者也有偏重知或者偏重行的倾向，但总体来说，中国的道德传统强调理论与实践、道问学与尊德性的统一，这也促使人们勇于为自己的道德理想和道德追求努力奋斗、躬身力行、内外一致。今天我们仍然要倡导知行合一，做真诚的道德践行者。

讲好中华传统美德故事

中华美德、中国精神、中国故事需要好的讲述方式，以人们喜闻乐见的方式作为载体，在学理上、逻辑上、实践上不断创新、丰富中华传统美德的表述。很多中国传统道德之所以流传至今，很重要的一个原因就是采用了通俗易懂的故事形式。

讲好中华传统美德故事，不仅要创新形式，同时也要赋予其新的符合现代审美的内容。获得高票房的《哪吒之魔童降世》很好地诠释了这一点。在《哪吒之魔童降世》中，李靖不再是为了道德教条迂腐到不爱自己儿子的人，而是严父面孔下为了哪吒甘愿牺牲自己生命的人，哪吒的母亲具有传统女性慈爱呵护子女的一面，同时又具有现代女性独立坚强的一面。这种时空的转变与逻辑架构，无疑更符合现代生活的境况，因而获得了人们的极大认同。《中华好家风》是一档以弘扬优秀家风为核心的道德建设类文化秀节目，通过传承中华优秀传统文化、展现中国家庭家风的文化情感，勾画出一个个鲜活的家庭、一段段精彩的家风故事、一代代传承不息的精神坚守。《中华好故事》通过“爱国励志”“道德礼仪”“民俗亲情”等主题，利用知识竞赛、名人出题、故事演绎、知名校友助阵等现代形式传承中华传统美德，深受受众欢迎。《经典咏流传》把经典诗歌与现代音乐相结合，重回诗歌起源，也让诗歌回归生活，利用诗歌进行传统经典教育与道德教育。

积极践行中华传统美德

知道为道，体道为德。道不可坐论，德不能空谈，于实处用力，从知行合一上下功夫。中国人向来注重道德实践，重视在道德实践中提高道德修养，培养理想人格。积极践行中华传统美德，注重从小事、从身边出发，多存凡心、多做善举，一个小小的凡心善举就可以让人们从陌生走向熟悉，拉近人们情感上的距离，温暖陌生人的身心。

家庭在践行传统美德方面的作用不可替代。父母是孩子最好的榜样，他们的言传身教、耳提面命是最真实最具感染性的道德活动。在生活中，可采用各种形式的家庭教育活动，如举行一定的训诫仪式，诵读家训祖训；定期开展家庭会议，家庭成员畅谈自己的情况和见闻，大家“互相规诲”；还可开展家庭道德故事塑造或模拟活动，参加社会公益或社区活动，在活动中传承中华传统美德。

我们欣慰地看到，新冠疫情发生后，我们的国家和人民，用实际行动诠释了中华民族传统美德和时代精神，在中国大地绘就了无数令人动容的生动画卷。众多医护人员主动请缨奔赴战场，成为最美逆行者，对中华传统美德中的爱国爱民、天下为公、英雄气概作了时代诠释；疫情发生后，海内外的无数中华儿女采购灾区急需的医疗器械物资，为抗击疫情捐款捐物，极大弘扬了一方有难、八方支援，兄弟齐心、其利断金的中华民族传统美德；全体中国人万众一心、共克时艰，毫无怨言自觉“宅”在家，将传统美德中“己所不欲，勿施于人”的自律自守做到了极致。美德之事，无非就是“勿以恶小而为之，勿以善小而不为”，既要目标高远，又要脚踏实地，从小事做起，从点滴做起，如此践行才是知行合一，才是正确之道。

◆ 资料来源：沈永福．新时代中华传统美德的传承与发展．红旗文稿，2020（10），有改动 ◆

知识测试

第七专题

良法善治：尊法学法守法用法

视频点睛

微视频：奉法者强则国强
（中央广播电视总台，央视网）

你与《宪法》有啥关系？4 分钟动画告诉你答案
（CCTV 今日说法，人民号）

非凡十年 法治中国——全面依法治国新境界
法治是全体人民的共同信仰
（热线 12，央视影音）

为什么是法治？丨了不起的百年
（新华网，好看视频）

教学靶向

通过教学帮助学员深刻理解中国特色社会主义法律体系的本质特征、重要作用和运行机制，整体把握中国特色社会主义法律体系、法治体系和法治道路的精髓，系统掌握中国特色军事法治体系的目标要求、指导原则和主要任务，培养法治信仰和法治思维，努力做尊法学法守法用法的模范。

核心问题

1. 如何理解我国社会主义法律是党的主张和人民意志的共同体现？
2. 如何理解依法治国和以德治国相结合？

3. 青年学员如何强化法治信仰和法治思维，提升依法办事的能力水平？
4. 青年学员如何依法行使权利与履行义务？

案例一

把涉军维权工作做得更有力度、深度、温度

习近平总书记在党的二十大报告中强调：“加强军人军属荣誉激励和权益保障，做好退役军人服务保障工作。”这充分体现了党中央、习近平总书记对广大军人军属的关怀厚爱，进一步激发了官兵建功强军事业的内在动力。近年来，全军法院深入贯彻习近平总书记关于维护国防利益和军人军属合法权益的重要论述，按照中央军委政法委员会部署要求，聚焦服务备战、改革和建设积极履行职能，协调召开涉军维权工作军地联席会议，推动出台政策性文件，依法协调处理涉法问题，为解决部队和官兵后顾之忧、促进军地和谐稳定、提高备战打仗能力发挥了积极作用。

坚持姓军为兵　始终把广大官兵放在心上

案例回放①　边防某旅领导向解放军军事法院反映，一名战士的父亲不幸遭遇车祸成为植物人，后医治无效去世，治疗费用高达数十万元。地方法院判决肇事司机进行赔偿，但被告没有赔付能力，战士家庭陷入严重经济困难。合肥军事法院在解放军军事法院指导下，及时启动维权机制，地方法院采取执行措施无果后，依法发放司法救助金，让战士家人重新燃起生活希望。

案例回放②　西部战区第二军事法院开展送法活动时获悉，一名战士的父亲在帮助村民干活时触电身亡，雇主为逃避赔偿而下落不明，影响该战士安心服役。该院迅速协调地方法院畅通案件审理、执行的绿色通道，由当地政府先行垫付无法执行到位的赔偿金，并及时发放困难补助金，解决了战士的后顾之忧。

党的二十大报告指出，全党要坚持全心全意为人民服务的根本宗旨，并强调“坚持一切为了人民、一切依靠人民，从群众中来、到群众中去”。全军法院坚持姓军为兵，始终全心全意为官兵服务，千方百计做好解兵难、帮兵困、暖兵心工作。

2022 年 2 月，中央政法委员会和中央军委政法委员会联合印发《关于新时代维护国防利益和军人军属合法权益的意见》后，解放军军事法院迅速制定贯彻落实办法，加强筹划部署和工作指导，有力推动涉军维权工作深入开展。各级军事法院认真贯彻文件精神，坚持问题导向，主动担当作为，加强军地协调，积极建立健全军地协作机制，逐步走出新时代涉军维权工作创新发展

的新路子。

各级军事法院把官兵的事当自己的事，牢固树立“官兵为国守卫，我为官兵守护”“解决一起纠纷，稳定一个家庭，促进一方平安”理念，深入基层面对面倾听心声，走近官兵点对点解决涉法难题，为官兵提供法律服务，努力做到“不让官兵背着包袱服役、带着遗憾离队”。

贯彻落实党的二十大报告中“严格公正司法”等要求，各级军事法院坚决践行司法为民宗旨，坚持公平公正、依法维权的基本原则，利用法治宣传、送法下基层等时机，引导官兵客观反映情况、合理提出诉求，尊重地方司法机关裁判，以实际行动维护法治尊严和军队形象。广州、北京等军事法院处理相关纠纷过程中，通过扎实开展工作，促使军地双方达成和解，产生良好影响。

聚焦练兵备战　全力服务部队战斗力建设

案例回放③　8月，在烈日炎炎的某训练基地演训场上，中部战区军事法院开展“聚力沙场、倾情维权”专项行动，在3个月的时间里深入参训部队，面对面了解官兵涉法问题，一对一解答法律咨询，为官兵解决了商品房买卖合同纠纷、民间借贷纠纷、机动车交通责任事故纠纷等涉法问题，解决官兵后顾之忧，让他们把全部精力投入到练兵备战中，有力促进了部队遂行任务。

案例回放④　某部军用土地曾被分租给地方多个承租方，先后签订多份协议，后成为军队全面停止有偿服务工作的历史遗留问题，严重影响该部执行战备任务。海口军事法院急部队之所急，指导该部通过诉讼、调解、协商等形式化解纠纷，并会同地方法院建立军地协同司法服务机制。经过不懈努力，终于帮部队依法收回了军用土地。

“全面加强练兵备战，提高人民军队打赢能力”是党的二十大对国防和军队建设提出的要求。全军法院始终聚焦备战打仗，把涉军维权工作的重心由聚力平时建设向保障战时需求、由解决一般矛盾纠纷向解决备战打仗难题转变，不断提高服务战斗力建设的融入度、贡献率。

各级军事法院充分发挥协调职能，完成全面停偿司法服务保障工作：加强与中央和国家机关、地方各级党委和政府有关部门的沟通，积极有效为部队提供支持保障，并协调各级人民法院审结执结停偿案件，为部队集中精力练兵备战提供了坚强后盾。同时，各级军事法院还充分发挥审判职能，采取多元化纠纷解决机制处理多起停偿案件，均圆满结案。

解放军军事法院广泛开展涉法问题排查化解专项行动，通过“用好维权服务平台、积极解决涉法问题”等活动，重点帮部队解决综合训练场建设、军用土地权属等涉法问题。西部战区第一军事法院、总直属军事法院等单位结合辖区部队实际，常态开展“聚焦主战、助力改革”“助力备战打仗、倾情送法服务”等行动，跟进解决部队遂行联演联训、维和护航、抢险救灾等任务中的涉法问题，努力做到部队执行任务到哪里，维权服务就跟进到哪里。

驻香港部队军事法院突出为基层部队和官兵解决涉法问题，定期深入官兵进行涉法答疑，成都军事法院协调组成“巴蜀军营普法讲师团”，南京军事法院组织“军地法官进军营”，拉萨、西宁、南宁、呼和浩特等军事法院将法律服务送到雪域高原、边关哨所，各级军事法院深入基层一线开展排忧解难工作，受到部队和官兵广泛欢迎。

注重求实创新　不断提升维权工作质效

案例回放⑤　某部向郑州军事法院反映，其营区附近地方设施超高，影响飞行安全，该院依据上级关于涉军维权工作考评相关规定，及时收集信息，深入分析研究，多次与军地有关部门沟通，协调将其列为某省重大涉军维权事项进行督办。地方党委和政府高度重视，在各方努力下，顺利清除了超高建筑，解决了长期遗留的历史问题。

案例回放⑥　解放军军事法院在强军网推出涉军维权信息服务平台，提供一站式在线维权服务，有效解决以往发函、打电话、派人上门等维权形式成本高、反馈慢等问题。某部一名战士在平台上反映，其家人遭不法分子侵害。东部战区军事法院当天就向有关部门通报情况，当地政法机关依法快侦快诉快审，犯罪嫌疑人很快得到法律制裁。

全军法院着眼提升工作质效，紧贴改革强军新形势，在“汤阴经验”“信阳模式”“鄂豫皖模式”等基础上，加强探索创新，不断推动涉军维权工作开创新局面。

——健全协调机制，让维权渠道更加畅通。解放军军事法院协调中央和国家机关、军委机关部门、各军兵种和武警部队有关部门，建立全国涉军维权工作会商机制和联络员队伍；各战区军事法院积极协调战区有关部门和辖区省区市党委政法委员会，聚焦服务战区主战召开联席会议；各基层军事法院积极发挥省级涉军维权工作领导小组办公室职能，定期研究部署工作。各级逐步形成组织领导坚强有力、制度机制健全完善、军地协调配合顺畅的良好局面。

——强化工作考评，让问题解决有力有效。各级军事法院积极参加中央军委政法委员会牵头组织的打击涉军造假、军地平安创建和涉军维权工作考评，协调各地将涉军维权工作纳入经济社会发展总体规划、纳入党管武装工作、纳入平安建设考评体系、纳入双拥创建活动范畴。各基层军事法院协调省区市党委政法委员会制定考评实施细则，注重体现维权诉求反馈率、案件纠纷化解率、部队和军人军属满意度等可量化指标权重，充分发挥考评的激励督导作用。

——坚持因地制宜，让新鲜经验充分涌流。南部战区军事法院总结推广军地协同法律服务保障“1448”体系做法，北部战区军事法院探索形成“军地融合对接、聚焦诉讼维权、优化制度机制、强化信息支撑”新模式，杭州、济南、兰州等军事法院联合军地各单位推出军地融合法律服务品牌，石家庄等军事法院在部队设立“涉军维权服务联络室”……各级军事法院紧密联系实际，积极学习借鉴成功经验，加强开拓创新，推动涉军维权工作在新起点上开创了新局面。

征程万里风正劲，重任千钧再扬鞭。全军法院将深入学习宣传贯彻党的二十大精神，不忘初心、牢记使命，踔厉奋发、笃行不怠，真抓实干、埋头苦干，努力把涉军维权工作做得更有力度、深度和温度，为如期实现建军一百年奋斗目标做出更大贡献。

◆ 资料来源：徐占峰，聂超鹏．把涉军维权工作做得更有力度深度温度——全军法院开展维护国防利益和军人军属合法权益工作综述．解放军报，2022－12－13（10），有改动 ◆

案例解读：

一个现代化国家必然是法治国家，一支现代化军队必然是法治军队。随着中国特色军事法治体系日渐完善，国防和军队建设法治化水平不断提高，全军部队认真贯彻落实习近平总书记和中央军委战略部署，贯彻依法治军战略，构建中国特色军事法治体系，加快治军方式根本性转变，法治精神、法治理念深入人心，全军官兵信仰法治、坚守法治，为实现中国梦强军梦提供了强有力的保证。

始终聚焦依法治军从严治军主题，紧跟部队中心工作，深入基层，贴近官兵，围绕部队严格按纲施训、切实纠治“五多”、开展安全保密教育、正规部队秩序等内容，持续关注军地各级依法维护军队及军人、军属合法权益的典型案例，推进各项优抚政策落实等。各级不断强化法治信仰和法治思维，严格按照法定职责权限抓好工作，在全军形成党委依法决策、机关依法指导、部队依法行动、官兵依法履职的良好局面。维护国防利益和军人军属合法权益，是党和国家的一贯政策和优良传统。全面贯彻依法治军战略，应当发挥好法治引领、规范和保障作用，把依法维权作为开展涉军维权工作的生命线，提高善于运用法治思维和法治方式开展工作的能力。

深入推进依法治军，建设“听党指挥、能打胜仗、作风优良”的现代化军队，是新的历史时期我们的重大历史使命。在新的历史性的征程中，更不能让军人“流血流汗又流泪”，要动员全社会的力量，切实维护国防利益和军人军属的合法权益。

除完善保障军人权益立法、完善涉军维权机制、强化国防教育等几项举措之外，还应运用法治思维和法治方式来破解难题，依法维护国防利益和军人军属合法权益。第一，要树立法律规则意识，切实把握法治思维方式。第二，树立程序正当意识，善于通过法律程序依法维权。第三，把握证据至上原则，熟练掌握证据的收集与运用方法。比如，注意保留各种票据凭证，对现场情境进行音像留存等。第四，要牢固树立法律底线意识，决不能采取违法手段维权，否则就可能由“受害者”转变为“罪犯”，彻底改变自己的人生轨迹。

案例二

考风连着作风　考场连着战场

年终考核是检验部队一年来训练成果的收官之战，必须依法依规严格组织，力求考出官兵真实水平、摸清部队战斗力底数。以往，个别单位和个人在考核中存在组织不力、执纪不严、投机取巧等问题，对此，各级必须贯彻依法治军战略，立起依法从严出战斗力的鲜明导向，坚决硬起手腕正风肃纪。

考风连着作风，考场连着战场。结合学习宣传贯彻党的二十大精神，各级要按照“全面加强练兵备战，提高人民军队打赢能力”等要求，在年终考核中严格落实法规标准，健全完善组织与监督机制，纯正训风考风，以良好风气促进战斗力扎实提高。

依法组织 把考核标准细化到每一个动作

“部分课目专业性强、危险系数高，但在组织考核过程中，不能因此降低标准、放松要求。在接下来的考核中，我们要对照相关法规认真落实，立起所有考核向实战聚焦的鲜明导向……”近日，北部战区海军某勤务防救船大队在潜水员年度审查工作结束后，立即进行总结讲评，对考核中存在的问题进行剖析反思，以便更好筹划其他考核工作。

前期组织潜水员年度审查时，为便于操作，一名训练参谋照搬了前些年的一套考核组织方案。在水下寻物课目考核时，他们准备事先把“沉物”抛至固定海区。没想到考核还没开始，就被现场督导的考核组叫了停。“依据训练法规要求，该课目检验的是潜水员在陌生海域对失踪人员、物品的搜寻和打捞能力。将‘沉物’抛至固定海区属于‘定点寻物’，与实战要求不符，无法检验官兵真实训练水平。”

他们立即对原方案进行调整，由专人乘坐冲锋舟将“沉物”抛至不定区域，潜水员接到搜寻指令后，方能入水考核。

组织另一课目考核时，一名潜水员完成水下操作后潜出水面，考官正准备根据作业用时和作业结果给出评分时，考核组却指出：这名潜水员的右手没有佩戴手套。

“为了方便水下作业，便把手套摘了……”潜水员这样解释道。“水下作业充满不确定性，佩戴手套是法规的明确要求，更是对潜水员的保护。”考核组分析感到，以往个别单位在水下缺少监督措施，且只注重将作业完成度和用时作为考核评分的主要依据，这容易导致个别潜水员只看重考核结果，忽视对法规要求的细节落实。

这几段经历让大队党委意识到，必须依据法规要求进一步完善年终考核方案，健全监管监督机制……

“党的二十大报告多次提到‘依法’‘法治’，作为训练计划的制订者、年终考核的组织者，我们要把依法治军贯彻落实到日常，增强法治意识，强化法治观念。”一名大队领导说，年终考核是检验战斗力水平的“试金石”，必须杜绝惯性思维，端正训风考风，对表大纲精细把关，把考核标准细化到每个动作、每个战位、每名官兵，防止落实中变形走样。

考场就是战场。目前，该大队年终考核还在继续，他们从方法内容、实施程序、现场监督和评比标准等方面严格对表法规，把考核向打仗聚焦，把思想和行动统一到贯彻落实党的二十大精神上来，不断提高练兵备战能力水平。

严格执纪 硬起手腕纠治考场不正之风

11 月上旬，第 81 集团军某旅电子对抗营体能考核成绩公示，不少官兵驻足观看。看着成绩单上“风气监督员”一栏自己签下的名字，下士小贾深刻体会到基层风气监督员的重要责任，坚定了依法执纪、尽职尽责的信心。

小贾是一名刚任职不久的基层风气监督员，这是他第一次在年终考核阶段参与监督执纪。

在战伤救护课目考核中，同年兵小王见是小贾这个“熟人”监督，就提前将包扎用的无菌急救包撕开，并将其中的三角巾和敷料叠好放入挎包，以便考核时减少用时。发现情况后，小贾立即上前制止，并要求小王重新按照规定准备器材。在小贾的坚持下，小王只得重新进行准备。

考核结束，小贾感觉小王对自己有所疏远，想着可能是因为刚刚的“不留情面”，顿时心中有些纠结。

在之后的四百米障碍考核中，与小贾同连的战士小刘在跨越障碍产生失误后，并未按考核要求折回起点重新通过。就在小贾对是否叫停有些犹豫时，连队指导员王伟指出了这个问题，并让小刘重新通过。

王伟告诉大家：“考场就是战场，容不得半分马虎。只有严格落实训练标准、大纲要求，才能练就能打胜仗的真本事、硬功夫。”这番话让小王、小刘脸红了，也让小贾深受触动。他意识到，自己作为基层风气监督员，一个重要职责就是及时发现和纠治训练场上的不正之风。对违规行为碍于情面视而不见，既是对战友的不负责，也是对战斗力的不负责。

着眼组织考核实际情况，该旅有关部门进一步健全考核机制，采取开展交叉监督、正规考核流程、机关巡检抽查等方式加大监督执纪力度。为提高基层风气监督员履职能力，他们加强上岗培训，通过明确法规要求、剖析典型案例等形式，增强基层风气监督员依法执纪意识，纠治面对熟人不想监督、不敢监督等问题。结合学习宣传贯彻党的二十大精神，该旅进一步教育引导广大官兵立起战斗力导向，自觉主动纠治训练考核中的不良习气。

连日来，该旅组织多项课目考核，小贾和其他基层风气监督员始终盯在一线，严卡考核标准，坚持较真碰硬，及时帮助大家解决考核中存在的疑惑和困难，得到战友们的支持与认可。

自觉遵规 端正思想认真依法参考

“本想让监考人员通融一下，稍微降低标准，争取达到良好以上成绩，可根本没有机会。”近日，第76集团军某旅年终考核正有序进行。一名刚刚在外执行任务归队的战士谈起自己的参考经历很有感触，他下定决心以后一定认真训练，努力提高成绩。

这名战士长期在外执行保障任务，由于训练较少，体能有所下降。备考时，他想到自己平日工作繁忙、经常加班加点，工作成绩也是有目共睹，年终考核时大家应该不会对自己太较真。可没想到在某课目考核中，他因动作不达标被当场指出，并要求整改。

在另一项考核中，一名战士为减轻负重，把背囊中的被褥换成气垫，并塞入哑铃片和瓶装水，打算等称重检查过后再偷偷取出。然而，这些问题都逃不过风气监督员的“火眼金睛”，这名战士当场受到严肃批评。

个别官兵法规意识不强，备考时仍存在“闯关”“打擦边球”等侥幸心理。该旅党委剖析感到，平时自降标准，战时就有可能一败涂地，必须立起练为战、考为战导向，引导官兵养成自觉遵法守法、自觉依法训练的习惯。

为树牢法规制度、考核标准的权威性，让官兵对依法治训、从严治训有更加深刻的理解，他们结合相关法规要求，向官兵讲清年终考核的重要意义，纠正不良思想和风气，引导官兵养成依法依规参加考核的行为自觉。各单位在考核前通过开展形势分析、群众性讨论等活动，梳理总结可能发生的考风不实等问题隐患，拉单列表纠治整改。

全面加强练兵备战，扎实提高打赢能力。结合学习宣传贯彻党的二十大精神，该旅硬起手腕立起实战标准、抓实监督整改。在最近组织的一次基础体能课目考核中，官兵严格依法参考，对照考核标准自觉规范动作，顺利完成各项考核任务。

考出战斗力　考出好作风

年终考核成绩是单位和个人军事训练成果的重要体现，也是年底评功评奖的重要依据，关系官兵切身利益。但在实践中，个别单位和个人仍存在组织程序不严密、考核标准不严格、考核风气不扎实等问题。考风考纪能真实反映作风建设水平，是一个单位贯彻依法治军战略的重要体现。党的二十大报告强调，加强依法治军机制建设和战略规划，完善中国特色军事法治体系。这就要求各级将依法依规落实到部队建设的每个环节，组织考核时务必严格落实法规要求、建立健全考评机制，确保官兵考出战斗力、考出好作风。

打仗硬碰硬，训练就必须实打实。只有平时扎实训练，才能在考核中取得好成绩。军事训练法规是日常组训施训的根本遵循，必须养成与法对表的良好习惯，依法制订训练计划，严把训练细节标准，确保内容训全、时间训够、方法训对、标准训严。端正训风考风，必须把功夫下在平时，这样才能确保考核发挥训练"指挥棒"的作用，达到以考促训的目的。

党的二十大报告指出，坚持以严的基调强化正风肃纪。建立完善的考核监督机制是考出真实成绩的重要保障，必须营造公平公正的考场环境，激发官兵参考热情。在组织考核过程中，要牢固立起战斗力标准，依据法规要求，紧贴实战进行规范设置，创造良好考核环境。加强岗前培训，确保相关人员依法监督执纪，从组织、考核、评分等环节严实作风纪律，坚持一把尺子量到底。

风清气正的考核环境，需要严格的法规制度支撑，还需要官兵强化守法意识，自觉维护考风考纪、开展公平竞争。广大官兵必须强化法治思维，遵守考核各项法规，坚决杜绝违规违纪行为，靠真功夫考出好成绩。各部队要以严格措施破虚治假，以真考严考牵动真训严训，教育引导官兵通过考核检验掌握个人训练情况，及时查找不足，补齐能力短板，努力提升打仗本领，为"全面加强练兵备战，提高人民军队打赢能力"贡献力量。

◆ 资料来源：孙寅，李加九，任雨乐，等．考风连着作风　考场连着战场——各部队依法组织开展年终考核的一组见闻．解放军报，2022-11-22（10），有改动 ◆

案例解读：

2022 年 3 月 7 日下午，习近平总书记出席十三届全国人大五次会议解放军和武警部队代表团全体会议并发表重要讲话。

"依法治军是我们党建军治军的基本方式，是实现党在新时代的强军目标的必然要求。要贯彻依法治军战略，提高国防和军队建设法治化水平，为推进强军事业提供坚强法治保障。"

习近平总书记关于贯彻依法治军战略的重要论述，赋予了全面依法治军新的时代内涵。贯彻依法治军战略，必须坚持战斗力标准，把依法治军的“准星”对准战斗力建设的“靶心”，始终用战斗力这把尺子来衡量和检验依法治军的实效，推动战斗力标准立起来、落下去，真正使依法治军成为战斗力的“助推器”“倍增器”。战场打不赢，一切等于零。贯彻依法治军战略，必须把战斗力作为根本出发点和落脚点。要坚持以战领训、为战抓训，落实依法治训、从严治训要求，依照各项法规制度抓训练，精准对标新大纲细化标准、定实措施，提升科学组训、施训的能力和水平，从难从严开展实战化演训，锤炼过硬战斗本领。要坚持抓管为战、科学管理，树牢“管为战”思想，用能打胜仗的目标要求引领管理工作，把管理纳入战斗力建设重要内容，体现在战备、训练、工作和生活等各个方面，贯穿于完成各项任务的全过程。要把抓实战化与抓正规化结合起来，坚持端正训练作风与创新战法训法两手抓，以能打胜仗为导向破除和平积弊，注重教育激励和持久养成，培塑官兵“一不怕苦、二不怕死”的战斗精神，锻造守纪如铁、令行禁止的过硬作风，使部队无论执行什么任务、身处何种环境，都能保持一往无前的血性胆气。

“要充分认清坚持从严治军铁律的极端重要性、现实针对性，坚持依法和从严相统一，严格法治执行，维护法治权威，加强法纪建设，以严明法治确保部队高度集中统一。”贯彻依法治军战略，必须坚持从严治军铁律，坚持抓住领导干部这个“关键少数”，坚持治下先治上、严兵先严将，严格教育、管理和监督，引领和带动从严治军有效落实。同时，要抓住从严治训聚焦用力，紧紧围绕战斗力这个唯一的、根本的标准，紧贴实战要求从难从严治训管训，加大军事训练监察力度，严肃训风演风考风，切实锻造能打胜仗的精兵劲旅。要抓住从严治管聚焦用力，针对高科技部队科技干部密集的特点，深化新型作战力量建设特点规律研究，改进部队管理方式方法，建立健全既有利于集中统一领导又尊重官兵主体地位、既体现从严管理要求又能够有效激发官兵积极性的科学管理机制，进一步推动治军方式实现根本性转变。要抓住从严执纪聚焦用力，坚持真管真严、敢管敢严、长管长严，从严整肃军纪、从严正风肃纪，坚决杜绝有法不依、执法不严、违法不究等现象，确保一切行动听从党中央、中央军委和习近平总书记指挥。

深入推进依法治军、从严治军是全军官兵共同的事业和责任。建设法治军队，必须坚持官兵主体地位，充分发挥官兵主体作用，充分相信官兵，紧紧依靠官兵，尊重官兵首创精神，维护官兵合法权益，调动和发挥官兵的积极性、主动性、创造性，形成共同建设法治、厉行法治、维护法治的良好局面。贯彻依法治军战略，就要以习近平总书记重要讲话精神为根本遵循，不断学习、深化领悟，强化忠诚维护核心、矢志奋斗强军的责任担当。要坚持依法履职，立足基层实际开展工作，上岗先学法、决策先依法、遇事先找法，做坚定的法治信仰者、执行者、捍卫者；严格制度落实，强化官兵法治观念，坚持一点一滴固化、一兵一卒塑造、一朝一夕养成，真正使法纪内化于心、外化于行；坚持依法育人，瞄准能打胜仗培塑精兵，聚焦打赢能力强化纪律约束，养成当兵思战、成才为战、强能备战的行动自觉；坚持依法立信，带兵人自觉带头遵守条令条例和规章制度，把严与爱统一起来，用心关爱、真心帮扶、宽心相待，培养官兵真挚的手足情和质朴的战友爱，锻造出一支律令如铁、正气充盈的战斗集体。①

行进在强军兴军的伟大新征程上，贯彻依法治军战略，我们每个人都可以出一分力，从我做起，从今天做起，自觉崇尚法治、厉行法治，汇聚贯彻依法治军战略的强大合力。

案例三

解放军某部演练设置舆论法理斗争课目

央视军事2022年1月13日发布视频，在海拔4100米某地域，解放军某部组织所属部队开展山地拔点战斗综合演练。除了战场侦察组、火力突击组、装甲突击组，还有舆论法理斗争与心理攻防分队参与演练。

其中，心理攻防分队通过向“敌”英文喊话、无人机抛撒传单等方式，来宣传我军政策。

“你的家人们在等你回去，如果你战死了，你的父母妻儿将无人照料。”(Your family are waiting for you to return. If you die, no one will take care of your parents, wife and kids.)

通过这样的喊话，来进一步瓦解“敌”方意志。

本次演练伊始，侦察组迅速派出无人机，进行战场侦察。各侦察要素渗透穿插，实时传输战场态势。

紧接着，火力突击组对“敌”地堡进行火力突击，摧毁“敌”表面工事，掩护各分队行动。与此同时，前沿突击组成功占领“敌”前沿射击位置，并利用多种武器，对“敌”前沿坚固目标实施打击，五分钟后，“敌”前沿工事完全瘫痪。

---

① 宋歆，钱晓虎，安普忠，等．贯彻依法治军战略　提高国防和军队建设法治化水平　为推进强军事业提供坚强法治保障［N］．解放军报，2022-03-08（7）.

开辟通路后，装甲突击组利用车载火器消灭“敌”有生力量，迫使残“敌”向其纵深阵地撤离。随后，步兵冲击队利用装甲火力掩护，突破“敌”纵深，清扫残存力量。

狙击组对“敌”重要目标实施精准狙击，切断“敌”指挥通联。

最终，通过喊话和抛撒传单等方式，“敌”防御系统被完全摧毁后，各战斗单元就地转为防御，演练顺利完成。

案例解读：

舆论法理斗争与心理攻防，是战时政治工作的重要组成部分。要坚持练在平时、研在平时、备在平时，紧密结合边防部队特点常态抓、精细做，确保战时舆论上先声夺人、心理上先敌攻防、法理上先机取势。方案要实而又实，紧贴当面实情、边防军情、突发特情，定人定位定方案，定职定责定措施，确保方案一看就懂、一抓见效。

注重实战性，区分等级转换、作战准备、机动集结、战斗实施、战斗结束五个阶段，加快战术战法研究、演习演练组织、备战作战评估，不断提高舆论法理斗争与心理攻防行动的实战水平。要注重实时性，区分不同时节，结合任务转换，及时修订方案、完善计划、调整补充人力、物力、财力，确保遇有情况随时拉得出、顶得上。

研究要深而又深。紧紧围绕边境军事任务课题，加大研战力度，加快研战频度，加深研战广度。要审时度势调整研究方向，紧密结合边境局势发展、国际形势变化，及时转换课题、跟进调查研究，确保与练兵备战节奏上同步、战术上同频；认真剖析边境地区历史问题渊源、社会问题现状、民族内部矛盾，密切关注当面之敌编制装备、军心士气变化，做到知己知彼、备战有力。要深入一线靠前调研，了解边防官兵训练状态、气候地貌最新变化，为作战行动提供可靠的情报支撑。

训练要常而又常。坚持练在经常、用在经常、考在经常，大力开展舆论法理斗争准备与心理攻防岗位练兵、“四会”教练员比武，定期组织舆论法理与心理骨干集训，提高基层官兵战时应对复杂舆情、敌情、社情的能力水平。坚持训勤结合，平战一体，紧密结合作战要素，将舆论法理斗争与心理攻防行动方案嵌入备战备勤、延伸到巡逻执勤，将战场喊话、心理防护等训练课目纳入边境封控演练、边防勤务训练，打牢部队训练底子。坚持以战领训、以考促训，经常性组织依托实战背景的战时政治工作全要素演练，结合每季度按纲建设考评检验训练效果，确保训有考评、练有成效。

手段要新而又新，要善用媒体造势，常态做好边境管控中摄录像、取证、检迹等基础工作，协调地方广播、电视、报刊等媒体和网络资源，大力宣传管边控边行动的正义性、合法性。要统筹方法造势，紧靠开放口岸贴标语、制展板，实施情感攻心。紧靠边境会晤建机制、拓渠道，架设沟通桥梁。要整合资源优势，积极统合军地力量，与武警、公安、国安等部门建立长期情报共享机制，发挥“军管线、民管片、警卡点”的体系优势，形成军地统一行动、一体联合的规模声势。①

为了有效维护国家主权、安全和领土完整，保障国家和平发展，不仅要以可靠的武力作为后盾，还要综合运用舆论法理斗争和心理攻防，以更好地达成政治、军事目的。舆论法理斗争和心理攻防不仅是国际政治外交较量的工具，也是直接对敌实施“软杀伤”的武器，可以成为夺敌民众之意、挫敌三军之气、乱敌将帅之心的重要手段，通过影响对方军事决策，震慑对方军心士气，从而促成战略目的的最终实现。

案例四

涉英烈权益保护十大典型案例

案例①　罗某侵害英雄烈士名誉、荣誉暨附带民事公益诉讼案——在网络平台上侮辱抗美援朝英雄烈士，构成侵害英雄烈士名誉、荣誉罪并应承担民事责任。

一、基本案情

2021年，罗某在观看《长津湖》电影和纪录片后，为博取关注，使用新浪微博账号（粉丝数220余万）发帖，侮辱在抗美援朝长津湖战役中牺牲的中国人民志愿军“冰雕连”英烈。上述帖文因用户举报已被平台处理，此前阅读量2万余次。罗某次日删除该微博，但相关内容已经在网络上广泛传播，引发公众强烈愤慨。罗某曾系知名媒体人，曾使用上述账号先后发表侮辱、嘲讽英雄烈士等微博9篇，其账号被平台处置30次。海南省三亚市城郊人民检察院提起刑事附带民事公益诉讼，认为应当以侵害英雄烈士名誉、荣誉罪追究罗某刑事责任，建议判处有期徒刑七个月，同时请求判令罗某承担相应民事责任。

二、裁判结果

海南省三亚市城郊人民法院认为，被告人罗某在互联网上使用侮辱性语言抹黑中国人民志愿军“冰雕连”英烈，否定社会主义核心价值观和伟大的抗美援朝精神，破坏社会公共秩序，情节严重，其行为构成侵害英雄烈士名誉、

① 胡学辉．为练兵备战助威提气增效提质［J］．军队党的生活，2020（2）：2.

荣誉罪。罗某系自首，可以依法从轻处罚，自愿认罪认罚，可以依法从宽处理。附带民事公益诉讼被告罗某作为网络“大V”，多次在网上公开发表言论侮辱、贬损英雄烈士，严重侵害社会公共利益，应当承担民事责任。罗某自愿赔偿8万元用于抗美援朝烈士精神事迹纪念、宣传等公益事业，予以认可。做出刑事附带民事判决，被告人罗某犯侵害英雄烈士名誉、荣誉罪，判处有期徒刑七个月；附带民事公益诉讼被告罗某在相关网站及报纸上公开赔礼道歉。

三、典型意义

英雄烈士既包括个人，也包括群体，既包括有名英雄烈士，也包括无名英雄烈士。中国人民志愿军的英雄事迹是中华民族共同的历史记忆和宝贵的精神财富，伟大的抗美援朝精神跨越时空、历久弥新，是社会主义核心价值观的重要体现，全体中华儿女要永续传承、世代发扬，绝不容许亵渎、诋毁。电影《长津湖》旨在缅怀中国人民志愿军“冰雕连”英烈，罗某却在观看电影后，在网络平台发帖公然歪曲历史，侮辱、抹黑英烈，伤害公众情感，严重破坏社会公共秩序。本案通过司法手段严惩侵害抗美援朝英雄烈士群体名誉、荣誉的行为，维护社会公共利益，护航传承和弘扬爱国主义精神，推动培育和践行社会主义核心价值观。

案例②　肖某侵害英雄烈士名誉、荣誉罪案——在人数众多的微信群诋毁、侮辱英雄，构成侵害英雄烈士名誉、荣誉罪。

一、基本案情

2021年，肖某在“杂交水稻之父”、共和国勋章获得者、中国工程院院士袁隆平因病逝世、举国悲痛之际，无视公序良俗和道德底线，使用昵称为“坚持底线”的微信号，先后在微信群“白翎村村民信息群”（群成员499人）内发布2条信息，歪曲事实诋毁、侮辱袁隆平院士，侵害英雄名誉荣誉，引起群内成员强烈愤慨，造成恶劣社会影响。湖南省韶山市人民检察院提起公诉，认为被告人肖某的行为构成侵害英雄烈士名誉、荣誉罪，建议判处管制六个月。

二、裁判结果

湖南省韶山市人民法院认为，被告人肖某以侮辱、诽谤方式侵害英雄的名誉、荣誉，损害社会公共利益，情节严重，其行为已构成侵害英雄烈士名誉、荣誉罪。案发后，被告人肖某如实供述自己的犯罪事实，认罪认罚，依法可从宽处理。判决被告人肖某犯侵害英雄烈士名誉、荣誉罪，判处管制六个月。

三、典型意义

自2021年3月1日起施行的《中华人民共和国刑法修正案（十一）》增设“侵害英雄烈士名誉、荣誉罪”，体现出我国对英雄烈士权益强有力的保护，以及严厉打击抹黑英雄烈士形象行为的决心。袁隆平院士为人民自由幸福和国家繁荣富强做出重大贡献，属于英雄人物，适用英雄烈士人格利益保护的相关法律规定是应有之义。肖某在微信群发布侮辱袁隆平院士的言论，造成恶劣影响，依法应予严惩。本案既有力打击侵害英雄名誉、荣誉行为，维护英雄权益，又教育社会公众崇尚英雄、捍卫英雄、学习英雄，充分彰显司法裁判在社会治理中的价值导向作用。

案例③ 仇某侵害英雄烈士名誉、荣誉暨附带民事公益诉讼案——在网络平台上采用侮辱、诽谤方式侵害卫国戍边英雄烈士名誉、荣誉，构成犯罪并应承担民事责任。

一、基本案情

仇某在卫国戍边官兵誓死捍卫国土的英雄事迹被报道后，为博取眼球，使用其新浪微博账号“辣笔小球”（粉丝数250余万），先后发布2条微博，歪曲卫国戍边官兵祁发宝、陈红军、陈祥榕、肖思远、王焯冉等同志的英雄事迹和英雄精神。上述微博在网络上迅速扩散，引发公众强烈愤慨，造成恶劣社会影响。截至仇某删除微博时，上述微博共计阅读量20万余次。江苏省南京市建邺区人民检察院提起刑事附带民事公益诉讼，认为应当以侵害英雄烈士名誉、荣誉罪追究被告人仇某刑事责任，同时请求判令被告仇某通过国内主要门户网站及全国性媒体公开赔礼道歉，消除影响。

二、裁判结果

江苏省南京市建邺区人民法院认为，被告人仇某公然藐视国家法律和社会公德，在网络上采用侮辱、诽谤方式侵害英雄烈士名誉、荣誉，造成恶劣社会影响，严重破坏社会秩序，损害社会公共利益，情节严重，构成侵害英雄烈士名誉、荣誉罪。附带民事公益诉讼被告仇某发表不当言论，亵渎英雄烈士事迹和精神，侵害英雄烈士名誉、荣誉，应当承担民事侵权责任。做出刑事附带民事判决，被告人仇某犯侵害英雄烈士名誉、荣誉罪，判处有期徒刑八个月；附带民事公益诉讼被告仇某通过国内主要门户网站及全国性媒体公开赔礼道歉，消除影响。

三、典型意义

“辣笔小球”案是《中华人民共和国刑法修正案（十一）》增设“侵害英雄烈士名誉、荣誉罪”后的全国首案。本案依法认定仇某的行为构成侵害英雄烈士名誉、荣誉罪，通过科处刑罚，保护英烈权益，弘扬英烈精神，回应社会关切，发挥司法裁判教育、警示作用，具有首案引领意义。有助于推动社会公众形成维护英雄烈士名誉、荣誉，严惩亵渎、诋毁英烈言行的广泛共识，大力弘扬社会主义核心价值观，彰显司法保护英烈权益、弘扬英烈精神的坚定立场。

案例④ 王某诉杨某排除妨害纠纷案——任何组织和个人不得侵占英雄烈士纪念设施保护范围内的土地和设施。

一、基本案情

王兆军同志在解放战争期间的“四平战役”中壮烈牺牲，后经中华人民共和国民政部批准为革命烈士。王某系王兆军同志的胞弟。河西村民委员会与王某签订协议，约定将案涉承包地作为烈士墓地，交予王某无限期长期管理，免收承包金及其他费用。王某对烈士墓地及堆堤进行管理与维护期间，杨某长期自行在王某承包地的堆堤处种植各种农作物。双方为此经常发生纠纷，河西村民委员会多次协调均未能有效解决。后王某向法院提起诉讼，要求杨某返还侵占的烈士墓地范围内土地。

二、裁判结果

江苏省滨海县人民法院认为，国家鼓励和支持自然人、法人和非法人组织以捐赠财产、义务宣讲烈士事迹和精神、帮扶英雄烈士遗属等公益活动的方式，参与英雄烈士保护工作。河西村民委员会将烈士墓地和堆堤交予烈士近亲属王某管理维护，不仅有利于激发公民的荣誉感，亦能加强对烈士墓地范围内土地的保护。国家出台《中华人民共和国英雄烈士保护法》，对英雄烈士予以褒扬、纪念，全社会都应当崇尚、学习、捍卫英雄烈士，任何组织和个人不得侵占英雄烈士纪念设施保护范围内的土地和设施。杨某在烈士墓地种植农作物于法无据，被侵占的该地块依法应予返还。判决被告杨某向王某返还土地。

三、典型意义

本案是对侵犯零散烈士纪念设施保护范围内土地进行司法保护的典型案例。司法实践中，不仅要重视对英烈权益的保护，也要加大对承载英烈精神的纪念设施的保护力度。对英烈事迹，群众知晓度不一，现实中烈士纪念设施由于各种原因有的被侵占，有的被破坏甚至塌陷，有的周围杂草丛生，缺乏庄严、肃穆的氛围。本案在加强对零散烈士纪念设施的司法保护方面，具有代表性和典型性，对于弘扬社会主义核心价值观具有重要的示范引领作用。

案例⑤ 李某、吴某侵害英雄烈士荣誉民事公益诉讼案——在英雄烈士纪念设施保护范围内从事有损纪念英雄烈士环境和氛围的活动应承担法律责任。

一、基本案情

2018 年，李某、吴某身着仿纳粹军服，前往萧山烈士陵园拍摄大量照片，后李某将身着仿纳粹军服的照片发布在其好友数为 1940 人的 QQ 空间中，被多人转发传播，引发广大网民热议，社会影响恶劣，相关内容相继被各大新闻网站转载，短时间内即达 3 万余条。2019 年，公安机关调查后，根据情节严重程度，对李某、吴某分别处以行政拘留 14 日和 7 日的行政处罚。浙江省杭州市人民检察院提起本案民事公益诉讼，请求判令李某、吴某在浙江省级以上媒体公开赔礼道歉、消除影响。

二、裁判结果

浙江省杭州市中级人民法院认为，李某、吴某对英雄烈士及烈士陵园所蕴含的精神价值，应具有一般民众的认知和觉悟。李某、吴某的行为轻视英雄烈士，无视公众情感，蔑视法律尊严，侮辱和亵渎英雄烈士荣誉，侵害烈士亲属及社会公众情感，损害社会公共利益和社会道德评价秩序，后果严重，依法应当承担相应民事法律责任，判决李某、吴某在浙江省级以上媒体公开赔礼道歉、消除影响。

三、典型意义

烈士陵园作为向公众开放的英雄烈士纪念设施，供公众瞻仰、悼念英雄烈士，开展纪念教育活动，告慰先烈英灵。任何组织和个人不得在英雄烈士纪念设施保护范围内从事破坏纪念英雄烈士环境和氛围的活动，否则将承担相应法律责任。本案的依法审理，对此类侵害英烈荣誉行为起到有效的教育、警示和震慑作用。本案审理过程中还邀请百余名学生到庭旁听，并通过中国庭审公开网进行全程直播，让庭审成为全民共享的法治公开课和爱国主义教育公开课，有助于引起社会公众警醒，推动在全社会真正形成尊重英雄、保护英雄的共识，进一步传承英烈精神。

案例⑥ 某网络科技公司侵害英雄烈士姓名民事公益诉讼案——擅自将英烈姓名用于商业用途，侵害英雄烈士人格利益和社会公共利益。

一、基本案情

某网络科技公司为电商企业提供信息中介、资源共享平台，该公司将付费会员称为“雷锋会员”、平台称为“雷锋社群”、微信公众号称为“雷锋哥”并发布有“雷锋会员”等文字的宣传海报和文章，在公司住所地悬挂“雷锋社群”文字标识等。该公司以“雷锋社群”名义多次举办“创业广交会”“电商供应链大会”等商业活动，并以“雷锋社群会费”等名目收取客户费用共计30万余元。浙江省杭州市上城区人民检察院提起民事公益诉讼，要求某网络科技公司立即停止在经营项目中以雷锋的名义进行的宣传，并在浙江省级媒体赔礼道歉。

二、裁判结果

杭州互联网法院认为，某网络科技公司使用的“雷锋”文字确系社会公众所广泛认知的雷锋同志之姓名，其明知雷锋同志的姓名具有特定意义，仍擅自用于开展网络商业宣传，构成对雷锋同志姓名的侵害，同时损害社会公共利益，依法应当承担法律责任。判决某网络科技公司停止使用雷锋同志姓名的行为，并在浙江省级报刊向社会公众发表赔礼道歉声明。

三、典型意义

本案是《中华人民共和国民法典》实施后首例保护英烈姓名的民事公益诉讼案件。依据其中第一百八十五条、第一千条规定，侵害英雄烈士等的姓名、肖像、名誉、荣誉，损害社会公共利益的，应当承担消除影响、恢复名誉、赔礼道歉等民事责任，且应当与行为的具体方式和造成的影响范围相当。雷锋同志的姓名不仅作为一种重要的人格利益受法律保护，还涉及社会公共利益。本案裁判明确，将雷锋同志的姓名用于商业广告和营利宣传的行为，侵害英雄烈士人格利益；同时，将商业运作模式假“雷锋精神”之名推广，既曲解雷锋精神，与社会公众的一般认知相背离，也损害承载于其上人民群众的特定感情，损害社会公共利益。本案通过司法手段，为网络空间注入缅怀英烈、敬仰英烈的法治正能量。

案例⑦　叶某等诉某信息公司名誉权纠纷案——烈士近亲属有权依法对侵害英烈名誉行为提起诉讼。

一、基本案情

2018年，某信息公司通过其自媒体账号“暴走漫画”，在某网络平台上发布了时长1分09秒的短视频。该视频的内容将叶挺烈士在“皖南事变”后于1942年在狱中创作的《囚歌》中“为人进出的门紧锁着，为狗爬出的洞敞开着，一个声音高叫着，爬出来吧，给你自由!”进行篡改。该视频于2018年5月8日至16日在网络上传播，多家新闻媒体予以转载报道，引起公众关注和网络热议，造成不良社会影响。叶挺烈士近亲属遂提起本案诉讼，请求判令某信息公司停止侵犯叶挺同志英雄事迹和精神的行为、在国家级媒体上公开对原告赔礼道歉、赔偿精神抚慰金等。

二、裁判结果

陕西省西安市雁塔区人民法院认为，叶挺烈士创作的《囚歌》充分体现了叶挺百折不挠的革命意志和坚定不移的政治信仰。该诗所表现出的崇高革命气节和伟大爱国精神已经获得全民族的广泛认同，是中华民族共同记忆的一部分，是中华民族精神的内核之一，也是社会主义核心价值观的体现，是中华民族宝贵的精神财富。某信息公司的视频于《中华人民共和国英雄烈士保护法》施行之际在网络平台上发布并传播，造成恶劣的社会影响。该视频内容亵渎叶挺烈士革命精神，侵害叶挺烈士名誉，不仅给烈士亲属造成精神痛苦，也伤害社会公众的民族情感，损害社会公共利益，具有违法性且其主观过错明显，应当承担侵权责任。判决某信息公司在三家国家级媒体上公开发布赔礼道歉公告，向原告赔礼道歉、消除影响；向原告支付精神抚慰金10万元。

三、典型意义

《中华人民共和国英雄烈士保护法》明确规定，对侵害英雄烈士姓名、肖像、名誉、荣誉的行为，英雄烈士的近亲属可以依法向人民法院提起诉讼。本案系该法施行后由烈士近亲属提起诉讼的侵害英雄烈士名誉民事案件，明确侵权人除须在相关媒体上公开发布赔礼道歉公告外，还应当承担向烈士近亲属赔礼道歉、消除影响，以及支付精神抚慰金等民事责任。通过司法裁判明确亵渎英烈行为的法律责任，加大对英烈权益的保护力度。

案例⑧ 赵某侵害英雄烈士名誉民事公益诉讼案——在网络平台上发表不当言论亵渎英烈事迹和精神应当承担法律责任。

一、基本案情

马金涛同志系贵州省贵阳市公安局花溪分局贵筑派出所民警。2018 年，马金涛同志在执行抓捕毒犯任务中牺牲，年仅 30 岁。人力资源和社会保障部、公安部追授马金涛同志“全国公安系统一级英雄模范”称号。马金涛同志因公殉职次日，赵某在人数众多的微信群中对他发表侮辱性言论。贵州省六盘水市人民检察院就赵某侵害马金涛烈士名誉提起民事公益诉讼，请求判令赵某通过贵州省级以上媒体向社会公开赔礼道歉、消除影响。

二、裁判结果

贵州省六盘水市中级人民法院认为，马金涛烈士在缉毒工作中献出年轻的生命，他英勇无畏、无私奉献的精神，值得全社会学习、弘扬、传承和捍卫。赵某在人数众多的微信群中公然发表不当言论亵渎英烈事迹和精神，贬损英烈名誉，伤害烈属情感，同时也给一线缉毒民警带来心理上的伤害，已经超出言论自由范畴，是对社会公德的严重挑战，损害社会公共利益，应当依法承担民事侵权责任。判决赵某在贵州省级媒体公开赔礼道歉、消除影响。

三、典型意义

缉毒英雄英勇无畏、无私奉献的精神不容亵渎。本案侵权人通过互联网媒体，诋毁、侮辱、诽谤英雄人物，丑化英雄人物形象，贬损英雄人物名誉，削弱英烈精神价值，损害社会公共利益。本案通过民事公益诉讼加大对英雄烈士名誉的保护力度，充分体现人民法院弘扬英烈精神、保护英烈权益的坚定立场，有助于引导社会公众自觉维护和弘扬英烈精神，推动全社会形成学习英烈革命气节、崇尚英烈、捍卫英烈的良好社会风尚。

案例⑨ 洪某诉刘某、某报社名誉权纠纷案——对侵害英雄烈士名誉、荣誉行为的合理回应和批评不构成侵权。

一、基本案情

刘某系“狼牙山五壮士”所在连连长之子，于 2015 年撰写案涉文章，某报社分社在网络平台上以《心声："狼牙山五壮士"所在连连长的儿子为捍卫英雄名誉写的一封公开信》为标题予以发布。某报社主办的杂志发布了略作修改后的该文章，标题为《狼牙山五壮士所在连连长之子刘某写给勇敢捍卫狼牙山五壮士名誉权的同志们的信》。洪某认为案涉文章中有对其侮辱、诽谤的言论，严重侵犯其人格尊严和名誉权，遂提起本案诉讼，请求判令刘某、某报社立即停止侮辱诽谤、删除侵权言论，在相关媒体上公开道歉，赔偿精神损害抚慰金。

二、裁判结果

北京市海淀区人民法院一审认为，洪某发表在先的《小学课本〈狼牙山五壮士〉有多处不实》《"狼牙山五壮士"的细节分歧》两篇文章，引导读者对"狼牙山五壮士"英勇抗敌事迹和舍生取义精神产生质疑，从而否定基本事实的真实性，并矮化"狼牙山五壮士"的英雄形象，与社会主流价值观念和历史共识相违背。刘某撰写案涉文章，某报社予以发表是对洪某文章的回应和批评，主要目的是消除洪某在先言论的不良影响，维护"狼牙山五壮士"的英雄形象，维护社会公共利益。因此，刘某、某报社未侵犯洪某名誉权，判决驳回洪某的全部诉讼请求。北京市第一中级人民法院二审判决驳回上诉，维持原判。

三、典型意义

"狼牙山五壮士"的英雄事迹和大无畏牺牲精神，已经成为中华民族精神的重要内容，成为社会主流价值观念和社会公共利益的一部分。在此情况下，洪某发表两篇文章，用细节贬低、损毁英烈形象，否定"狼牙山五壮士"基本事实和英雄形象，明显侵犯社会公共利益，对社会公共利益的挑战，必然招致回应、批评。本案依法捍卫了社会公众对歪曲英雄烈士事迹行为进行批评的权利，充分彰显人民法院保护英烈权益的鲜明态度。

案例⑩　董某诉李某、第三人卢某排除妨害案——依法保障英雄烈士遗属居住权益。

一、基本案情

董某系革命烈士卢兴的遗孀，现年 83 岁，体弱多病，由孙女卢某长年照顾。2012 年，老人原有住房面临拆迁，政府为照顾烈属，特批安置给老人一套房屋，并按老人意愿，在拆迁协议上将孙女卢某名字加在董某名字后面，注明董某百年后，房屋产权归卢某所有。2016 年，董某与卢某领取拆迁安置房，但因老人身体问题一直未办理不动产权登记证。后卢某未经董某同意，擅自将房屋转卖给同事李某。李某向其支付购房款 32 万余元。2021 年，李某起诉卢某、第三人董某，要求办理房屋过户手续，被法院以卢某系无权处分为由驳回诉讼请求。判决生效后，李某仍占有房屋。2022年，董某办理不动产权属证书后多次要求李某搬出未果，无奈诉至法院，要求李某搬出案涉房屋。

二、裁判结果

江苏省淮安市淮安区人民法院认为，本着优待烈属的原则，政府安置给烈士遗孀董某一套房屋，并充分尊重老人意愿，明确其百年后房屋归孙女所有。现在老人健在，房屋却被其孙女卢某擅自转卖。此举既不合法，又与政府优待烈属的初衷相违背，导致烈士遗孀老无所居。法院从关爱烈属的角度，动员李某主动搬离。经过法院调解，三方当事人达成调解协议，李某同意限期搬出案涉房屋。

三、典型意义

《中华人民共和国英雄烈士保护法》规定，国家实行英雄烈士抚恤优待制度，英雄烈士遗属按照国家规定享受教育、就业、养老、住房、医疗等方面的优待。中共中央办公厅、国务院办公厅、中央军委办公厅《关于加强新时代烈士褒扬工作的意见》明确要加强烈属人文关怀和精神抚慰，突出解决烈属家庭后续生活保障、救助帮扶援助等实际问题，优化烈属住房、养老等服务专项优待内容。做好烈属优待工作，让广大烈属享受到应有的优待和国家改革发展成果，是关心关爱烈属的具体举措，也是对革命烈士的告慰。本案通过司法手段推动落实烈属优待政策，切实解决烈属生活困难，依法维护烈属合法财产权利，保障烈属居住权益，实现老有所养、住有所居，是弘扬英烈精神、褒恤烈属的生动司法体现。

◆ 资料来源：涉英烈权益保护十大典型案例．中华人民共和国最高人民法院，2022-12-08，有改动 ◆

案例解读：

英雄烈士是民族的脊梁、时代的先锋，英雄烈士的事迹和精神是中华民族的共同历史记忆和社会主义核心价值观的重要体现。最高人民法院发布的涉英烈权益保护十大典型案例，涉及维护英烈人格利益、烈属合法权益、烈士纪念设施等案件。

一是加大对英雄烈士人格利益保护力度。依法审理涉及英雄烈士保护的刑事案件，依法惩治侵害英雄烈士名誉、荣誉的违法犯罪活动，坚决维护中国特色社会主义制度、维护社会公共利益。妥善审理英雄烈士近亲属及检察机关提起的侵害英雄烈士姓名、肖像、名誉、荣誉等人格利益的民事案件，依法认定侵权行为人应当承担的民事责任。推动落实英烈保护工作联动协调制度，严厉打击歪曲、丑化、亵渎、否定英烈事迹和精神的言行。

二是推动落实烈属抚恤优待政策。贯彻落实烈士褒扬政策法规，依法审理侵害烈属合法权益的刑事、民事、行政案件，切实维护烈属的人身财产权益。注重人文关怀和精神抚慰，突出解决烈属家庭后续生活保障、救助帮扶援助等实际问题。以司法之力推动保障烈属按照国家规定享受烈士褒扬金、抚恤金，以及在教育、就业、养老、住房、医疗等方面的优待。

三是服务保障烈士纪念设施保护。依法惩治侵占烈士纪念设施保护范围内土地、设施，在英雄烈士纪念设施保护范围内从事有损纪念英雄烈士环境和氛围的活动，破坏、污损烈士纪念设施等行为，有力保护烈士纪念设施不受侵犯。为充分发挥烈士纪念设施褒扬英烈、教育后人的红色主阵地作用，推进宣传英烈事迹、弘扬英烈精神提供司法服务和保障。

四是大力弘扬社会主义核心价值观。英雄烈士是民族最闪亮的坐标，是实现中华民族伟大复兴的强大精神动力，每一位公民都应当自觉维护英雄烈士的尊严和合法权益。英雄烈士的姓名、肖像、名誉、荣誉等人格利益受法律保护，他们的荣光不容亵渎。人民法院通过司法裁判旗帜鲜明地维护广大人民群众对英雄烈士事迹的价值认同和英雄烈士公知公认的光辉形象，传承和弘扬英雄烈士精神、爱国主义精神，推动培育和践行社会主义核心价值观。

近年来，社会上有些人通过网络媒体等歪曲历史，诋毁、贬损英雄烈士，造成恶劣影响，引起社会各界强烈愤慨。由于英雄烈士的事迹和精神已经成为社会公共利益的重要组成部分，这些行为不仅构成对英雄烈士人格利益的侵害，也对社会公共利益造成损害。行为人应当承担的法律责任主要包括以下3类：

一是民事责任。《中华人民共和国民法典》第一百八十五条、第一千条规定，侵害英雄烈士等的姓名、肖像、名誉、荣誉，损害社会公共利益，应当承担消除影响、恢复名誉、赔礼道歉等民事责任，且应当与行为的具体方式和造成的影响范围相当。例如，叶某等诉某信息公司名誉权纠纷案中，某信息公司篡改叶挺烈士革命诗作，造成恶劣社会影响，伤害烈属感情，叶挺烈士近亲属提起诉讼，法院依法判决该公司承担在国家级媒体上公开发布赔礼道歉公告，向原告赔礼道歉、消除影响，以及支付精神抚慰金等民事责任。需要注意的是，对侵害英雄烈士姓名、肖像、名誉、荣誉行为提起民事诉讼的主体，可以是英雄烈士的近亲属；英雄烈士没有近亲属或者近亲属不提起诉讼的，检察机关可以依法向人民法院提起诉讼。

二是行政处罚。依据《中华人民共和国英雄烈士保护法》相关规定，以侮辱、诽谤或者其他方式侵害英雄烈士的姓名、肖像、名誉、荣誉，在英雄烈士纪念设施保护范围内从事有损纪念英雄烈士环境和氛围的活动，侵占、破坏、污损英雄烈士纪念设施等，构成违反治安管理行为的，由公安机关依法给予治安管理处罚。例如，李某、吴某侵害英雄烈士荣誉纠纷民事公益诉讼案中，两人身着仿纳粹军服在萧山烈士陵园拍照并在网络上传播，损害社会公共利益，除承担赔礼道歉、消除影响等民事责任外，还因构成违反治安管理行为，被公安机关处以行政拘留的行政处罚。

三是刑事责任。《中华人民共和国刑法修正案（十一）》增设“侵害英雄烈士名誉、荣誉罪”，将侮辱、诽谤英雄烈士的行为明确规定为犯罪。人民法院依法严惩侮辱、诽谤英雄烈士行为，保护英雄烈士的人格利益和社会公共利益，旗帜鲜明反对和抵制历史虚无主义等错误思想。例如，这次发布的 3 个刑事诉讼典型案例中，罗某、肖某、仇某在网络平台上公然侮辱、诋毁英雄烈士，损害社会公共利益，严重破坏社会公共秩序，人民法院依法认定其构成侵害英雄烈士名誉、荣誉罪，科以刑事处罚。

难点解惑

1. 为什么说我们坚持的依宪治国、依宪执政，与西方所谓的“宪政”本质上是不同的?

“我宣誓：忠于中华人民共和国宪法，维护宪法权威，履行法定职责……” 2018 年 3 月 17 日，雄伟的人民大会堂里国徽高悬、号角响起，全票当选国家主席、中央军委主席的习近平总书记，自信而坚毅地走上宣誓台，左手抚按《中华人民共和国宪法》，右手举拳，庄严宣誓。这是第一次在全国人民代表大会上举行的宪法宣誓，铮铮誓言体现了我们党对宪法的自觉尊崇，对依宪治国、依宪执政的郑重承诺。宪法是国家的根本法，是治国安邦的总章程。习近平总书记强调：“坚持依法治国首先要坚持依宪治国，坚持依法执政首先要坚持依宪执政。”

近代以来，围绕“宪法”“立宪”，中国尝试过君主立宪制、议会制、多党制、总统制等各种政治制度，但最终都以失败告终。历史证明，西方“宪政”这条路，在中国根本走不通。经过长期实践探索和理论思考，中国共产党带领人民成功开辟、坚持和拓展了中国特色社会主义政治发展道路和中国特色社会主义法治道路。我国现行宪法是在深刻总结我国社会主义革命、建设、改革的成功经验基础上制定和不断完善的，是我们党领导人民长期奋斗历史逻辑、理论逻辑、实践逻辑的必然结果。我国宪法以根本法的形式，确立了中国共产党在国家中的领导核心地位，规定我国的国体是人民民主专政、政体是人民代表大会制度。我们说坚持依宪治国、依宪执政，就包括坚持宪法确定的中国共产党领导地位不动摇，坚持宪法确定的人民民主专政的国体和人民代表大会制度的政体不动摇。

我们坚持的依宪治国、依宪执政，与西方所谓的“宪政”本质上是不同的。马克思主义认为，宪法作为上层建筑，是由经济基础决定的。资本主义的宪法及其确立的政治制度是以私有制为基础的，资本决定着社会机器的运转，不论是君主立宪制还是议会制、总统制，都没有改变资本主义国家政治统治的本质。我们党领导人民制定的宪法，是中国历史上第一部真正意义上的人民宪法，具有鲜明的社会主义属性，体现了全体人民的共同意志，得到最广大人民的拥护和遵行，实现了党的主张和人民意志的高度统一。坚持依宪治国、依宪执政，就要不折不扣贯彻实施宪法，保证人民依法享有广泛的权利和自由，维护最广大人民根本利益，实现人民群众对美好生活的向往和追求。

中国共产党领导是我国宪法最显著的特征，也是我国宪法得到全面贯彻实施的根本保证。依宪治国、依宪执政，绝不是削弱、否定和放弃党的领导，而是强调党领导人民制定宪法法律，党领导人民实施宪法法律，党自身也必须在宪法法律范围内活动。我们坚持的依宪治国、依宪执政，不能用“宪政”来指代。在当代中国，“宪政”这个概念是不适用的。现在一些人打出“宪政”牌，就是想通过对“宪政”这一政治概念进行学术包装，拿西方“宪政”的标准来框住我们，攻击我们不是“宪政国家”“法治国家”，把党领导的社会主义国家打入“人治国家”甚至“专制国家”的另类，用所谓“宪政”架空中国共产党领导。任何人以任何借口否定中国共产党领导和社会主义根本制度，都是错误的、有害的，都是绝对不能接受的，也是从根本上违反宪法的。一定要认清，我们坚持的依宪治国、依宪执政依据的是中华人民共和国宪法，而不是其他国家的宪法。盲目地跟着西方所谓的“宪政”跑，无异于削足适履，自毁长城。

进入新时代，全面依法治国不断深入推进，对我们党依宪治国、依宪执政提出了更高要求。我们要对我国宪法确立的国家指导思想、发展道路、奋斗目标充满自信，对我国宪法确认的中国共产党领导和我国社会主义制度充满自信，对我国宪法确认的我们党领导人民创造的社会主义先进文化和中华优秀传统文化充满自信。要坚定宪法自信，增强宪法自觉，更加注重发挥宪法的重要作用，坚持党领导立法、保证执法、支持司法、带头守法，把依法治国、依法执政、依法行政统一起来，完善全面贯彻实施宪法的体制机制，不断提高依宪治国、依宪执政的能力和水平。①

2. 为什么说在我国党的领导、人民当家作主和依法治国是统一的？

“党的领导是人民当家作主和依法治国的根本保证，人民当家作主是社会

---

① “四个全面”擘宏图：关于中国特色社会主义事业战略布局［N］. 人民日报，2021-08-13（5）.

主义民主政治的本质特征，依法治国是党领导人民治理国家的基本方式，三者统一于我国社会主义民主政治伟大实践。”这是对党的领导、人民当家作主、依法治国三者的定位、相互关系和重要作用的深刻阐述。

——党的领导是人民当家作主和依法治国的根本保证。在我国政治生活中，党是居于领导地位的。党政军民学，东西南北中，党是领导一切的。我们党是领导中国特色社会主义事业的执政党，党的执政地位是通过党对国家政权机关的领导来实现的，党的先锋队性质是通过组织和支持人民当家作主来体现的。没有党的坚强领导，就不可能把广大人民群众的积极性、主动性、创造性调动起来，也就不可能形成统一意志，不仅发展社会主义民主无从谈起，而且势必出现一盘散沙甚至动荡不安的局面。在我国，管理国家和社会各项事务，包括发展社会主义民主政治、建设社会主义法治国家，都必须毫不动摇地始终坚持党的领导。这样才能保证我国社会主义民主政治的正确发展方向，依法治国也才能有可靠的政治保证和思想基础。

——人民当家作主是社会主义民主政治的本质特征。我们党除了代表人民根本利益以外没有自己的特殊利益，全心全意为人民服务是我们党的根本宗旨。我们强调坚持党的领导，目的是要不断实现、保护和发展人民的根本利益，包括实现和保障人民当家作主的民主权利。在我国，人民当家作主不是一句空话，而是已经体现在国家政治和经济社会生活的方方面面，落实到我国的人民代表大会制度、中国共产党领导的多党合作和政治协商制度、民族区域自治制度、基层群众自治制度等各项制度安排之中。这既是我国社会主义民主政治的本质特征，也是中国特色社会主义民主与资本主义民主的本质区别。因此，发展社会主义民主政治，必须始终牢记马克思主义群众观点，坚持以人民为中心的发展思想，着眼于一切相信群众、一切依靠群众、一切为了群众，以健全的制度体系保证人民当家作主。

——依法治国是党领导人民治理国家的基本方式。在我国，党的领导方式和执政方式是通过党的领导体制实现的，集中反映在党、国家和人民的定位和关系之中。实践中就是既要加强党的领导，也要改进党的领导方式和执政方式，实现治理体系和治理能力现代化。其中，依法治国是党领导人民治理国家的基本方式。一方面，依法治国的实质是要依照宪法和法律来治理国家、管理社会事务，人民在党的领导下通过最高国家权力机关即全国人民代表大会制定宪法和法律，运用宪法和法律来治理国家、管理社会事务，保障实现人民当家作主的民主权利。另一方面，党领导人民制定宪法和法律，党的各级组织和全体党员干部又必须带头模范遵守宪法和法律。尤其是各级领导干部要增强民主法治观念，自觉接受人民群众的监督。

——三者统一于我国社会主义民主政治伟大实践。坚持党的领导、人民当家作主、依法治国有机统一，是中国特色社会主义民主政治的集中体现，三者统一于我国社会主义民主政治伟大实践，是中国共产党人的伟大创造。我们完全有信心、有能力把我国社会主义民主政治的优势和特点充分发挥出来，为人类政治文明进步做出充满中国智慧的贡献。我们要不断改进党的领导方式和执政方式，保证党领导人民有效治理国家；要健全民主制度，丰富民主形式，保证人民依法实行民主选举、民主协商、民主决策、民主管理、民主监督；要发挥法治在国家和社会治理中的重要作用，维护国家法制统一、尊严、权威。以上要求在具体工作中得到贯彻落实，党的领导、人民当家作主、依法治国三者在我国社会主义民主实践中的优势就会充分发挥出来。①

拓展阅读

材料一　深刻认识习近平法治思想的重大意义

习近平法治思想内涵丰富、论述深刻、逻辑严密、系统完备，是马克思主义法治理论中国化最新成果，是全面依法治国的根本遵循和行动指南，具有重大理论意义和现实意义。党的十八大以来，全面依法治国实践取得重大进展，习近平法治思想在推动更高水平良法善治的时代进程中彰显实践品格、展现实践伟力。

2020 年 11 月 16 日至 17 日召开的中央全面依法治国工作会议，其最重大的成果是确立了习近平法治思想，明确了习近平法治思想在全面依法治国工作中的指导地位。习近平法治思想内涵丰富、论述深刻、逻辑严密、系统完备，为全面依法治国提供了根本遵循和行动指南。我们要认真学习领会习近平法治思想，吃透基本精神、把握核心要义、明确工作要求，切实把习近平法治思想贯彻落实到全面依法治国全过程，更好转化为全面建设社会主义法治国家的生动实践。

坚定探索适合自身的法治道路

人类社会发展的实践证明，依法治理是最可靠、最稳定的治理。人类制度文明演进的历史，证明了“法令行则国治，法令弛则国乱”的深刻道理。新中国成立以来特别是改革开放以来，在推进社会主义现代化建设的历史进程中，我们党越来越深刻地认识到法治在国家治理中的重要作用，越来越深刻地认识到法治对于坚持和发展中国特色社会主义、推进社会主义现代化建设的重

---

① 余言．坚持党的领导、人民当家作主、依法治国有机统一［N］．中国纪检监察报，2018-01-10（1）．

大意义，进而明确提出依法治国、建设社会主义法治国家的目标。

道路问题至关重要。沿着什么样的法治道路前进，直接关系社会主义法治建设的成败。世界上没有放之四海而皆准的法治模式。如果脱离本国实际照抄照搬别国的法治模式，就会对经济社会发展产生消极作用。实践中，有的国家就是因为简单照抄照搬别国的法治模式，结果不但没有实现善治，反而增加了社会不稳定因素。法治是现代国家治理的基本特征和根本保障，任何一个国家进行法治建设，都必须探索适合自己的法治道路。

习近平法治思想在新时代波澜壮阔的治国理政实践中应运而生，并在坚持和完善中国特色社会主义制度、推进国家治理体系和治理能力现代化进程中不断创新发展、日益成熟完备。以习近平同志为核心的党中央深刻总结新中国成立以来社会主义法治建设经验，明确提出了全面依法治国要走什么道路的问题。习近平总书记强调："全面推进依法治国，必须走对路。如果路走错了，南辕北辙了，那再提什么要求和举措也都没有意义了。""中国特色社会主义法治道路，是社会主义法治建设成就和经验的集中体现，是建设社会主义法治国家的唯一正确道路。""中国特色社会主义法治道路是一个管总的东西。具体讲我国法治建设的成就，大大小小可以列举出十几条、几十条，但归结起来就是开辟了中国特色社会主义法治道路这一条。""在坚持和拓展中国特色社会主义法治道路这个根本问题上，我们要树立自信、保持定力。"

习近平法治思想从历史和现实相贯通、国际和国内相关联、理论和实际相结合上深刻回答了新时代为什么实行全面依法治国、怎样实行全面依法治国等一系列重大问题，强调从我国革命、建设、改革的实践中探索适合自己的法治道路，提出全面依法治国的基本框架和总体布局，阐明中国特色社会主义法治体系的科学内涵，强调坚定不移走中国特色社会主义法治道路。在走什么样的法治道路问题上，我们必须旗帜鲜明、正本清源，不断增强探索适合自身法治道路的自信和决心。

顺应实现中华民族伟大复兴时代要求的重大理论创新成果

习近平总书记指出："实现中华民族伟大复兴的中国梦，就是要实现国家富强、民族振兴、人民幸福。"实现中华民族伟大复兴的中国梦，全面依法治国是重要保障。进入新时代，改革发展稳定任务之重前所未有，矛盾风险挑战之多前所未有，人民群众对法治的期待和要求之高前所未有。只有以科学的理论指导全面依法治国实践，我们才能在全面建设社会主义现代化国家的新征程上更好发挥法治固根本、稳预期、利长远的保障作用。习近平法治思想在党的十八大以来我们党领导人民进行伟大斗争、建设伟大工程、推进伟大事业、实现伟大梦想的实践中形成、丰富和发展，顺应实现中华民族伟大复兴的时代要求，蕴含着伟大的真理力量。

以习近平同志为核心的党中央胸怀中华民族伟大复兴战略全局，面对世界百年未有之大变局，站在实现党和国家长治久安的战略高度，统筹考虑国际国内形势、法治建设进程和人民群众法治需求，科学回答如何在法治轨道上推进国家治理体系和治理能力现代化，使全面依法治国与推进国家治理体系和治理能力现代化的要求相协同；如何依法应对重大挑战、抵御重大风险、克服重大阻力、解决重大矛盾，不断满足人民群众对法治的更高期待等重大问题。

习近平法治思想明确法治是国家治理体系和治理能力的重要依托。只有全面依法治国，才能有效保障国家治理体系的系统性、规范性、协调性，才能最大限度凝聚社会共识。全面依法治国是一个系统工程，要整体谋划，更加注重系统性、整体性、协同性。习近平法治思想提出强化法治思维，运用法治方式，有效应对挑战、防范风险，综合利用立法、执法、司法等手段开展斗争；强调不断提高运用法治思维和法治方式深化改革、推动发展、化解矛盾、维护稳定、应对风险的能力；明确推进全面依法治国，根本目的是依法保障人民权益。在习近平法治思想引领下，我国法治建设实践积极回应人民群众新要求新期待，系统研究谋划和解决法治领域人民群众反映强烈的突出问题，不断增强人民群众获得感、幸福感、安全感，用法治保障人民安居乐业，法治中国建设不断开辟新境界，为中华民族伟大复兴提供了有力法治保障。

新时代全面依法治国，需要深刻把握马克思主义法治理论的精髓要义，充分汲取中华民族传统治理智慧，广泛吸纳世界法治文明的优秀成果，深刻总结共产党依法执政规律、社会主义法治建设规律、人类社会法治文明发展规律。习近平法治思想满足新时代全面依法治国的理论需求，是马克思主义法治理论中国化最新成果，是全面依法治国的根本遵循和行动指南。

引领社会主义法治建设的生动实践

成功的实践离不开科学理论的正确指引。推进全面依法治国，是国家治理的一场深刻变革，更要以科学理论为指导。党的十八大以来，以习近平同志为核心的党中央以前所未有的决心、举措和力度推进全面依法治国，全面系统研究解决全面依法治国重大事项、重大问题，协调推进中国特色社会主义法治体系和社会主义法治国家建设。在这一实践过程中，习近平总书记创造性提出关于全面依法治国的一系列新理念新思想新战略，形成科学系统的思想体系。习近平法治思想扎根中国特色社会主义法治实践沃土，在推动更高水平良法善治的时代进程中彰显实践品格、展现实践伟力。

党的十八大以来，面对正在发生深刻复杂变化的内部条件和外部环境，习近平法治思想成功指引我国社会主义法治建设发生历史性变革、取得历史性成就，全面依法治国实践取得重大进展。从推动“放管服”改革，用权力清单和责任清单明确政府权力边界，到制定监察法，确保监察体制改革在法治轨道上稳步推进；从营造风清气正的法治化营商环境，到为“一带一路”建设等提供坚实法治保障；从不断扎紧依规治党的制度笼子，到推动社会主义核心价值观融入法治建设，全面依法治国实践不断丰富，“中国之治”的法治基石更加巩固。

习近平法治思想用“十一个坚持”系统阐述了新时代推进全面依法治国的重要思想和战略部署，即坚持党对全面依法治国的领导；坚持以人民为中心；坚持中国特色社会主义法治道路；坚持依宪治国、依宪执政；坚持在法治轨道上推进国家治理体系和治理能力现代化；坚持建设中国特色社会主义法治体系；坚持依法治国、依法执政、依法行政共同推进，法治国家、法治政府、法治社会一体建设；坚持全面推进科学立法、严格执法、公正司法、全民守法；坚持统筹推进国内法治和涉外法治；坚持建设德才兼备的高素质法治工作队伍；坚持抓住领导干部这个“关键少数”。“十一个坚持”为新时代推进全面依法治国提供了根本遵循。

习近平法治思想在伟大实践中全面发展，在时代进程中成熟完善，在应对风险挑战中指引法治中国建设开创新局面，也必将引领全面依法治国实践在新发展阶段实现更大发展，不断迈向新的更高境界。

◆ 资料来源：胡明．深刻认识习近平法治思想的重大意义．人民日报，2020-12-15(9)，有改动 ◆

材料二　走中国特色人权发展道路，坚定不移推进中国人权事业和世界人权事业——学习《习近平关于尊重和保障人权论述摘编》

人人充分享有人权，是人类社会的伟大梦想。党的十八大以来，以习近平同志为核心的党中央坚持把人民利益摆在至高无上的地位，把人民对美好生活的向往作为奋斗目标，不断提高尊重与保障中国人民各项基本权利的水平，推动中国人权事业取得巨大成就，为世界人权事业发展做出了重大贡献。《习近平关于尊重和保障人权论述摘编》（以下简称《摘编》）一书，系统收录了习近平总书记围绕尊重和保障人权发表的一系列重要论述，对于我们继续坚定不移走中国特色人权发展道路，在更高水平上保障中国人民的人权，推动形成更加公正、合理、包容的全球人权治理，具有十分重要的指导意义。

一、中国共产党和中国政府始终尊重和保障人权

2021 年是中国共产党成立 100 周年。中国共产党的 100 年，是争取人权、尊重人权、保障人权、发展人权的 100 年。党的百年奋斗，从根本上改变了中国人民的前途命运，极大提高了中国人权文明水平，丰富发展了人类文明多样性。在《摘编》第一部分，习近平总书记对中国共产党和中国政府尊重和保障人权的历史性贡献、历史性成就作了深刻阐述。

近代以后，由于西方列强入侵和封建统治腐败，中国逐步成为半殖民地半封建社会，中华民族遭受了前所未有的劫难，中国人民惨遭压迫奴役，陷入深重苦难之中，生存权利遭到严重践踏，人的尊严更难以保障。正如习近平总书记所说："中国人民历经苦难，深知人的价值、基本人权、人格尊严对社会发展进步的重大意义。"面对山河破碎、生灵涂炭，中国人民奋起反抗，仁人志士奔走呐喊，太平天国运动、洋务运动、戊戌变法、义和团运动接连而起，各种救国方案轮番出台，但都以失败告终，都没能使中国人民脱离被压迫被奴役的悲惨境地。实现民族独立、人民解放和国家富强、人民幸福的重任，历史地落在了中国共产党的肩上。

习近平总书记指出，人民幸福生活是最大的人权。我们党从成立之日起，就坚持把为中国人民谋幸福、为中华民族谋复兴作为初心使命，团结带领中国人民为创造自己的美好生活进行了长期艰辛奋斗。党团结带领人民推翻了帝国主义、封建主义和官僚资本主义"三座大山"，建立了中华人民共和国，实现了民族独立和人民解放，在一个有着几千年封建社会历史的国家实现了最广泛的人民民主，人民真正成为国家、社会和自己命运的主人。党团结带领人民进行社会主义革命，推进社会主义建设，为有效保障人民各项权利和自由奠定了根本政治前提和牢固制度基础。党团结带领人民推进改革开放和社会主义现代化建设，创造了世所罕见的经济快速发展奇迹和社会长期稳定奇迹，实现了中华民族从站起来到富起来的伟大飞跃，亿万中国人民生活日益改善，中国人权事业取得举世瞩目的巨大成就。

党的十八大以来，中国特色社会主义进入新时代。党面临的主要任务是，实现第一个百年奋斗目标，开启实现第二个百年奋斗目标新征程，朝着实现中华民族伟大复兴的宏伟目标继续前进。习近平总书记指出，中国梦是中华民族的梦，也是每个中国人的梦。中国人民实现中华民族伟大复兴中国梦的过程，本质上就是实现社会公平正义和不断推动人权事业发展的进程。以习近平同志为核心的党中央坚持人民至上，始终把人民权利放在首位，保证人民平等参与、平等发展权利，使改革发展成果更多更公平惠及全体人民，不断提高尊重与保障中国人民各项基本权利的水平。

在以习近平同志为核心的党中央坚强领导下，《国家人权行动计划（2012—2015年）》《国家人权行动计划（2016—2020年）》先后得到全面实施，实现了国家人权行动计划与国家发展规划的对接和统一。特别是经过全党全国各族人民持续奋斗，我们如期完成脱贫攻坚目标任务，实现了第一个百年奋斗目标，在中华大地上全面建成了小康社会，历史性地解决了绝对贫困问题，谱写了中国人权事业的新篇章，创造了人类尊重和保障人权的奇迹。这不仅是中国人权事业发展进程中一个载入史册的里程碑，也是世界人权事业发展史上的重要里程碑。习近平总书记指出，这是中华民族的伟大光荣！这是中国人民的伟大光荣！这是中国共产党的伟大光荣！

习近平总书记指出，在人权问题上没有完成时，只有进行时。我们正在意气风发向着全面建成社会主义现代化强国的第二个百年奋斗目标迈进。党的十九届五中全会通过的《中共中央关于制定国民经济和社会发展第十四个五年规划和二〇三五年远景目标的建议》，将“促进人的全面发展和社会全面进步”“促进人权事业全面发展”等作为经济社会发展的重要目标。与此相衔接，2021 年 9 月，《国家人权行动计划（2021—2025 年）》发布。在新起点新征程上，党将团结带领人民把握新发展阶段，贯彻新发展理念，构建新发展格局，推动高质量发展，继续为享有更加幸福安康的生活和更高水平的人权而奋斗。习近平总书记强调，中国人民生活将更加幸福，中国人民权利将得到更充分保障，中国将为人类发展进步做出更大贡献。

二、走适合中国国情的人权发展道路，保证人民当家作主

习近平总书记指出，民主和人权是人类共同追求，同时必须尊重各国人民自主选择本国发展道路的权利。在《摘编》第二部分，习近平总书记对民主和人权的评价标准作了深刻阐述，强调要坚持把人权的普遍性原则同中国实际相结合，走适合中国国情的人权发展道路，保证人民当家作主。

在人权问题上没有最好，只有更好。习近平总书记深刻指出，世界上没有放之四海而皆准的人权发展道路，人权保障没有最好，只有更好。他强调，我们发展人权事业，不是以西方所提的那个标准为圭臬。不论发展到什么阶段，我们的人权事业都要按照我国国情和人民要求来发展，达到了我们确立的目标和水平就是好的，不需要向西方看齐，不需要西方来评判！对西方国家在我国人权问题上指手画脚的言行，要坚决顶回去！

走中国特色人权发展道路。冷战结束以来，西方国家借人权问题干涉别国内政，一些国家被折腾得不成样子了，有的四分五裂，有的战火纷飞，有的整天乱哄哄的。在人权问题上，如果我们用西方资本主义价值体系来剪裁我们的实践，用西方资本主义评价体系来衡量我国发展，符合西方标准就行，不符合西方标准就是落后的陈旧的，就要批判、攻击，那后果不堪设想。习近平总书记指出，一个国家走什么样的道路，只有这个国家的人民最有发言权。一副药方不可能包治百病，一种模式也不可能解决所有国家的问题。生搬硬套或强加于人都会引起水土不服。长期以来，中国始终遵循联合国宪章和《世界人权宣言》精神，坚持把人权普遍性同中国实际结合起来，走出了一条符合时代潮流、具有中国特色的人权发展道路，为中国人权进步和国际人权事业发展做出了重大贡献。对于如何坚持走中国特色人权发展道路，习近平总书记在不同场合、从不同角度作了深刻阐述。他强调，时代在发展，人权在进步。要坚持把人权的普遍性原则和当代实际相结合，走符合国情的人权发展道路，奉行以人民为中心的人权理念，把生存权、发展权作为首要的基本人权，协调增进全体人民的经济、政治、社会、文化、环境权利，努力维护社会公平正义，促进人的全面发展。

发展社会主义民主政治。民主权利是人权的重要内容，发展社会主义民主政治就是要体现人民意志、保障人民权益、激发人民创造活力，用制度体系保证人民当家作主。在民主的评判标准问题上，习近平总书记深刻指出，实现民主的形式是丰富多样的，不能拘泥于刻板的模式，更不能说只有一种放之四海而皆准的评判标准。一个国家是不是民主，应该由这个国家的人民来评判，而不应该由外部少数人来指手画脚。用单一的标尺衡量世界丰富多彩的政治制度，用单调的眼光审视人类五彩缤纷的政治文明，本身就是不民主的。他强调，要毫不动摇走中国特色社会主义政治发展道路，长期坚持、全面贯彻、不断发展人民代表大会制度、中国共产党领导的多党合作和政治协商制度、民族区域自治制度、基层群众自治制度，发展社会主义协商民主，巩固和发展最广泛的爱国统一战线，扩大人民群众有序政治参与，保证人民广泛参加国家治理和社会治理，形成生动活泼、安定团结的政治局面。

积极发展全过程人民民主。党的十八大以来，以习近平同志为核心的党中央深化对民主政治发展规律的认识，提出全过程人民民主的重大理念。习近平总书记指出，我国全过程人民民主不仅有完整的制度程序，而且有完整的参与实践。我国全过程人民民主实现了过程民主和成果民主、程序民主和实质民主、直接民主和间接民主、人民民主和国家意志相统一，是全链条、全方位、全覆盖的民主，是最广泛、最真实、最管用的社会主义民主。他强调，我们要继续推进全过程人民民主建设，把人民当家作主具体地、现实地体现到党治国理政的政策措施上来，具体地、现实地体现到党和国家机关各个方面各个层级工作上来，具体地、现实地体现到实现人民对美好生活向往的工作上来。

三、坚持以人民为中心，推进人权事业全面发展

党的十八大以来，以习近平同志为核心的党中央高度重视保护和促进人权，适应社会主要矛盾的变化，坚持以人民为中心的发展思想，以保障人民生存权、发展权为首要目标，把增进人民福祉、保障人民当家作主、促进人的全面发展作为发展的出发点和落脚点，以发展促人权，推进人权事业全面发展。

在此过程中，习近平总书记提出一系列新理念新思想新要求。《摘编》的第三到第八部分，对此作了充分反映。

奉行以人民为中心的人权理念。人民群众是历史的创造者，全心全意为人民服务是我们党的根本宗旨，发展为了人民、发展依靠人民、发展成果由人民共享是我们推进改革开放和社会主义现代化建设的根本目的。习近平总书记指出，中国共产党根基在人民、血脉在人民、力量在人民；人民是我们党执政的最大底气，是我们共和国的坚实根基，是我们强党兴国的根本所在；江山就是人民、人民就是江山，打江山、守江山，守的是人民的心；必须始终把人民对美好生活的向往作为我们的奋斗目标，践行党的根本宗旨，贯彻党的群众路线，尊重人民主体地位，尊重人民群众在实践活动中所表达的意愿、所创造的经验、所拥有的权利、所发挥的作用，充分激发蕴藏在人民群众中的创造伟力。党的十八大后，以习近平同志为核心的党中央鲜明提出以人民为中心的发展思想，提出奉行以人民为中心的人权理念，彰显了鲜明的人民立场。中国特色社会主义进入新时代，我国社会主要矛盾已经转化为人民日益增长的美好生活需要和不平衡不充分的发展之间的矛盾。人民美好生活需要日益广泛，不仅对物质文化生活提出了更高要求，而且在民主、法治、公平、正义、安全、环境等方面的要求日益增长。习近平总书记强调，要着力解决人民群众所需所急所盼，让人民共享经济、政治、文化、社会、生态等各方面发展成果，有更多、更直接、更实在的获得感、幸福感、安全感。

坚持生存权和发展权是首要的基本人权，逐步实现全体人民共同富裕。发展是人类社会永恒的主题，联合国《发展权利宣言》确认发展权利是一项不可剥夺的人权。作为世界上最大的发展中国家，以经济建设为中心是兴国之要，发展仍是解决我国所有问题的关键，是我们党执政兴国的第一要务，解决好 14 亿多人的吃饭问题是中国发展第一位的任务。党的十八大后，以习近平同志为核心的党中央把脱贫攻坚摆在治国理政的突出位置，把贫困人口全部脱贫作为全面建成小康社会的底线任务和标志性指标，坚持精准扶贫、精准脱贫，组织实施了人类历史上规模空前、力度最大、惠及人口最多的声势浩大的脱贫攻坚人民战争。经过全党全国各族人民共同努力，在迎来中国共产党成立 100 周年的重要时刻，我国脱贫攻坚战取得了全面胜利，创造了又一个彪炳史册的人间奇迹，创造了减贫治理的中国样本，为全球减贫事业和人权事业做出了重大贡献。消除绝对贫困，是促进全体人民共同富裕的一项重大举措。习近平总书记指出，共同富裕是社会主义的本质要求，是人民群众的共同期盼。党的十九届五中全会向着更远的目标谋划共同富裕，提出了“全体人民共同富裕取得更为明显的实质性进展”的目标。习近平总书记强调，共同富裕是中国式现代化的重要特征；在全面建设社会主义现代化国家新征程中，必须把促进全体人民共同富裕摆在更加重要的位置；要自觉主动解决地区差距、城乡差距、收入分配差距，促进社会公平正义，逐步实现全体人民共同富裕，坚决防止两极分化。

把人民群众生命安全和身体健康放在第一位。确保人民群众生命安全和身体健康，是我们党治国理政的一项重大任务，也是尊重和保障人权的重要内容。党的十八大以来，习近平总书记多次强调，要坚持以人为本、执政为民，牢固树立安全发展理念，始终把人民群众生命安全放在第一位；要把人民健康放在优先发展战略地位，推进健康中国建设，实现健康和经济社会良性协调发展。面对新冠疫情这一新中国成立以来我国遭遇的传播速度最快、感染范围最广、防控难度最大的重大突发公共卫生事件，以习近平同志为核心的党中央鲜明提出把人民生命安全和身体健康放在第一位，在全国范围调集最优秀的医生、最先进的设备、最急需的资源，全力以赴投入疫病救治。习近平总书记指出，人的生命是最宝贵的，生命只有一次，失去不会再来。在保护人民生命安全面前，我们必须不惜一切代价，我们也能够做到不惜一切代价，因为中国共产党的根本宗旨是全心全意为人民服务，我们的国家是人民当家作主的社会主义国家。这种生命至上的精神，集中体现了中国人民深厚的仁爱传统和中国共产党人以人民为中心的价值追求。

协调增进全体人民的经济、政治、社会、文化、环境权利，促进人的全面发展。保障人民群众经济、政治、文化、社会、环境权益是我国社会主义制度的根本要求，也是发挥广大人民群众积极性、主动性、创造性最重要最基础的工作。习近平总书记指出，我们党领导人民全面建设小康社会、进行改革开放和社会主义现代化建设的根本目的，就是要通过发展社会生产力，不断提高人民物质文化生活水平，促进人的全面发展。他强调，必须统筹推进“五位一体”总体布局、协调推进“四个全面”战略布局，全面深化改革开放，立足新发展阶段，完整、准确、全面贯彻新发展理念，构建新发展格局，推动高质量发展，推进科技自立自强；要坚持和完善人民代表大会制度，推进协商民主广泛多层制度化发展，推进基层民主建设，不断扩大人民有序政治参与，发展全过程人民民主，保证人民当家作主；要发展文化事业，保障人民文化权益，让人民享有更加充实、更为丰富、更高质量的精神文化生活；要坚持在发展中保障和改善民生，抓住人民最关心最直接最现实的利益问题，在幼有所育、学有所教、劳有所得、病有所医、老有所养、住有所居、弱有所扶上不断取得新进展，不断促进社会公平正义，要加强和创新社会治理，维护社会和谐稳定，确保国家长治久安、人民安居乐业；要坚持人与自然和谐共生，积极回应人民群众所想、所盼、所急，大力推进生态文明建设，提供更多优质生态产品，不断满足人民日益增长的优美生态环境需要。党的十八大以来，以习近平同志为核心的党中央坚持和发展中国特色社会主义，推动物质文明、政治文明、精神文明、社会文明、生态文明协调发展，协同推进人民富裕、国家强盛、中国美丽，不断满足人民日益增长的美好生活需要，广大人民群众的获得感、幸福感、安全感更加充实、更有保障、更可持续。

保障少数民族、妇女儿童、老年人、残疾人等特定群体权益。中国梦，是民族梦、国家梦，是每一个中国人的梦；全面建成小康社会、全面建设社会主义现代化国家，一个都不能少，一个都不能掉队。习近平总书记强调，各民族多元一体是老祖宗留给我们的一笔重要财富，要更好维护民族地区团结稳定，更好加快民族地区发展，完善差别化区域支持政策，依法保障各族群众合法权益，确保少数民族和民族地区同全国一道实现全面小康和现代化；妇女权益是基本人权，少年儿童是祖国的未来，要坚持男女平等基本国策，保障妇女儿童合法权益，健全关爱服务体系；老年是人的生命的重要阶段，要着力增强全社会积极应对人口老龄化的思想观念，提高老年人生活和生命质量、维护老年人尊严和权利，让老年人老有所养、老有所依、老有所乐、老有所安；残疾人是社会大家庭的平等成员，要发展残疾人事业，加强残疾康复服务，不断健全残疾人权益保障制度。党的十八大以来，以习近平同志为核心的党中央对各类困难群众格外关注、格外关爱、格外关心，高度重视对少数民族、妇女儿童、老年人、残疾人等特定群体权益的保障，组织实施妇女儿童、残疾人、少数民族发展规划，使他们享有均等机会，以平等身份充分参与经济政治文化社会生活，共享发展成果。

加强人权法治保障，保证人民依法享有广泛权利和自由。法治是人权的重要保障。习近平总书记指出，推进全面依法治国，根本目的是依法保障人民权益。要把以人民为中心的发展思想贯穿立法、执法、司法、守法各个环节，加快完善体现权利公平、机会公平、规则公平的法律制度，保障公民人身权、财产权、人格权和基本政治权利不受侵犯，保障公民经济、文化、社会等各方面权利得到落实，确保法律面前人人平等。党的十八大以来，以习近平同志为核心的党中央积极回应人民群众新要求新期待，系统研究谋划和解决法治领域人民群众反映强烈的突出问题，坚持依法治国、依法执政、依法行政共同推进，坚持法治国家、法治政府、法治社会一体建设，不断推进科学立法、严格执法、公正司法、全民守法进程，把体现人民利益、反映人民愿望、维护人民权益、增进人民福祉落实到全面依法治国各领域全过程，推动人权得到切实尊重和保障，让人民群众在每一项法律制度、每一个执法决定、每一宗司法案件中都感受到公平正义。

四、推进世界人权事业发展，推动形成更加公正、合理、包容的全球人权治理

中国共产党是为中国人民谋幸福的政党，也是为人类进步事业而奋斗的政党，始终把为人类做出新的更大的贡献作为自己的使命。中国共产党和中国政府始终高举和平、发展、合作、共赢的旗帜，坚持维护世界和平、促进共同发展，坚持以合作促发展，以发展促人权，全面参与全球人权治理，努力推动世界人权事业发展进步。在《摘编》第九部分，习近平总书记就此作了深刻阐述。

坚守和弘扬全人类共同价值，丰富人类文明多样性。人权是全人类的共同追求，然而由于文化、制度、道路的不同，各国人民对人权的理解不尽相同。习近平总书记指出，世界是丰富多彩的，多样性是人类文明的魅力所在，更是世界发展的活力和动力之源；差异并不可怕，可怕的是傲慢、偏见、仇视，可怕的是想把人类文明分为三六九等，可怕的是把自己的历史文化和社会制度强加给他人；中国主张加强不同文明交流互鉴、促进各国人权交流合作，推动各国人权事业更好发展。习近平总书记多次在国际场合呼吁，要大力弘扬和平、发展、公平、正义、民主、自由的全人类共同价值，共同为建设一个更加美好的世界提供正确理念指引。他强调，和平与发展是我们的共同事业，公平正义是我们的共同理想，民主自由是我们的共同追求；要以宽广胸怀理解不同文明对价值内涵的认识，尊重不同国家人民对价值实现路径的探索，把全人类共同价值具体地、现实地体现到实现本国人民利益的实践中去。

始终做世界和平的建设者和维护者。维护和平是尊重和保障人权的前提。中国把维护世界和平、反对霸权主义和强权政治作为自己的神圣职责，坚决反对动辄使用武力或以武力威胁处理国际争端。习近平总书记指出，要相互尊重、平等协商，坚决摒弃冷战思维和强权政治，走对话而不对抗、结伴而不结盟的国与国交往新路；要坚持以对话解决争端、以协商化解分歧，统筹应对传统和非传统安全威胁，反对一切形式的恐怖主义；要坚持理性、协调、并进的核安全观，把核安全进程纳入健康持续发展的轨道。党的十八大以来，在以习近平同志为核心的党中央坚强领导下，我国高举和平、发展、合作、共赢的旗帜，始终不渝走和平发展道路，积极推进全球伙伴关系建设，主动参与国际热点难点问题的政治解决进程。目前，我国已经成为联合国维和行动的主要出兵国和出资国，数千名中国官兵在各个维和任务区不畏艰苦和危险，维护着当地和平安宁。

努力推动世界各国共同发展繁荣。发展是实现人民幸福的关键，是保障人权的重要基础。习近平总书记指出，大家一起发展才是真发展，可持续发展才是好发展。世界长期发展不可能建立在一批国家越来越富裕而另一批国家却长期贫穷落后的基础之上。只有各国共同发展了，世界才能更好发展。他主张秉承开放精神，推进互帮互助、互惠互利，争取公平的发展，让发展机会更加均等，让发展成果更多更公平地惠及各国人民，呼吁国际社会努力走出一条公平、开放、全面、创新的发展之路。加快全球减贫进程、支持发展中国家发展，是推动实现共同发展的重要内容。习近平总书记指出，中国人民历来重友谊、负责任、讲信义，中华文化历来具有扶贫济困、乐善好施、助人为乐的优良传统；中国共产党不仅对中国人民有着深厚情怀，而且对世界各国人民有着深厚情怀，不仅愿意为中国人民造福，也愿意为世界各国人民造福。党的十八大以来，我国首倡并推动共建“一带一路”，致力于加强国际发展合作，帮助各国打破发展瓶颈，缩小发展差距，共享发展成果；在致力于自身消除贫困的同时，始终积极开展南南合作，推动建立以合作共赢为核心的新型国际减贫交流合作关系，力所能及向其他发展中国家提供不附加任何政治条件的援助，支持和帮助广大发展中国家特别是最不发达国家消除贫困，实现可持续发展。在第七十六届联合国大会一般性辩论上的讲话中，习近平总书记还进一步提出全球发展倡议，强调坚持发展优先、坚持以人民为中心、坚持普惠包容、坚持创新驱动、坚持人与自然和谐共生、坚持行动导向，加快落实联合国二〇三〇年可持续发展议程，共同推动全球发展迈向平衡协调包容新阶段。这一倡议顺应了和平与发展的时代主题，呼应了各国人民追求更美好生活的强烈愿望，为各国聚焦发展、团结发展、共同发展提供了行动指南，注入了思想动力。

推动形成更加公正、合理、包容的全球人权治理，共同构建人类命运共同体。人类命运休戚与共。面对全球性问题，中国积极参与全球治理体系变革和建设，主张推动国际关系民主化，共同维护国际公平正义。在人权问题上，习近平总书记指出，人权事业必须也只能按照各国国情和人民需求加以推进；坚决反对打着所谓“民主”“自由”“人权”等幌子肆意干涉别国内政。他强调，要秉持人类共同价值，维护人的尊严和权利，推动形成更加公正、合理、包容的全球人权治理；要本着公正、公平、开放、包容的精神，尊重并反映发展中国家人民的意愿，以合作促发展，以发展促人权，共同构建人类命运共同体。党的十八大以来，习近平总书记倡导创新、协调、绿色、开放、共享的发展理念，共同、综合、合作、可持续的安全观，平等、互鉴、对话、包容的文明观；面对威胁人类生命安全和身体健康的新冠疫情，倡导共同推动构建人类卫生健康共同体，提出全球疫苗合作行动倡议；面对气候变化、生物多样性丧失、荒漠化加剧、极端气候事件频发给人类生存和发展带来的严峻挑战，倡导共同构建人与自然生命共同体等，为全球人权治理贡献了中国智慧、中国方案。

习近平总书记关于尊重和保障人权的重要论述，立意高远，内涵丰富，思想深刻，我们要结合深入学习《摘编》，全面学习研究、宣传阐释、贯彻落实好我国的人权观，深入学习贯彻习近平新时代中国特色社会主义思想，不断推进尊重和保障人权的伟大实践，为全面建设社会主义现代化国家、实现中华民族伟大复兴的中国梦，为推动构建人类命运共同体、促进世界和平发展和繁荣进步的崇高事业而不懈奋斗。

◆ 资料来源：闻言．走中国特色人权发展道路，坚定不移推进中国人权事业和世界人权事业——学习《习近平关于尊重和保障人权论述摘编》．人民日报，2022-01-12（6），有改动 ◆

材料三　中国人权研究会研究报告：美国人权政治化行径毁损人权善治根基

第二次世界大战结束以来的全球人权实践反复证明，摆脱政治化思维、平等理性地商讨和推进人权，是国际社会妥善处理人权问题、开展人权交流合作的重要基础；而采取人权政治化措施，则势必对全球人权善治造成致命伤害。这已成为国际人权领域的基本共识。

“人权政治化”，是指国际关系行为体出于某种政治动机以政治实用主义的态度来处理人权问题，将人权作为实现某种政治利益的倾向与过程。人权政治化的表现形式主要包括：（1）以选择性而不是普遍性的方式对待人权问题；（2）以双重标准而不是客观标准评价人权状况；（3）以对抗而不是对话的方式处理在人权问题上的差异；（4）以单方面强制而不是多边合作的方式处理人权方面的分歧等。

联合国人权机构明确主张人权的非政治化，要求在人权问题上采取普遍、客观的态度，坚持多边主义，促进建设性对话、国际团结与合作，消除人权政治化。联合国大会第60/251号决议要求“在审议人权问题时要确保普遍性、客观性和非选择性，并要消除双重标准和政治化”。人权理事会第5/1号决议规定人权普遍定期审议机制应“客观、透明、不作选择、具有建设性、非对抗、非政治化地进行”，应“适用客观性、非选择性、消除双重标准和政治化倾向的原则”，受理的来文应当“没有明显的政治动机”“不采取含有政治动机并有违《联合国宪章》规定的立场”。人权理事会第47/9号决议强调，“人权对话应具有建设性，并基于普遍性、不可分割性、客观性、非选择性、非政治化、相互尊重和平等相待等原则”。

然而，美国为了维护自身的政治利益和全球霸权地位，在国际人权领域大搞人权政治化，采取选择性、双重标准、单方面强制等手段，严重侵蚀了全球人权治理赖以支撑和运行的重要基础，对全球人权事业发展构成重大威胁，产生了极其恶劣的破坏性后果。

一、美国人权政治化的历史进程

从总体上看，美国的人权政治化可以分为三个阶段：在20世纪70年代之前，对国际人权标准持勉强、冷漠甚至拒斥态度；在70年代至冷战结束前，推进“人权外交”，利用人权作为打击苏联的政治工具；在冷战结束后，肆无忌惮地将自己的人权价值观作为“软实力”强加于他国，打压与自己政治制度不同的国家，以维护自身的全球霸权。

（一）漠视及拒斥国际人权时期

在《世界人权宣言》制定过程中，美国政府一方面在口头上表示支持，另一方面却竭力强调这只是一个不具约束力、只具鼓舞性的文件。美国坚持把《世界人权宣言》中的人权条款写得尽可能含糊其词，竭力抵制一些国家和组织提出的把人权条款细致化、把各国所应承担的义务具体化的倡议。在《世界人权宣言》通过后，出席联合国人权大会的美国代表立即宣称，《世界人权宣言》只有一条，即第22条对美国适用；而在第22条中，又只有一句话有价值，即《世界人权宣言》能否实现，取决于“各国组织与资源情况”。

1953年后，美国对国际上公认的人权由不太情愿地参与和勉强支持转向公开的漠视。艾森豪威尔政府上台后立即宣布与《世界人权宣言》保持距离，声称在其内外政策方面，将不受人权义务的制约。1960年联合国通过的《非殖民化宣言》及其他一些对反殖民势力予以道义和政治合法性支持的措施，美国政府要么投反对票，要么投弃权票。许多其他人权条约也遭到了同样的冷遇。对20世纪60年代联合国反对南非种族隔离制度的努力，美国的回应则模棱两可，因为这与美国在南非的长期战略利益存在明显的矛盾。冷战初期，美国出于国家安全的考虑，将有民主化倾向的危地马拉阿本斯政府视为苏联共产主义势力在该国的扩张，并通过两次秘密行动，采取外交压力和心理战相结合的手段，最终推翻了危地马拉的民选政府。这成为后来美国在拉丁美洲干涉他国内政的常用模式。

（二）“人权外交”并入政治战略时期

从20世纪70年代中期开始，美国国会将人权作为多边外交政策的重要内容，把人权同安全援助、经济援助及其在国际金融机构中的投票取向联系起来。1977年，卡特当选为美国总统后，正式提出“人权外交”口号，人权被说成是美国外交政策的“基石”和“灵魂”。美国历史学家和外交关系学者詹姆斯·派克在其所著的《完美的幻觉：美国政府是如何选中人权外交的》一书中认为，华盛顿急于寻找一种新的意识形态武器用于冷战，而人权则是一个难得的武器。在派克看来，越是刻意强调什么，越是说明要刻意掩饰什么。美国在越南犯下骇人听闻的暴虐之罪，如摧毁庄稼和森林、强制民众搬迁、轰炸平民、实施“凤凰计划”等，美国支持的智利、危地马拉、菲律宾、安哥拉等地实施的军事暴政，以及美国中央情报局在欧亚国家的秘密渗透活动越是遭到揭发和批评，美国政治家越是要声嘶力竭地宣传其人权理念，以粉饰其形象。

20世纪80年代，里根政府的人权政策是以美国“例外论”和冷战政策为基础的。例外论者声称：美国在启蒙时期就领悟了人权的真谛，并早在美国革命初期就得到了贯彻。因此，美国对公民权利和政治权利所承担的义务应成为其他国家学习的楷模。既然如此，美国无须什么人权的国际标准。里根政府批评卡特政府在人权问题上的“幼稚”，要求把人权完全拉回到冷战的轨道上来。在联合国，里根政府公开攻击共产党国家“侵犯人权”，毫无隐讳地袒护像智利、阿根廷和危地马拉这样的盟国。里根政府明确要把人权作为同苏联及其盟国竞争的工具，并在联合国要求优先讨论共产党政权“侵犯人权”的问题，尤其是古巴的人权问题，但对许多其他国家的人权问题置之不理。对联合国《禁止酷刑和其他残忍、不人道或有辱人格的待遇或处罚公约》，美国则始终持消极态度。

（三）强加本国人权观给其他国家时期

冷战结束以后，美国对自己的政治制度产生出莫名的优越感，对其他与西方政治制度不同的国家则表现出一种制度性傲慢与偏见，认为只有美国的政治制度才是唯一合理并具有普世价值的。美国总统布什再次把“人权置于美国外交政策的中心位置”。1996年8月29日，克林顿总统在芝加哥的民主党全国代表大会上发表讲话时说：“我希望建造一座通往21世纪的桥梁，从而确保我们仍是全球具有最强大防务能力的国家，确保我们的外交政策继续在国际社会中推广美国的价值观。”正是基于这样的制度性傲慢，美国肆无忌惮在世界各地推行“全球民主运动”，任何一种非西方的政治制度都会受到严厉的舆论攻击和打压，相关国家也因此被贴上“不民主”“专制”乃至“无赖国家”的政治标签。

随着“9·11”事件爆发，以及美国出兵阿富汗、入侵伊拉克等事件的接连发生，美国已成为侵犯别国人权的主要国家。在反恐的名义下，美国司法部对国际人权法持拒绝态度，酷刑、暗杀等严重侵犯人权行为也是层出不穷，并因此遭到国际社会的普遍批评。美国国家安全局以国家安全为由采取针对外国情报目标的专项行动，监听并搜集外国政要及美国公民的个人信息，侵犯公民隐私事件数不胜数，一次次引起轩然大波。

二、美国人权政治化举措的深层原因与表现形态

美国对人权态度的历史演变显示，无论是早期对人权的漠视甚至拒斥，还是后期热衷于将人权作为大棒到处挥舞，本质上都是将人权视为政治斗争的工具，并依据人权与其政治战略的契合关系来决定对人权的态度。

（一）美国将人权政治化的深层原因

美国将人权政治化的深层原因是国际人权标准与美国自身的人权状况及全球战略之间存在着根本性冲突。其一，美国自身存在严重的人权问题，包括种族歧视、枪支泛滥、暴力执法、两极分化等。其二，美国在国际社会的盟友按照美国自己宣布的标准也是严重侵犯人权的国家。其三，美国为了维护自身的全球霸权，不断发动侵略战争，非法干涉他国内政，侵犯他国主权，这些都与人权原则背道而驰。因此，美国实际上无法将自己所宣扬的人权真正付诸实施，更谈不上与国际人权标准保持一致。当国际社会在各国的共同推动下将人权作为全球治理的共同道德标准时，美国为了增强自己的“软实力”不得不顺应国际社会发展的潮流，将人权旗帜为己所用，装扮和掩饰自身侵犯人权的行径。但是国际人权标准与美国全球战略之间的根本矛盾是无法消除的，由此导致美国必然选择以高度政治化的方式来使用人权原则。

（二）美国将人权政治化的三种形态

面对其全球战略与国际人权标准之间的冲突，美国或是放弃人权原则，赤裸裸地维护霸权；或是根据自己的政治利益有选择性地适用人权原则；或是直接将人权作为借口，给威胁自己政治利益的国家扣上“侵犯人权”的帽子，为侵犯他国主权披上道德外衣。

1. 图谋政治利益抛弃基本人权理念

美国在20世纪50年代提出的“杜勒斯主义”树立了这样的理念：同苏联竞争，就是对人权做贡献。杜勒斯主义主张把联合国作为谴责共产主义对手的最好讲坛，艾森豪威尔政府用“道德反共主义”代替对国际上公认人权的关注，肯尼迪和约翰逊政府则把反共置于优先地位，人权问题只放在第三位。曾任美国中央情报局局长和国防部部长的罗伯特·盖茨曾经写道，“卡特政府以任何美国总统前所未有的决心和力度向苏联发起了意识形态战争”，具体办法就是“攻击苏联政府的合法性”和全力支持苏联国内的持不同政见者。

2. 区分政治敌友双标适用人权准则

美国在推行人权外交和处理人权事务时，并不是按照统一的国际人权标准，从公正、客观的角度关注人权保障，而是采取双重标准甚至多重标准。

第一，对自己国家的人权问题奉行一套标准，对别的国家的人权问题奉行

另外一套标准。尽管美国国内长期存在大量失业、贫困、无家可归、枪支泛滥、暴力犯罪、种族歧视、移民人权等系统性人权问题，然而美国在其每年的国别人权报告中却对这些视而不见，避而不谈，一味趾高气扬地指责别国的所谓人权问题。

第二，对自己的盟国或友好国家奉行一套标准，对与自己意识形态不同、政治和社会制度不同或利益相冲突的国家则奉行另一套标准。里根政府在提交国会的《人权备忘录》中规定了“积极的”和“消极的”人权标准，对苏联东欧社会主义国家适用“积极的”人权标准，对它们侵犯人权的行为给予最严厉的惩罚；而对美国的盟国，即使存在侵犯人权现象，最多也只采取“消极的”人权标准。在美国每年发表的国别人权报告中，对发展中国家、社会主义及其他“不友好”国家的人权问题夸张渲染，但对其盟友的人权问题则轻描淡写或遮遮掩掩。

第三，对同一国家在不同时期采取不同人权标准。如果某个国家在某个历史时期的政策违背了美国政府的利益，“人权问题”就可以被利用来指责、要挟和制裁该国；当该国迎合了美国政府的利益时，“人权问题”则可能被置于次要的地位，而改用激励方法。

第四，在不同时期和不同问题上对人权采取不同的态度。在第二次世界大战刚结束的一段时期，美国始终对人权持冷淡态度。直到后来，特别是1956年匈牙利事件以后，联合国难民署的材料显示建立难民国际制度将是东西方斗争中的一个有力武器，美国才转而采取支持立场。

第五，对不同类权利采取不同态度。美国从自身经济和政治体制出发，对经济、社会和文化权利与公民权利和政治权利采取不同态度，对自由权与生存权、发展权采取不同态度，突出强调前者而淡化甚至否认后者。

无论这种选择性和双重标准有多少形式，其最终目的都是使人权服从、服务于美国的世界霸权和遏制社会主义国家发展的需要。正如美国前总统卡特的国家安全顾问布热津斯基在《大失败：20世纪共产主义的兴亡》一书中所公开宣称的：人权“是促进共产党国家逐步向民主政治过渡的具有远见卓识的战略选择，可加速共产主义衰亡的进程”。

3. 挥舞人权大棒侵犯他国主权

美国将经济、政治乃至军事手段与人权外交手段相结合，以实现其人权外交目的。一方面，美国将人权与经济援助挂钩，要求接受美国援助的国家也必须同时接受美国的人权标准。另一方面，对于那些抵制美国人权外交的国家，则结合武力行动以实现人权外交目的。

美国历届政府都将维持美国的霸权地位，防止亚太地区出现有损美国霸权的大国作为其战略核心。中国由于现实原因成为美国遏制的首要目标，而“人权”则是美国用来牵制中国的一张牌。美国纽约大学历史和国际关系学者詹姆斯·派克指出，在美国政府内部主张对华遏制的一派时至今日坚持认为，人权是针对中国的最后一个意识形态武器，是让中国共产党无法生存下去的一个项目。“既然不能在经济上指望中国‘崩溃’，那就通过‘人权’这一政治武器从内部促使中国崩溃。”2000年，美国国会成立了“美国国会——行政部门中国委员会”，集中体现参众两院、政府国家安全机构、商业集团和人权组织的共同利益。这个委员会监控中国各个方面的人权状况。

詹姆斯·派克通过分析大量的历史材料得出结论：美国官方所倡导的所谓人权与真正的人权理念几乎没有丝毫的联系，美国官方高举人权旗帜，其唯一的目的是利用人权推广自己的全球战略。美国政府逐步把人权变成推行其外交政策的一种话语权，成为美国意识形态和公共外交的工具。

三、美国人权政治化行径严重危害全球人权善治

美国将人权政治化，对全球人权治理带来了灾难性影响，阻碍了国际人权事业的正常发展，导致一些国家陷入混乱，玷污了人权的概念和神圣理想。

首先，美国的人权政治化行径阻碍国际人权事业的健康发展。美国以政治利益划界，阻碍了不同人权观点之间正常对话的可能性，将联合国人权机构变为政治对抗的战场。这不仅影响了全球人权事业的发展，而且也使美国自身的人权状况长期得不到应有的改善。哥伦比亚大学法学院教授塞缪尔·莫恩等学者认为，由于美国那些善于玩弄实力政治的政客们对人权问题根本不屑一顾，20世纪40年代所谓的人权革命“夭折于诞生之时”。众多学者认为，40年代末到70年代初期人权问题陷入“死胡同”，是因为美国在冷战政治中未能积极参与对人权问题的国际行动。

其次，美国以人权为借口干涉别国内政，制造国家动荡，产生新的人权灾难。美国侵犯他国主权，导致被干涉和侵略国家战火纷飞、生灵涂炭，造成了新的人权灾难。美国学者崔升焕和詹姆斯·帕特里克指出，美国向国际社会单方面输出自己人权价值观有四种常见的政策工具：一是军事干涉，如在伊拉克或科索沃，美国以这些国家和地区的人权状态恶化为借口而发动战争；二是军事援助，以消除人权危机为由，美国政府将武器提供给特定派系的武装分子；三是经济制裁，最典型的是认定所谓的“流氓国家”，号召其盟友一起切断与该国的经济往来；四是经济援助，这种工具被广泛运用在美国对拉美的外交政策之中，在提供经济援助的同时，要求这些国家依照美国的标准改善人权水平。两位学者在对近30年间144个国家的数据进行对比分析后得出的结论是：二战后，美国基于外交的人权输出几乎全是失败的，无论是军事干涉伊拉克，还是经济援助拉美国家，至今都未能使那里的基本人权得到保障。这表明，美国将人权战略工具化，非但不能真正地改善人权，反而会导致新的人权灾难。

最后，美国将人权作为实现其全球战略的工具，玷污全球人权崇高的理想。美国大搞双重标准，漠视甚至纵容真正侵犯人权的行径，而且对保护人权的政策措施口诛笔伐甚至实施经济制裁、政治施压或军事威慑。这使得人类长期追求的人权理想被严重玷污，人权概念成为美国侵犯他国人权的借口和工具。正如中国前驻古巴大使徐贻聪指出："它们提倡的'人权'，实际上是一根政治大棒，基本上是用来干涉他国内政、颠覆他国合法政府的工具，是一种'政治化'的手段和策略，并非是对人权的本质尊重。在世界各地，凡是有动乱的地方，都能听到它们'保护人权'的口号，在一些国家处理危害国家主权和安全的叛国分子时，也都能看到西方世界的'人权大棒'。说到底，它们就是在将人权'政治化'，完全是别有用心。从本质上说，将人权问题政治化，是在实质上并不尊重人权的表现。"

美国的人权政治化行径侵蚀和毁损全球人权善治的基础，给全球人权事业带来了灾难性的后果，受到了国际社会正义力量的普遍谴责和广泛声讨。中国常驻联合国代表张军 2021 年 10 月 7 日在第 76 届联合国大会第三委员会一般性辩论中发言指出，美国等少数国家执意在联合国大会第三委员会挑起对抗，点名批评其他发展中国家人权状况，各种帽子满天飞，却对自己和盟友国家的人权劣迹视而不见。美国等少数国家罔顾事实、编造谎言、对中国进行无理指责，借人权干涉中国内政。对此，中国政府和人民坚决反对、严正拒绝。埃及、阿尔及利亚、乍得、土库曼斯坦、白俄罗斯、委内瑞拉等国在发言中强调，各国人民有权根据国情自主选择人权发展道路，坚决反对将人权问题政治化，反对搞双重标准，反对干涉内政。

美国将人权政治化所导致的恶果使人们日益深刻地认识到，人权非政治化是全球人权治理得以顺利进行的基础和前提，防止和遏制人权政治化，是促进世界人权事业健康发展的重要保障。美国为了维护自身利益，逆历史潮流而动，变本加厉推行人权政治化，破坏全球人权事业的健康机体，将一个又一个国家推入社会动荡的漩涡。世界各国人民越来越认清其"人权卫士"面具之下的真面目，反对美国逆时代潮流而动的卑劣行径，这将使美国竭尽全力维护的国际霸权遭到全面反噬，在全球人权事业发展的凯歌声中鸣响起美国霸权衰落的丧钟。

◆ 资料来源：中国人权研究会．中国人权研究会研究报告：美国人权政治化行径毁损人权善治根基．求是网，2021-12-27，有改动 ◆

知识测试

附录一　线上案例资源

【第一专题资源二维码】

青春，为新时代澎湃	担当，成就人生价值	奋斗，书写青春华章

【第二专题资源二维码】

从《觉醒年代》中 感悟青春信仰	长征是一次理想 信念的伟大远征	从“两弹一星”元勋屠守锷的 一生把握理想与现实的辩证统一

【第三专题资源二维码】

永不消逝的电波 永不黯淡的英雄	尼都塔生一家四代 传承红心尽忠诚	党旗所指　军旗所向

【第四专题资源二维码】

中国精神，到底在哪里？	永远把伟大建党精神继承下去发扬光大	英雄模范　铸就人民军队的精神丰碑

【第五专题资源二维码】

宰相张廷玉与六尺巷	践行社会主义核心价值观：“扣子论”“凿井论”“食盐论”“空气论”	践行社会主义核心价值观　到祖国最需要的地方去

【第六专题资源二维码】

习近平总书记谈“家风”	张思德：为人民服务的平凡英雄	假如你可以“隐身”……

【第七专题资源二维码】

把涉军维权工作做得更有力度、深度、温度	考风连着作风考场连着战场
解放军某部演练设置舆论法理斗争课目	涉英烈权益保护十大典型案例

【军事职业教育平台资源】

附录二 线下学习资源*

【学员手绘知识体系图】

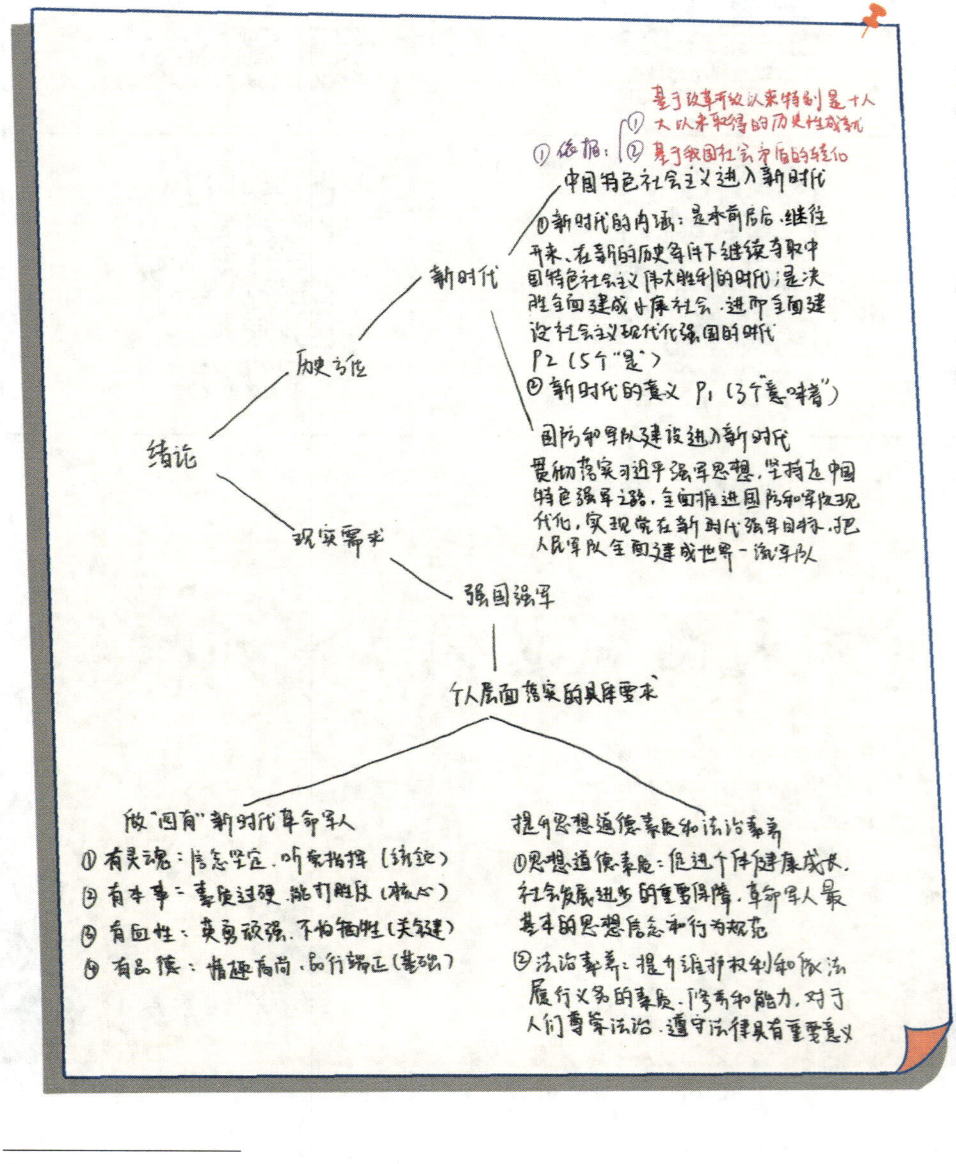

---

* "军人思想道德与法治"课程知识体系图，系 2022 级学员王佳圆、余家能手绘。

第一章 人生的青春之问

一、人生观是对人生的总看法.

(一)人生与人生观

1. 正确认识人的本质：人的本质不是单个人所固有的抽象物，其现实性上，是一切社会关系的总和.
   人的社会关系的总和决定了人的本质
2. 人生观的主要内容：
   - 人生目的
   - 人生态度
   - 人生价值 → 自我价值、社会价值.

   ① 人生目的：人为什么活，是人生观的核心
   决定着人们对待实际生活的态度和人生价值的评判.
   (决定人生的根本方向，是推动人生前进的动力，影响人生的根本态度、决定人生价值)

   ② 人生态度：人应当如何活，是人生观的表现和反映
   是指人们通过生活实践形成的对人生问题的一种稳定的心理倾向和精神状态.
   正确的人生态度：积极、乐观、向上、认真、务实
   △ 积极人生态度：1. 坚定信念和不忘初心 2. 开拓创新，拼搏奋斗 3. 浩然正气，牺牲奉献 4. 珍爱生命，健心强体

   ③ 人生价值：什么样的人生才有价值.
   是指人的生命及其实践活动对于社会和个人所具有的作用和意义
   a. 自我价值：是个体的人生活动对自己的生存和发展所具有的价值.
   主要表现为对自身物质和精神的满足程度.
   b. 社会价值：是个体的实践活动对社会、他人所具有的价值.
   c. 关系：一方面，人生的自我价值是个体存在和发展的必要条件，人的自我价值的实现是个体为社会创造更大价值的前提
   另一方面，人生的社会价值是个体生存和发展的必要条件，人生的社会价值的实现是个体自我完善、全面发展的保障

(一)人生与人生观

△ 评价人生价值的正确方法：
1). 坚持能力大小与贡献大小尽力相统一
2). 坚持物质贡献与精神贡献相统一
3). 坚持完善自身与贡献社会相统一.

△ 正确把握人生价值实现的条件：
1). 实现人生价值要从社会客观条件出发
2). 实现人生价值要从个体自身条件出发
3). 不断增强实现人生价值的能力和本领.

(二)个人与社会的辩证关系、→ 相互依存，相互制约，相互促进

1. 人是社会的人. 社会是人们相互交往的产物，是人类生活的共同体，人生的内容与社会活动密不可分
2. 个人与社会对立统一。社会成员素质不断提高是社会发展的重要基础，
   是推动和实现人的全面发展是社会发展的根本目标.
3. 最根本的是个人利益与社会利益的关系.
   - 个人利益的满足通过一定的社会方式
   - 社会利益是个人利益实现的前提，同时也保障个人利益.

二、正确的人生观

1. 科学高尚的人生追求 "服务人民、奉献社会"
2. 积极进取的人生态度，(认真、务实、乐观、进取，
3. 人生价值的评价与实现.

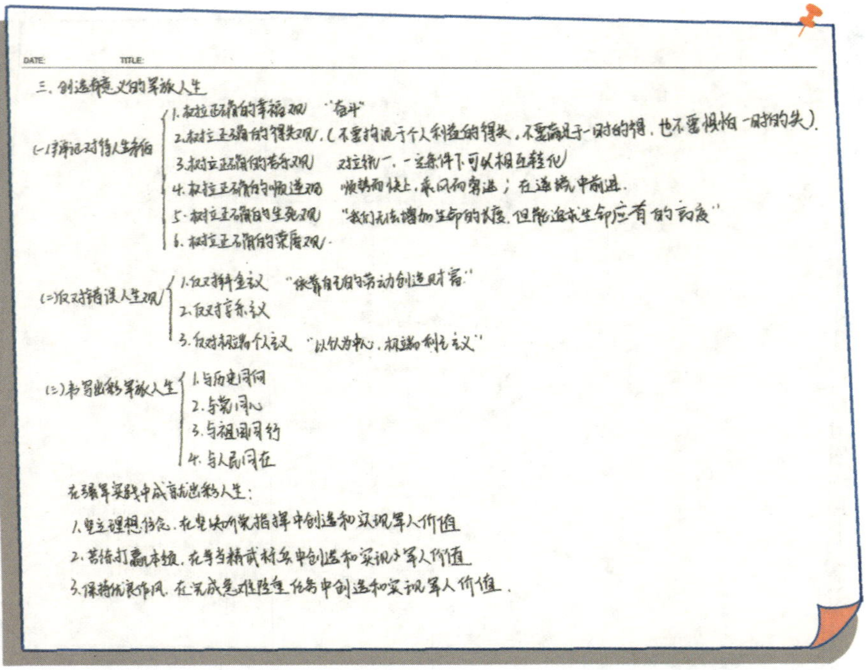

DATE: TITLE:

三、创造有意义的军旅人生

（一）辩证对待人生矛盾
1. 树立正确的幸福观 “奋斗”
2. 树立正确的得失观（不要拘泥于个人利益的得失，不要满足于一时的得，也不要惧怕一时的失）。
3. 树立正确的苦乐观 对立统一，一定条件下可以相互转化
4. 树立正确的顺逆观 顺势而快上，乘风而突进；在逆境中前进。
5. 树立正确的生死观 “我们无法增加生命的长度，但能追求生命应有的高度”
6. 树立正确的荣辱观。

（二）反对错误人生观
1. 反对拜金主义 “依靠自己的劳动创造财富”
2. 反对享乐主义
3. 反对极端个人主义 “以我为中心，极端利己主义”

（三）书写出彩军旅人生
1. 与历史同向
2. 与党同心
3. 与祖国同行
4. 与人民同在

在强军实践中成就出彩人生：
1. 坚定理想信念，在党的坚强指挥中创造和实现军人价值
2. 苦练打赢本领，在备战精武打仗中创造和实现军人价值
3. 保持优良作风，在完成急难险重任务中创造和实现军人价值。

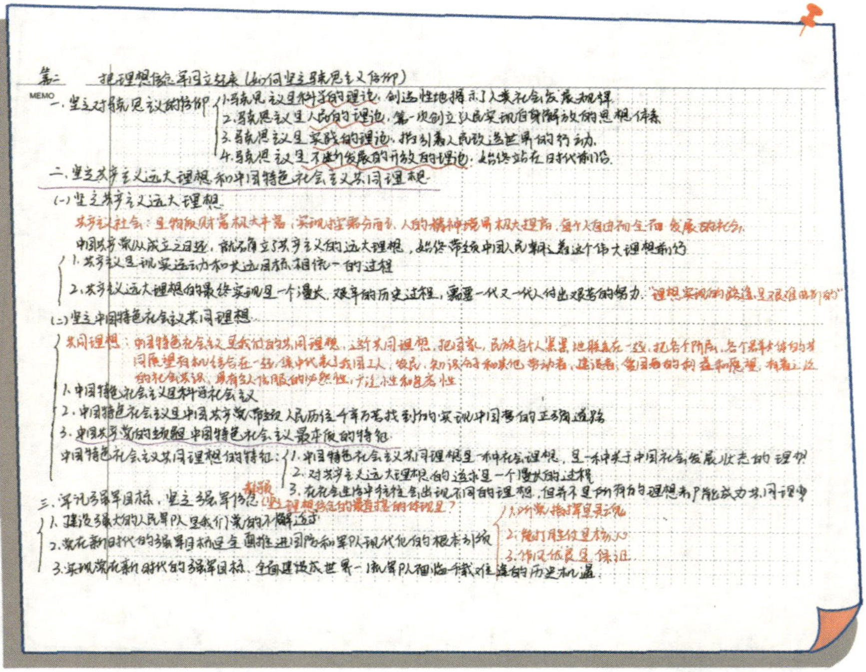

第二 把理想信念牢固立起来（如何坚定马克思主义信仰）

MEMO

一、坚定对马克思主义的信仰
1. 马克思主义是科学的理论，创造性地揭示了人类社会发展规律
2. 马克思主义是人民的理论，第一次创立了人民实现自身解放的思想体系
3. 马克思主义是实践的理论，指引着人民改造世界的行动。
4. 马克思主义是不断发展的开放的理论，始终站在时代前沿。

二、坚定共产主义远大理想和中国特色社会主义共同理想

（一）坚定共产主义远大理想

共产主义社会：是物质财富极大丰富，实现按需分配，人的精神境界极大提高，每个人自由而全面发展的社会。

中国共产党从成立之日起，就确立了共产主义的远大理想，始终带领中国人民朝着这个伟大理想前行
1. 共产主义是现实运动和长远目标相统一的过程
2. 共产主义远大理想的最终实现是一个漫长、艰辛的历史过程，需要一代又一代人付出艰苦的努力。“理想实现的道路是艰难曲折的”

（二）坚定中国特色社会主义共同理想

共同理想：中国特色社会主义是我们的共同理想，这一共同理想，把国家、民族与个人紧紧地联系在一起，把各个阶层、各个群体的共同愿望有机结合在一起，集中代表了我国工人、农民、知识分子和其他劳动者、建设者、爱国者的利益和愿望，有着广泛的社会共识，具有令人信服的必然性，广泛性和包容性

1. 中国特色社会主义是科学社会主义
2. 中国特色社会主义是中国共产党带领人民历经千辛万苦找到的实现中国梦的正确道路
3. 中国共产党的领导是中国特色社会主义最本质的特征

中国特色社会主义共同理想的特征：
1. 中国特色社会主义共同理想是一种社会理想，是一种关于中国社会发展状态的理想
2. 对共产主义远大理想的追求是一个漫长的过程
3. 在社会生活中往往会出现不同的理想，但并不是所有的理想都能成为共同理想

三、牢记强军目标，坚定强军信念 补充（强军理想信念的最直接的体现是？）
1. 建设强大的人民军队是我们党的不懈追求
2. 党在新时代的强军目标是全面推进国防和军队现代化的根本引领
3. 实现党在新时代的强军目标、全面建设成世界一流军队面临千载难逢的历史机遇。

1. 听党指挥是灵魂
2. 能打胜仗是核心
3. 作风优良是保证

第三　在强国强军事业中绽放青春梦想

一、理想与现实的关系（如何正确认识理想与现实的关系）

1. 理想与现实是相互矛盾的
   - ①理想与现实有对立性
   - ②理想与现实存在着差异
2. 理想与现实是相互统一的
   - ③现实属于今天，理想属于明天
   - ④理想与现实有区别性
3. 实现理想的长期性、艰巨性和曲折性
4. 艰苦奋斗是实现理想的重要条件

二、个人理想与社会理想的统一（社会理想与个人理想的关系是什么？）

1. 个人理想：指处于一定历史条件和社会关系中的个体对于自己未来的物质生活、精神生活所产生的种种向往和追求。
2. 个人理想以社会理想为指引
3. 社会理想是对个人理想的凝练和升华
4. 个人理想与社会理想的关系体现在：
   - ①个人理想与社会理想相互联系、相互统一
   - ②个人理想与社会理想相互区别、相互制约，各有其自身的规定性
5. 处理个人理想与社会理想的关系应把握好：
   - ①防止只讲社会理想，不讲个人理想，或把个人理想和个人私利混为一谈
   - ②防止只讲个人理想，不讲社会理想，个人理想不能脱离客观实际
   - ③防止只讲理想职业不讲社会需要

三、为强军强国注入青春能量（青年学员如何为强国强军注入青春能量？）

1. 立志当高远
2. 立志做大事
3. 立志须躬行

第三章　看齐追随：锻造绝对忠诚

一、忠诚于党是军人的最高政治信仰和价值准则

忠诚 ⟨ 忠，敬也，从心；诚，信也，从言 ⟩ → 即指对特定对象矢志不移、尽心竭力的思想觉悟和道德情操，忠贞不贰的思想道德品格

忠诚 ↓ 古今中外军队的共同品格要求

（一）忠诚于党是革命军人最鲜明的政治品格

（二）忠诚于党是革命军人对党的领导必然性的价值认同

（三）忠诚于党是革命军人立身军旅路的"压舱石"

忠诚于党的重要性：对于革命军人

1. 忠诚于党决定着革命军人的政治方向
2. 忠诚于党决定着革命军人的人生态度
3. 忠诚于党决定着革命军人的价值取向

二、准确把握忠诚于党的根本要求

（一）始终不渝地坚持党对军队绝对领导——坚持党的领导的唯一性、彻底性和无条件性；坚持党对军队的独立的、直接的、全面的领导

① 党对军队绝对领导是建军之本、强军之魂

② 新时代坚持和发展社会主义的一条基本方略

③ 最根本的是坚决维护核心、坚决听党指挥

④ 毫不动摇坚持党对军队绝对领导的根本原则和制度：
   - a. 军委主席负责制
   - b. 党委统一的集体领导下的首长分工负责制
   - c. 党委制、双首长制、政治机关制
   - d. 支部建在连上

⑤ 坚决抵制"军队非党化、非政治化""军队国家化"

1. 党对军队绝对领导根本原则的形成：发端于南昌起义，奠基于三湾改编，定型于古田会议
2. 坚持党对军队绝对领导的基本特征：唯一性、彻底性、无条件性
3. 坚决抵制"军队非党化、非政治化""军队国家化"之错论——理论上的荒谬；实践上的危害；本质上的危害

(二) 忠诚核心、拥戴核心、维护核心

(三) 坚决贯彻军委主席负责制

1. 军委主席负责制是强国强军的重要保证。
   ①我党建军治军宝贵经验的制度成果
   ②坚持党对军队绝对领导的必然要求
   ③全面推进国防和军队现代化的现实课题
   ④维护党和国家长治久安的坚强保证
   ⑤实施集中统一领导和高效决策指挥的关键
2. 军委主席负责制解决的是武装力量最高领导权和指挥权问题
   军委主席负责制基本内涵：
   ① 中央军委主席负责中央军委全面工作
   ② 中央军委主席指挥全国武装力量
   ③ 中央军委主席决定国防和军队建设一切重大问题
   军委主席负责制的本质特征：
   1. 依法负责
   2. 首长负责
   3. 全面负责
3. 切实把贯彻军委主席负责制各项要求落到实处
   坚定维护核心，坚决听从指挥
   加强理论武装，打牢政治根基
   强化法治约束，严守纪律规矩
   牢记职责使命，忠实担当尽责

三、坚定维护核心，坚决听从指挥

(一) 思想上保持一致

(二) 政治上绝对忠诚

(三) 行动上看齐追随

四个意识：政治意识、大局意识、核心意识、看齐意识

四个自信：道路自信、理论自信、制度自信、文化自信

两个确立：确立习近平同志党中央的核心、全党的核心地位
确立习近平新时代中国特色社会主义思想的指导地位。

两个维护：坚决维护习近平总书记党中央的核心、全党的核心地位，坚决维护以习近平同志为核心的党中央权威和集中统一领导

第四章 弘扬中国精神　补加"建党精神"：
- 坚持真理　坚守理想
- 践行初心　担当使命
- 不怕牺牲　英勇斗争
- 对党忠诚　不负人民

第一节 中国精神是兴国强国之魂

一、中华民族崇尚精神的优秀传统
1. 表现在对物质生活与精神生活相互关系的深刻理解上
2. 表现在中国古人对理想的不懈追求上
3. 表现在对道德修养和道德教化的重视上
4. 表现为对理想人格的推崇

二、中国精神是民族精神和时代精神的统一

1. 以爱国主义为核心的民族精神
- 伟大创造精神
- 伟大奋斗精神
- 伟大团结精神
- 伟大梦想精神

2. 以改革创新为核心的时代精神
- 时代精神：是民族精神在特定时代的具体表现样态，是体现民族特性并顺应时代潮流的思想观念、价值取向，是精神风貌和社会风尚的总和。

3. 民族精神与时代精神的辩证统一
(1) 民族精神与时代精神紧密关联，都是一个民族赖以生存和发展的精神支撑
(2) 一切民族精神都曾经是一定历史阶段中带动潮流、引领风尚、推动社会发展的时代精神
(3) 一切时代精神都将随着历史的变迁逐步融入民族精神之中，不断丰富和发展民族精神的内涵

三、实现中国梦必须弘扬中国精神（凝聚中国力量的精神纽带，激发创新创造的精神动力，推进复兴伟业的精神支撑）

第二节 弘扬爱国主义精神（历史的、具体的）

一、爱国主义是中华民族的精神基因（爱祖国的大好河山；爱自己的骨肉同胞；爱祖国的灿烂文化；爱自己的国家）

二、新时代的爱国主义（基本要求：坚持爱国主义和社会主义相统一，维护祖国统一和民族团结，尊重和传承中华民族历史和文化，坚持立足民族又面向世界）

三、坚定维护国家统一和社会稳定（维护和推进祖国统一；维护民族团结和社会稳定；捍卫国家安全）

· 提振当代革命军人精神气

一、军人就要有血性（血性胆气是能打胜仗的精神利刃；血性是新时代革命军人意志品质的鲜明标识）

二、战斗精神的核心是"一不怕苦，二不怕死"→
1. 不辱使命的强烈担当
2. 坚韧不拔的顽强意志
3. 敢打必胜的精神品格
4. 视死如归的献身精神

三、培养大无畏的英雄气概和英勇顽强的战斗作风
1. 军国树立战斗思想　2. 通过实战化军事训练磨砺　3. 在崇尚荣誉中激发　4. 用中华优秀传统文化熏陶

12

第五章 培育和践行社会主义核心价值观

第一节 全体人民共同的价值追求

一、社会主义核心价值观的基本内容

核心价值观：是一定社会形态、社会性质的集中体现，在一个社会的思想观念体系中处于主导地位，体现着社会制度、社会运行的基本原则和社会发展的基本方向。

国家层面：富强、民主、文明、和谐（回答了我们要建设什么样的国家的重大问题）
社会层面：自由、平等、公正、法治（回答了我们要建设什么样的社会的重大问题）
个人层面：爱国、敬业、诚信、友善（回答了我们要培育什么样的公民的重大问题）

二、当代中国发展进步的精神指引

(一)坚持和发展中国特色主义的价值遵循
(二)提高国家文化软实力的迫切要求（核心价值观是文化软实力的灵魂，是文化软实力建设的重点）
(三)增进社会团结和谐的最大公约数

第二节 坚定价值观自信

一、社会主义核心价值观的历史底蕴
①深深地根植于中华优秀传统文化，是社会主义核心价值观历史底蕴的集中体现
②中华优秀传统文化是涵养社会主义核心价值观的重要源泉，是中华民族的精神命脉

二、社会主义核心价值观的现实基础
①中国特色社会主义建设是社会主义核心价值观的实践根据
②是当代中国精神的集中体现，是中国特色社会主义本质规定的价值表达

三、社会主义核心价值观的道义力量
①社会主义核心价值观的先进性，体现在它是社会主义制度所坚持和追求的核心价值理念
②社会主义核心价值观的人民性体现在它所代表的最广大人民的根本利益，反映的最广大人民的价值诉求，引导着最广大人民为实现美好社会理想而奋斗
③社会主义核心价值观的道义力量还源于它的真实性。人民当家作主的社会主义制度，则为社会主义核心价值观的真正实现奠定了根本的制度前提和制度保障，使得自由、民主、公正等价值观“不是装饰品，不是用来做摆设的，而是要用来解决人民要解决的问题”成为真切具体、广泛的现实。

第三节 做社会主义核心价值观的积极践行者
一、扣好人生的扣子
二、勤学修德，明辨笃实

第四节 树立崇尚英雄，缅怀先烈的良好风尚
一、一个有希望的民族不能没有英雄
二、能打仗、打胜仗离不开英雄和革命英雄主义
三、崇尚英雄、捍卫英雄、学习英雄、关爱英雄

第六章 明大德守公德严私德

第一节 道德及其历史发展

一、什么是道德　道德是以善恶为评价标准，主要依靠社会舆论、传统习俗和内心信念来发挥作用的行为规范的总和，是人类社会特有的一种社会现象。

（一）道德的起源

从"天意神启论""先天人性论""情感欲望论""动物本能论"→ 马克思主义道德观

马克思主义道德观：

1. 劳动是道德起源的首要前提
2. 社会关系是道德赖以生存的客观条件
3. 人的自我意识是道德产生的主观条件

→ 人类历史思想史上第一次科学而全面地论述了道德起源问题

（二）道德的本质

↓

属于上层建筑，一种特殊的社会意识形态

1. 道德是反映社会经济关系的特殊意识形态
2. 道德是社会利益关系的特殊调节方式
3. 道德是一种实践精神

二、道德的功能与作用　人类社会生活发展到一定阶段的必然产物，源于社会生活需要，又服务于社会生活需要

（一）道德的功能　多方面的、多层次的

1. 道德的认识功能是指道德反映社会关系特别是反映经济关系的功能与能力
2. 道德的规范功能：是指在正确善恶观的指引下，规范社会成员在社会公共领域、职业领域、家庭领域的行为，并规范个人品德的养成，引导人们向善
3. 道德的调节功能，是指道德通过评价等方式，指导和纠正人们的行为和实践活动，协调社会关系和人际关系的功效与能力

（二）道德的作用

"道德万能论"：片面夸大道德的作用，这种观点的根本错误在于，颠倒了社会存在和社会意识、经济基础同上层建筑之间的决定与被决定的关系，否定了物质资料的生产方式在社会发展中的决定作用。

"道德无用论"：从根本否认道德的作用，或者通过强调非道德因素的作用来否定道德的积极作用，这种观点的根本错误在于，忽视了道德作为上层建筑的重要组成部分，一方面由经济基础所决定，另一方面对经济基础和生产力发展有一定的反作用。片面强调其消极方面，或从根本上忽视其积极方面的存在。

三、道德的变化发展

曲折上升的历史过程，虽然在一定时期可能有某种停滞或倒退，但总体是螺旋式上升、波浪式前进

社会主义和共产主义道德，是人类道德合乎规律发展的必然产物，是人类道德发展史上的一种新的类型的道德，是对人类道德传统的批判与继承，并必然随着社会的进步和实践的发展而与时俱进。

第二节 吸收借鉴优秀道德成果

一、传承中华美德

（一）中华传统美德的基本精神

1. 重视整体利益，强调责任奉献
2. 推崇"仁爱"原则，注重以和为贵
3. 提倡人伦价值，重视道德义务
4. 追求精神境界，向往理想人格
5. 强调道德修养，注重道德践履

(三)网络生活中的道德要求
- 1.正确使用网络工具
- 2.健康进行网络交往
- 3.自觉避免沉迷网络
- 4.加强网络道德自律
- 5.积极引导网络舆论

三、职业道德
- (一)军人职业道德
  - 1.听党指挥
  - 2.爱国奉献
  - 3.爱军习武
  - 4.尊干爱兵
  - 5.严守纪律
  - 6.坚守气节
  - 7.艰苦奋斗
  - 8.文明礼貌
- (二)自觉遵守军人职业道德
  - 1.掌握学习军人职业道德要求
  - 2.提高军人职业道德意识
  - 3.提高践行职业道德的能力

四、家庭美德
- (一)注重家庭、家教、家风(1.注重家庭 2.注重家教、注重家风)
- (二)恋爱、婚姻家庭中的道德规范
  家庭美德以尊老爱幼、男女平等、夫妻和睦、勤俭持家、邻里团结为主要内容
- (三)树立正确的恋爱观与婚姻观
  - 1.不能误把友谊当爱情
  - 2.不能错置爱情的地位
  - 3.不能片面或功利化地对待恋爱
  - 4.不能只重过程不顾后果
  - 5.不能因失恋而迷失人生方向

五、个人品德
- (一)个人品德及其作用
  - 1.个人品德对道德和法律作用的发挥具有重要的推动作用
  - 2.个人品德是个体人格完善的重要标志
  - 3.个人品德是经济社会发展进程中重要的主体精神力量
- (二)掌握道德修养的正确方法
  - 1.学思并重
  - 2.省察克治
  - 3.慎独自律
  - 4.知行合一
  - 5.积善成德
- (三)锤炼高尚道德品格
  - 1.形成正确的道德认知和道德判断
  - 2.激发正向的道德认同和道德情感
  - 3.强化坚定的道德意志和道德信念

第四节 向上向善、知行合一

一、向道德模范学习

二、参与志愿服务活动

三、引领社会风尚
- 1.知荣辱
- 2.讲正气
- 3.作奉献
- 4.促和谐

主题：法理阐释：

中国特色社会主义法律体系。

一、法律的含义

法律是由国家制定或认可并以国家强制力保证实施的，反映由特定社会物质生活条件所决定的统治阶级意志的规范体系。

特点：1. 法律是由国家创制和实施的行为规范

2. 法律是由特定的社会物质生活条件所决定

3. 法律是统治阶级意志的体现

二、法律的历史发展。

法律不是从来就有的，它随着私有制、阶级和国家的产生而产生，作为上层建筑的重要组成部分，其内容和性质总与所在的社会生产关系相适应。

1. 奴隶制法律。奴隶主阶级进行极端的经济剥削和政治压迫

2. 封建制法律。是封建地主阶级统治农民阶级的工具

3. 资本主义法律　资产阶级意志的体现

4. 社会主义法律　是广大最广大人民群众意志的集中体现。

三、我国社会主义法律的本质特征是什么？

1. 我国社会主义法律体现了党的主张和人民意志的统一。

2. 我国社会主义法律具有科学性和先进性

3. 我国社会主义法律是中国特色社会主义建设的重要保障

四、如何理解社会主义法律的运行过程　主要包括：法律制定、法律执行、法律适用、法律遵守

（一）法律制定（立法）：
- 1. 全国人民代表大会及其常务委员会 → 立法权
- 2. 国务院 → 行政法规
- 3. 中央军委 → 军事法规

（二）法律执行（执法）、行政执法主体：
- 1. 中央和地方各级政府
- 2. 各级政府中享有执法权的下属行政机构

（三）法律适用（司法）

司法机关是指国家审判机关和检察机关。
- 人民法院代表国家行使审判权
- 人民检察院代表国家行使法律监督权

（四）法律遵守（守法）→ 守法意味着一切组织和个人严格依法办事的活动和状态。

五、坚持全面依法治国

(一)全面依法治国的根本遵循

1. 习近平法治思想的形成过程　2020年11月，正式提习近平法治思想

2. 习近平法治思想的意义

政治意义：(1)揭示了社会主义法治的生命力和优越性，必将增强广大干部群众走中国特色社会主义法治道路的信心

(2)是习近平新时代中国特色社会主义思想的"法治篇"

理论意义：(1)开辟了马克思主义法治理论新境界，必将引领中国特色社会主义法治理论创新发展

(2)为马克思主义法治理论发展做出了原创性贡献

实践意义：(1)习近平法治思想答回了新时代全面依法治国的系列重大问题 ~~凝聚了法治建设的中国经验和中国智慧~~，必将引领法治中国建设迈向良法善治新境界

(2)是引领法治中国建设迈向良法善治新境界的强大思想武器

世界意义：(1)凝聚了法治建设的中国经验和中国智慧，必将有力提升中国法治的国际话语权和影响力

(2)"中国之治"背后的中国法治经验引入瞩目

3. 习近平依法治国的主要内容

"十一个坚持"　方向性、根本性、全局性的重大问题

政治方向：深刻回答全面依法治国由谁领导、依靠谁、走什么道路等大是大非问题。

战略地位：深刻回答为什么要全面依法治国的问题

工作布局：深刻回答全面依法治国如何谋篇布局的问题

主要任务：深刻回答全面依法治国如何实施的问题

重大关系：深刻回答如何正确处理政治与法治、改革与法治、德治与法治等重大问题

重要保障：深刻回答全面依法治国需要什么保障的问题

"十一个坚持"具体是：

1. 坚持党对全面依法治国的领导
2. 坚持以人民为中心
3. 坚持中国特色社会主义法治道路
4. 坚持依宪治国、依宪执政
5. 坚持在法治轨道上推进国家治理体系和治理能力现代化
6. 坚持建设中国特色社会主义法治体系
7. 坚持依法治国、依法执政、依法行政共同推进，法治国家、法治政府、法治社会一体建设
8. 坚持全面推进科学立法、严格执法、公正司法、全民守法
9. 坚持统筹推进国内法治和涉外法治
10. 坚持建设德才兼备的高素质法治工作队伍
11. 坚持抓住领导干部这个"关键少数"